エリア・スタディーズ 138

マリを知るための58章

竹沢尚一郎〔編著〕

明石書店

はじめに

私が最初にマリをおとずれたのは１９８１年のことだ。大学院生であった私は、当時世界でも５番目に貧しいというマリに行くことの不安と、未知の国に対するあこがれとが混じりあった複雑な感情とともに、首都バマコの空港に降り立ったのだった。

１９６０年に独立したマリは、独立に際してフランスと対立したことで社会主義路線を採用し、旧フランス植民地の共通通貨であるセーファー・フランから脱退していた。とはいえ、内陸国であり、さしたる輸出品目をもっていなかったマリに経済的自立が可能であるはずはなかった。マリの通貨であるマリ・フランは互換性をもたず、海外の製品は入ってこなかった。首都の中心部にある大きな商店に行っても、陳列棚に商品がなにもなかったことを思い出す。車もほとんど走っておらず、首都の目抜き通りも自転車とバイクで埋め尽くされていた。

それと比べるなら、近年のマリの活気はどうだ。大きなビルがあいついで建てられ、街には色とりどりのブティックが立ち並んでいる。壊れかかった車が多いとはいえ、道路は車で埋め尽くされ、道を渡るのさえ一苦労だ。２０１１年にはじまったトゥアレグ人の分離独立運動の余波はいまだつづいているとはいえ、首都にいるかぎり、人びとは陽気に語りあい、生活をエンジョイしているように見える。

マリは西アフリカでもっとも豊かな歴史をもつ国である。現在のマリが歴史の豊かさに見合っただけの経済や文化の成熟を実現しているかは、本書のなかで明らかになるはずである。いずれにしても疑いないのは、現在のマリを知るためにも歴史を理解することが必要だということだ。マリを知るための歴史の要点は、三つあげることができる。

まず、遠い過去である。現在のマリの地では、紀元7世紀頃からニジェール川中流域に、ガーナとガオ、マリなどの国家があいついで誕生した。これらの国家を支えたのは、旧大陸最大とされたマリを含む西アフリカの金であった。それに向けてサハラを越えてイスラーム中東文明が運ばれてきたことで、北の砂漠の文化と南のサヘル・サヴァンナの文化が混じりあう、トンブクトゥやガオに代表される独特の都市文化が形成された。それだけでなく、ジェンネの近くのジェノ遺跡の発掘により、ニジェール川流域では紀元前から、長距離交易や職業分化、鉄製造をともなう独自の文化が築かれていたことが明らかになっている。

マリには「黄金の都」としてヨーロッパ中に知られたトンブクトゥをはじめ、日干しレンガの建造物としては世界最大級のモスクを含むジェンネ旧市街地、断崖の上に居を構えて独自の文化を築いてきたドゴン地方、そして16世紀に築かれた巨大なモニュメントが残るガオと、四つの世界遺産がある。これらはそれぞれにユニークなものだが、いずれもマリの人びとが過去に築いた生活と文化の豊かさを今日まで伝えているものだ。

第二に、そうした経済的・政治的発展を実現した結果、マリの人びとは西アフリカ中に移動しながら、各地に綿織物や鉄製造、商業やイスラームを伝えていった。やがて19世紀になってフランスがアフリカ大陸の広い範囲を支配すると、マリの人びとは下級の行政官や商人として各地に散っていった。

その結果、隣国のセネガル、コートジボワールには数百万単位でマリ出身の人びとが住んでいるほか、遠く離れた両コンゴやカメルーン、ブルンジ、さらにはフランスなどにも数十万単位でマリ出身者が住んでいる。それらの土地から彼らが送金する金額は、マリの国家予算の5分の1ともそれ以上ともいわれており、今日のマリの経済活動や文化事業を理解する上で不可欠の要素になっている。

第三に、マリを知る上で重要なのは独立後の有為転変を理解することである。旧宗主国のフランスと対立したマリは社会主義路線を歩み、独自の通貨を採用した。その結果、マリは国営企業を中心に計画経済を推進する一方で、文化と歴史の独自性を強調する政策をとった。こうした政策は功罪二つの結果をもたらした。功についていえば、マリは独立後、各地域の文化の発掘と啓蒙につとめ、2年ごとに若者を対象に文化とスポーツのビエンナーレを全国規模で実施した。マリからはサリフ・ケイタやアリ・ファルカ・トゥーレなど、世界的に著名なミュージシャンが輩出しているが、それはこうした独自の文化政策と無縁ではなかった。

他方、罪の部分は経済的停滞を招いたことである。計画経済を採用したマリは、最重要な輸出品目であるワタの取り引きと綿布の製造をはじめ、すべての基幹産業を国営化した。その結果、買い上げ価格が低く抑えられたことを嫌気した農民がワタ栽培に熱を入れないなど、マリの経済は悪化する一方であった。1980年代になってマリが世界銀行の構造調整プログラムを受け入れると、これらの領域に全面的に自由化され、マリの農民の生産意欲はいちじるしく高まった。マリのワタ栽培はアフリカ一の地位を占めるまでになっただけでなく、金の採掘も活発になった。それによって富が農村にまで循環するようになった結果、マリの社会全体が一定の豊かさを達成すると同時に、民主的な社会の実現に成功したのである。

１９９８年に生じたクーデターによって実現された第三共和制以降、多党制、言論の自由、政治的批判の自由、選挙による平和的な政権の移行など、マリはアフリカ社会の中では例外的な民主制を実現した。残念なことに、リビアでのカダフィー政権の失墜を契機にトゥアレグ人の独立運動が活発化し、それに乗じて「マグレブ・イスラームのアルカイダ」などのテロリスト集団が浸透して混乱が生じた。その結果、２０１５年の時点でもマリの国土は完全な平和を回復してはいない。

日本とマリのあいだの関係は薄く、マリ大使館が東京に開設されたのは２００２年、日本大使館がマリに開設されたのは２００８年に過ぎない。とはいえ、マリの人びとの人なつこさと、したたかさの入り混じった親切さは、一度出会ったなら忘れることができないはずだ。また、本書のなかでくわしく論じられる文化と歴史の豊かさもある。今後、日本とマリの関係がいっそう密になり、マリに平和が訪れることを、この本の出版とともに願っている。

最後に表記について一言ふれておく。編者としては〇〇族ではなく〇〇人のかたちで統一するつもりであった。しかし、執筆者の意向を尊重した結果、一部の章では〇〇族の記述が採用されている。また、サハラ砂漠より南のアフリカの国々や人びとをさすのに、「黒アフリカ」や「ブラック・アフリカ」と呼ぶのが長く一般的であった。しかし、この表記は人種意識を助長する恐れがあるので可能なかぎり避けるべきだと考えている。しかし、右とおなじ理由により、一部の章ではこうした表現になっているし、他の表現についても一部に章によって違いがある。

竹沢尚一郎

マリを知るための58章

目次

Ⅰ　地　理

Ⅱ　歴　史

CONTENTS

Ⅳ　四つの世界遺産と主要都市

Ⅴ　生活と社会

Ⅵ　アートと文化

Ⅶ　政治と経済

Ⅷ　世界の中のマリ

※本文中、特に出所の記載のない写真については、執筆者の撮影・提供による。

◉マリ共和国（République du Mali）：主な都市および地形

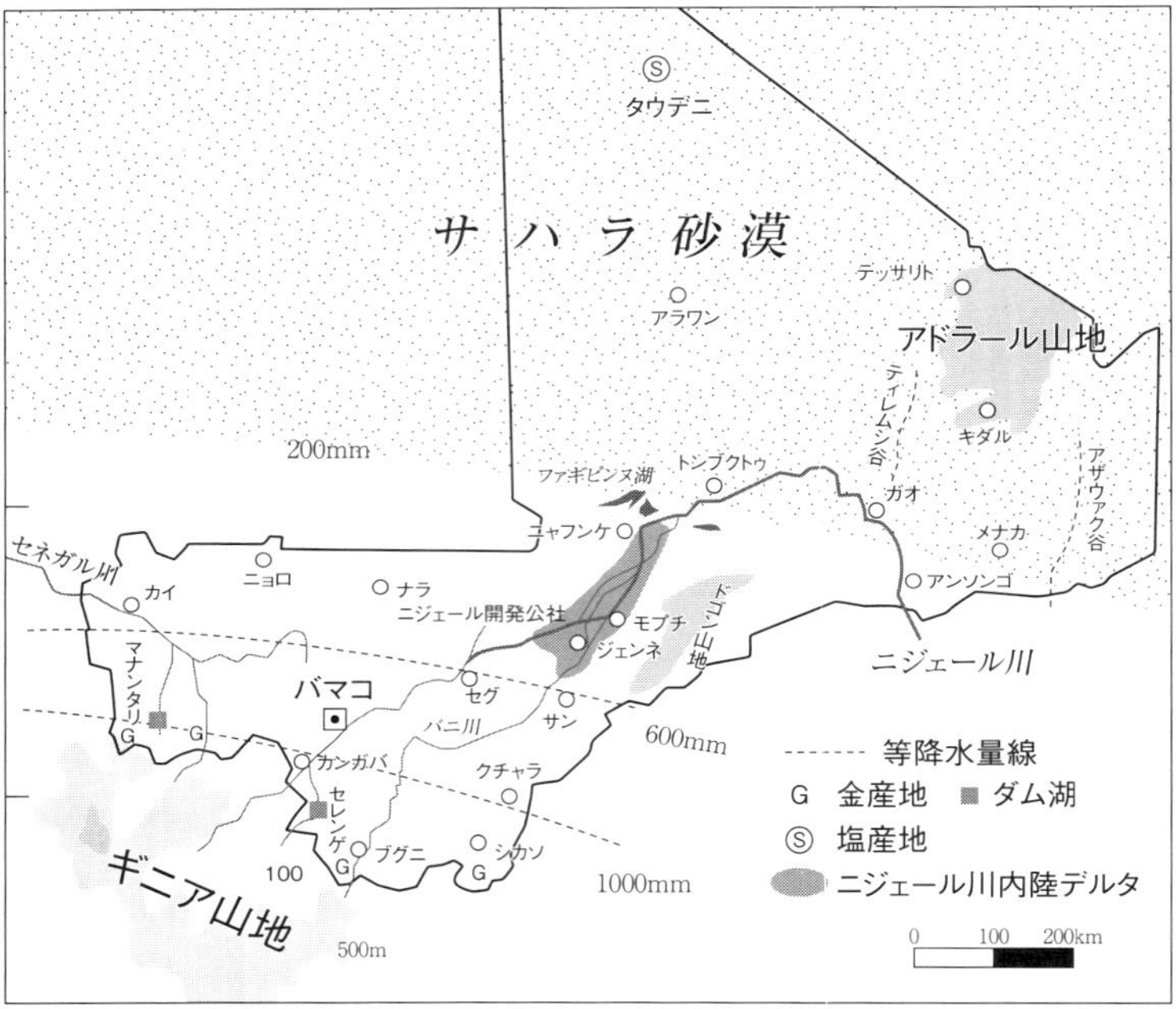

［嶋田義仁作成］

州、州都および周辺諸国

I

地　理

1

マリの地理

★サハラ砂漠、草原、ニジェール川★

ニジェール川がつらぬくアフリカ大陸中央の内陸国

マリはアフリカ大陸西部に位置する内陸国である。国土面積は124万平方キロメートル、日本の面積の3倍以上にもなる大きな国である。しかしその北半分はサハラ砂漠であり、マリ全体が人口希薄な乾燥・半乾燥地帯に属す。人口はわずか1600万人。その大半が、やや湿潤で農業生産が高いマリの西南部に集中する。

マリの中央部を西から東へ、西アフリカ一の大河ニジェール川がつらぬく。ニジェール川はマリ中央部に内陸デルタとよばれる巨大な氾濫原を形成した後、サハラ砂漠を抉《えぐ》って南に向きをかえる。乾燥した大地をうるおすニジェール川は、マリにとって奇跡のような恵みの川だ。

首都はバマコで、公式統計によると人口120万人。位置するのは、マリの西端、隣国のギニア国境に近いニジェール河畔である。マリをおとずれる人は、空港から40分、とうとうと流れるニジェール川とその河畔の緑につつまれたバマコの姿に感激する。

首都バマコがマリ国土の西端に位置する結果、マリ全体の国

第1章
マリの地理

図1−1　アフリカの中のマリ

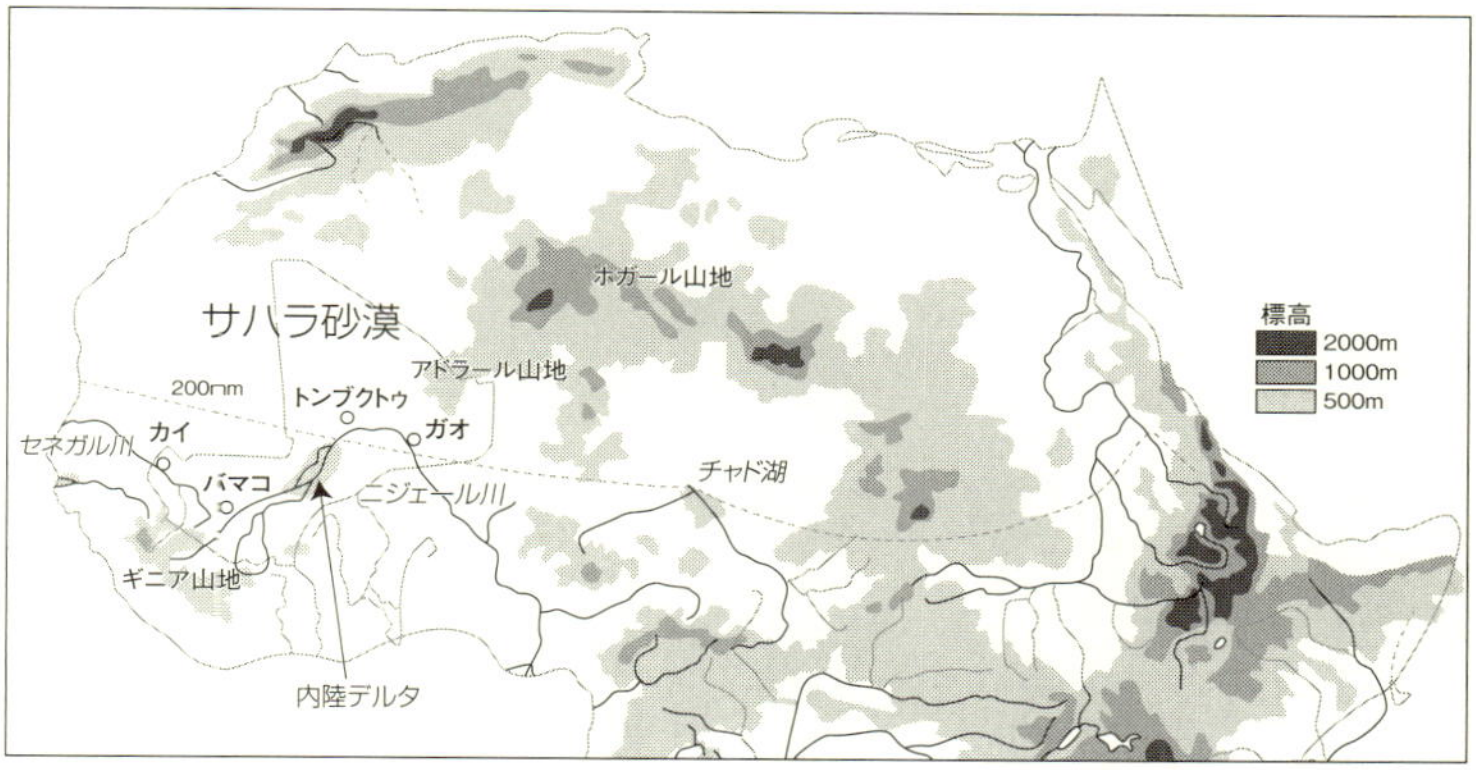

出所：筆者作成

土システムには歪みがある。バマコ周辺のマリ西南部地域を除いて、首都と地方との連絡が著しく困難だからだ。とりわけサハラ砂漠のひろがるマリ北部と東部（キダル、トンブクトゥ、ガオの3州）の孤立がはなはだしい。

マリの東部砂漠地帯の中心都市でニジェール河畔にあるガオまでは、走行距離で１７００キロメートルもある。ガオまでは舗装道路が一本つながっているが、飛行機は20人のり程度の小型プロペラ機が飛んでいるだけである。ガオに行くには大型バスにのってゆくのが安全で便利である。しかし直通でも丸一日以上かかる。途中のモプチまで行き、そこで一泊してからガオに向かうのが無難である。サハラ地域のもう一つの中心都市トンブクトゥまでは舗装道路もない。車で行くなら四輪駆動車で砂まみれになって行くしかない。ガオやトンブクトゥの奥にはさらに広大なサハラ砂漠が広がっているが、そこに分け入る舗装道路もない。マリ国土の4割をしめる北部東部のサハラ地域は、首都バマコ中心の政治経済システムから孤立しているのである。それゆえ、貧困に加え、この地域の独立運動がたえない。

植民地都市バマコの戦略的位置

マリは1960年の独立に際して隣国セネガルと一体のマリ連邦として独立した。西アフリカのフランス植民地化の拠点はセネガルであったからだ。セネガルを出発点に、フランスは大陸内部に侵入し、マリのみならずその先のニジェールまで植民地化し、最後にはチャドにまで達した。その際大陸内侵入路となったのは、現在のセネガルとモーリタニア国境を流れるセネガル川であった。なぜならセネガル川は一年の半分は、現マリのカイまで船舶の航行が可能だったからである。

しかしマリの大半は、ニジェール川水系に属す。マリ支配のためには、ニジェール川水系の支配が必要だった。そのため、フランスはニジェール川上流に位置した地点に、戦略拠点バマコを築いた。そして、ニジェール川水系のほぼ全域を支配していたトゥクロール帝国を倒し、マリの植民地支配を確立した。

フランスはセネガルのダカールからカイ経由でバマコまで鉄道を引いた。それゆえバマコには立派な鉄道駅がある。その後、鉄路はバマコの外港であるニジェール川の河港クリコロまで延長された。クリコロで、ダカールからの鉄道とニジェール川水運を結びつけたのである。実際現在でも、クリコロからえんえん2000キロメートルほど下流のガオまで、ニジェール川の水量がある期間、2隻のドイツ製3階構造の大型貨客船が運航されている。

しかし、マリ連邦は一年を経ずして崩壊し、マリはマリだけで独立国となった。そのため、マリとセネガルの関係は悪化し、以後、マリの海外との主な輸出入路は、セネガルのダカール港経由から、コートジボワールのアビジャン港経由となった。10年前のコートジボワール内戦の際には、トーゴのロメ港がマリの主要輸出入港となった。現在のダカール—バマコ鉄道はおんぼろの極みである。鉄路は細く、あちこち欠けている。セネガルの道路事情はよく、首都ダカールからマリの国境の町カイまで舗装道路が通じている。しかし、マリ国内のカイ—バマコ間道路が未舗装の悪路である。

2003年、アフリカ連合（AU）が結成された。AUは2015年をアフリカ合衆国建国の年と定めて、アフリカ諸国家の孤立政策の改善を推進するようになった。そのAUの代表になっていたのが、マリの元大統領ウマール・コナレで、マリは率先して隣国とつなぐ舗装道路の建設に動き出した。その結果、セネガル—マリ間の道路状況も著しく改善された。しかしその矢先、マリ北部の分離独立運動とイスラーム急進派の台頭があり、フランスの武力掃討がおきて、すべての計画が頓挫した。

サーヘル国

マリのような国をサーヘル国とよぶ。サーヘルには二つの意味がある。

一つは生態学的意味で、サハラ砂漠の南に接した年間降雨量200ミリから600ミリの東西に長く広がる乾燥地域をいう、一年は短い雨季（3〜4ヶ月）と長い乾季（7〜8ヶ月）に分けられる。植生は灌木が散在するステップ性の短草の草原地帯である。その南の雨季が5〜7ヶ月と長くなる湿潤草原地帯をスーダン帯と呼ぶ。植生は長草草原と疎林が広がるサヴァンナである。

サーヘルは、1969年からはじまった激しい干ばつにより「砂漠化」にさらされた。それゆえ、

サヘルの岩山と集落

近年は「砂漠化」に襲われた国という意味でサーヘル諸国という表現が用いられるようなった。しかし実際のサーヘル国には、サーヘルの北側に年間降雨量２００ミリ以下のサハラ砂漠、サーヘルの南側には年間降雨量が６００ミリから１５００ミリにまで及ぶサヴァンナ地帯がある。マリの場合、国土の４割をサハラの砂漠が占めて、残り６割をサーヘルとサヴァンナ地帯が分割しあうという状況である。そして干ばつは、サハラ砂漠もサヴァンナも襲っているが、特に深刻なのはニジェール川内陸デルタである。乾燥地域にありながら、内陸デルタは広大な氾濫原に恵まれた地域であり、この氾濫原を利用して、牧畜、稲作、畑作さらには漁業という多様な生業が営まれてきた。しかし干ばつによってこの氾濫原がいちじるしく縮小してしまった。そのため多様な生業すべてが壊滅状態におちいった。

　サーヘルには文明史的意味もある。サーヘルは東アフリカ・スワヒリ海岸のスワヒリと同語源の、「海岸」を意味するアラビア語である。サハラ砂漠はかつて「砂の海」サハラを旅するラクダ隊商の活躍する舞台であった。その隊商がたどりつく岸辺が、緑と雨に少々恵まれたサーヘルであった。隊商商人はアラブ・ベルベル系のムスリムであった。サーヘルはしたがって、サハラの南の黒人系文化とサハラ以北のアラブ・ベルベル系イスラーム文化とが接触し共存し、あるいは混合する地域であった。

マリのサーヘルにはそのうえ巨大なニジェール川が流れ、その農牧漁に及ぶ生産力と水運により、多文化多民族の交流を支え促進した。その中心が、ニジェール川水運によって結ばれたイスラーム交易都市のトンブクトゥやジェンネであり、ソンガイ帝国王都のガオだった。サハラ南縁黒アフリカ史の最大規模を誇るマリ帝国（13～15世紀）とソンガイ帝国（15～16世紀）がこのニジェール川水系をすっぽりとつつみ込む形で成立し繁栄したが、その理由もニジェール川が流れるサーヘル地帯の特権的な生態・経済状況にあった。

西南部スーダン地帯

しかし現在のマリの経済の中心は、かつてはイスラーム化があまりすすまなかったバンバラやセヌフォが多く居住するマリ西南部のスーダン地帯にある。首都バマコ、セグ、シカソ、ブグニというマリの四大都市も分布する。降雨量に恵まれたスーダン地帯では、農業生産量が多く、人口も多いからだ。

かつて疎林がひろがっていたスーダン地帯では疎林の開発がすすんだ。その際の手段となったのは、野焼きである。野焼きは現在砂漠化を進めるという理由で禁止されているが、それでも、乾季になるとあちこちで野火が燃える。野火を放つと灌木や雑草、さらには様々な害虫の卵が燃えて荒野は牧草地や農地になる。農地もふえるが、家畜に眠り病をうつすツェツェバエが減少し、牧畜も可能になる。

この地域はマリの代表的商品作物である綿花の栽培地域でもある。それゆえ、マリの現代農業の最重要地域である。

（嶋田義仁）

2

マリのサハラ砂漠

★多様な景観と環境変動の遺産★

マリの北半部は、世界最大の砂漠・サハラに含まれる（図2－1）。その南限については、植生と地形の景観、気候値などいろいろな指標により多様に定義されるが、ここでは年平均降水量200ミリ線を広義の砂漠の限界とすることにしよう。この定義に従うと、ニジェール川大弯曲部（ほぼ北緯17度）以北が砂漠地域（図3－3）となり、その面積は63・2万平方キロメートル、国土の約51％を占める。

図2－1の3D地図にみるように、マリのサハラ砂漠の大部分は、タウデニ付近を最低所（133メートル）とする浅い盆状の構造（タウデニ盆地）をなす西アフリカ剛塊と呼ばれる安定陸塊の中にある。ここは、アフリカ大陸の基盤である先カンブリア代結晶質岩石が形成された後、古生代から新生代にかけて緩慢な沈降が続き、砂岩や石灰岩などの地層が次々と積み重なって形成された土地である。

地形的にみると、北〜北東部に崖線で限られ、タウデニに向かって緩やかに傾く砂岩・石灰岩の低い台地（大部分が岩礫の覆うレグ、岩盤が裸出するハマダも介在）が分布し、中央部から南部にかけて砂の平原（エルグ）が広がっている（図2－2）。エルグの大部分は、中央サハラの高気圧から吹き出すハルマッタンの卓越風向（図３−１参照）に並行する縦列砂丘群からなり、最北部で北北東−南南西、中〜南部で北東−南西の方向に並んでいる。南西部では、モーリタニアとの国境にまたがって、網目状の複雑な起伏をなす珍しい砂丘群（アクレ）がみられる。

図２−１　3D 地図で見るサハラ砂漠西部の地形景観と地体構造

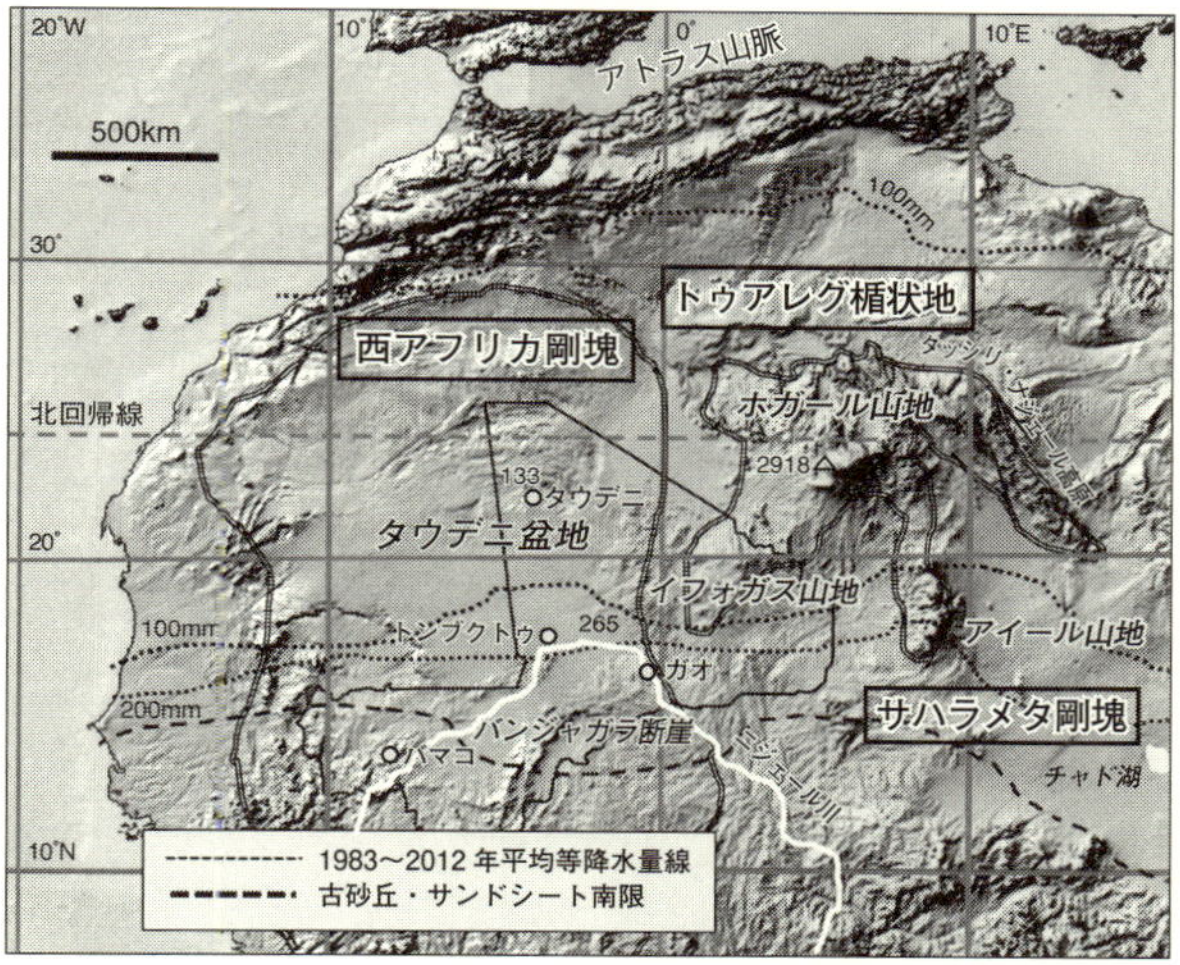

出所：USGS (2014): GMTED Viewer; Liégeois et al. (2012) などより作成

以上は、現在の気候条件下で活発な移動を繰り返している生きた砂丘群である。縦列砂丘群は、ニジェール川大弯曲部以南のサヘル地帯でもみられるが、それらは植生で覆われたり、トウジンビエなどの耕地として利用されたりしている半ば固定された砂丘群である。扁平になった砂丘群の痕跡とシート状の砂（サンドシート）の堆積域は、バンジャガラ断崖南東麓のセノ平原南部（北緯13度付近）まで追跡することができる（図２−１、２）。こうした砂の堆積地形は、２・１万年前頃の最終氷期最盛期の大乾燥期に南方に拡大した砂漠の遺産で、サヘル地帯に数百キロの幅で広く分布している。この大乾燥期の遺産が、グルマ南部、セノ平原を含む最近の

図2－2　マリの地形と古水文環境（サハラ砂漠を中心に）

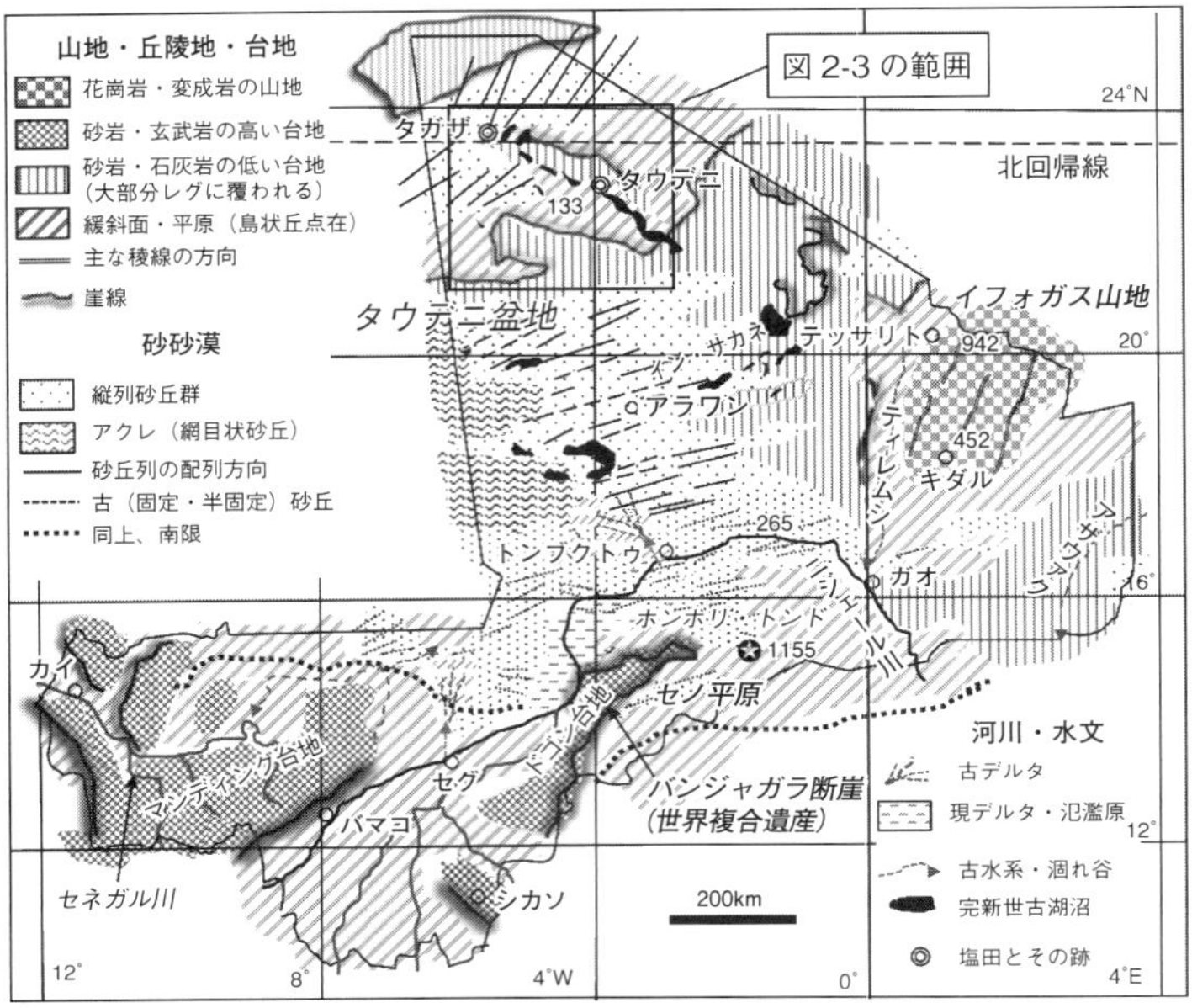

出所：Atlas du Mali (2010), N. Petit-Maire ed. (1983, 1988, 1993) などより作成

サヘルにおける「緑（樹木）の回復」（re-greening）の自然的基盤として重要な役割を果たしていることに言及しておこう。

西アフリカ剛塊の東縁は、小地溝（ガオ付近）を含む断層群を介してサハラメタ剛塊（パンアフリカ変動帯ともいう）に接する。そこは、トゥアレグ楯状地と名付けられた中央サハラの隆起帯で、カンブリア紀以後の地殻変動で生まれた、ホガール、タッシリ・ナジェール、アイールなどの2000メートルを超える山地と高原が集まっている（図2－1）。マリの北東部を占めるイフォガス山地は、この隆起帯の南南西方向への延長部を占める低い山地（標高900～400メートル）である（図2－2）。基盤岩石は先カンブリア代の花崗岩類、片麻岩など結晶質変成岩類からなっている。浸食に抗した堅い岩脈がつくる稜線や島状丘の列、裸の岩壁、さまざまな形と大きさの岩塊がるいるいとする斜面など、砂漠山地に特有の景観に満ちている。なかでも、キダル北北西約60キロメートルにみる巨大な円盤状岩塊が重なる景観は圧巻である。

山地内には、大小の幅広いワジ（涸れ川）のネットワークが発達し、西縁を南に流れるティレムシ川に合流している。ワジの両岸にはアカシア属などの低木が群生し、雨季の出水後にはワジ床にも草本類が一斉に発芽するので、ワジは緑のベルトとなる。日の当たらない岩谷の凹地の中には、地下水で涵養され、乾季にも水の涸れない池（ゲルタ）が点在し、飲水や潅漑の貴重な水源をなしている。イフォガスは低い山地であるが、南からのモンスーンの湿潤気流がぶつかって急上昇すると、活発な対流活動が起きて雷雲が発達し、大雨を降らせる（図3－2参照）。この故に、この山地は「水の城」とも呼ばれる。

長期の地球規模気候変動からみると、サハラ砂漠は、北半球に大陸氷床が形成された280万年前頃以来、氷期の寒冷期に拡大し、間氷期の温暖期に縮小するという変動を繰り返してきた。最終氷期最寒冷期の2・1万年前頃には、砂砂漠が南方に数百キロも拡大していた。これに対し、氷期末の1・5万年前以降になると、温暖化とともに湿潤化が進行し、砂漠の限界は北へと後退した。そして、完新世初～中期の湿潤期、すなわち「緑のサハラ時代」（1・1万～6000年前）が到来する。

マリのサハラ砂漠の核心域・タウデニ盆地については、この湿潤期の環境状態が、フランスのニコル・プティ＝メール女史をリーダーとする学際研究チームによる1980年代の現地調査によって詳しく復元されている。筆者の手元には、同女史から寄贈された2冊の総合報告書（次ページ写真）、マリとサハラ全域の完新世湿潤期の古環境状態を描いた地図がある。図2－3は後者の地図からマリ最

左：N. プティ=メール・J. リジェル編『サハラかサヘルか？ —— タウデニ盆地の第四紀末期』（1983）の表紙。写真は風食から残った完新世湖沼堆積物の奇形（高さ10m、タウデニ東方27kmのテリグで）
右：N. プティ=メール編『サハラの古環境——タウデニ（マリ）の完新世湖沼群』（1991）の表紙。写真は新アゴルゴットでの岩塩採掘風景

北部の部分を抽出して示したものである。今は乾燥の極にあるこの地域に、カバや大型の魚類が生息した湖が連なり、多種類の大型野生動物と人類が暮らすことができた灌木サヴァンナが広がっていた様子がリアルに描かれている。最も湿潤であった時代の年降水量は、300ミリに達していたようである。

完新世湿潤期には、南方の熱帯雨林や湿潤サヴァンナ地帯でも多雨で、ニジェール川が増水したので、その支流はトンブクトゥ北方300キロメートルまで延び、今は涸れているティレムシ川にもつながっていた。ニジェール川本流と多くのワジ、小湖沼が連結し、カバやナイルワニ、ナイルパーチなどの大型の魚類が砂漠の奥深くまで遡上していたらしい。アラワン北方では新種の大西洋沿岸産パーチ（*Lates maliensis*）の骨が発見され、この湿潤期にはニジェール川とセネガル川の水系がつながっていたことが確認された。

湿潤な時代は5000年前頃に終わり、乾燥化が始まった。湖は干上がり、その堆積物は風の作用

で削られたり（右ページ写真左）、飛砂により埋められたりしてきた。こうしたなかで、タウデニ付近の凹地帯（最低所標高１３３メートル）に形成されていた深さ5メートル、面積１１８平方キロメートルの塩湖堆積物から、16世紀以来、岩塩が手掘りで採掘されてきた。表層の２メートルほどを赤土が覆い、「赤い土地」と呼ばれるこの地域をGoogle earthの拡大画像で眺めると、アゴルゴット塩田の何千個もの四角い採掘穴（約５×５メートル）を認めることができる。

モーリタニア・アルジェリアとの国境にまたがるタウデニ盆地北部では、地表面温度が50度近くまで上がる夏最盛期に、熱的低気圧が常駐して大気が不安定になり、巻き上げられたダストが空を覆う日が続く。実はこの地域は、南・北アメリカ大陸まで吹送される夏期における砂漠ダストの最大の発生源なのである。とともに、熱的低気圧がモンスーンの湿潤気流を引き込むので、局地的な大雨が降ることも多い。タウデニ付近では、ヨーロッパが記録的な熱波を経験した２００３年の夏をはじめ、近年、「緑のサハラ」の再来を思わせるような降雨イベントが頻発する傾向にある。最近では、２０１１~２０１３年と、日最大降水量が20ミリを超え、年総降水量が１００ミリを上回る年が続いている。

（門村　浩）

図２−３　タウデニ付近の完新世初〜中期湿潤期の古環境復元図

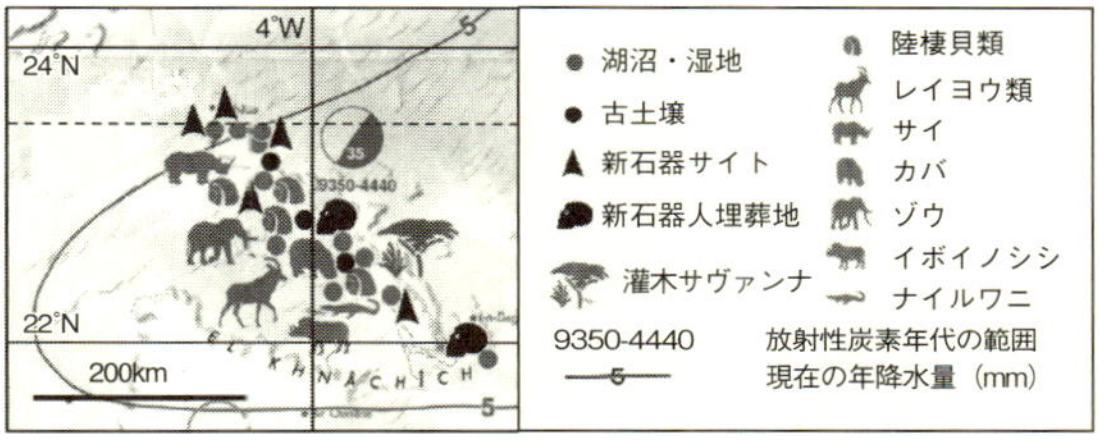

出　所：N. Petit-Maire ed. (1993), *The Sahara in the Holocene – Extant hyperarid area exclusively.* Scale 1:5,000,000. UNESCO/CGMW より抜粋・編集。図の位置は図２−２参照。放射性炭素年代は、約1万1000〜6000年前の暦年更正年代に相当。

3

ゆらぐ気候

★頻発する大雨・洪水と干ばつ★

まず、平均的な気候の状態を眺めてみよう。マリを含む西アフリカの気候は、リビア上空に中心をもつ亜熱帯高気圧から恒常的に吹き出すハルマッタンと呼ばれる乾いた北東風と、南方の大西洋ギニア湾から吹いてくる西アフリカ・モンスーン（ギニア・モンスーンともいう）の湿った南西風、この二つの性質の異なる風が交わる熱帯内収束帯（ＩＴＣＺ）の支配下にある（図3－1）。1～2月にギニア湾まで南下していたＩＴＣＺは、3月になると太陽の北上を追って北に移動し、夏最盛期の8月に最北位置の北緯20～22度に達する。こうしたＩＴＣＺの動きに伴って、雨を運ぶモンスーンの風が大陸の奥深くまでとどくようになり、マリでは5月初旬以降、最南部から順に雨季が進行していく。雨はおもに短時間の局地的雷雨のかたちで降る（図3－2）ので、降り方は時間的・空間的に不規則で、大雨が頻発する一方で、ひどい干ばつが現れる年がある。

月平均降水量50ミリ以上の月を湿潤月、50ミリ未満の月を乾燥月、それぞれの継続期間を雨季および乾季と定義すると、南部のシカソとバマコで6ヶ月（5～10月）と6ヶ月（11～4月）、中部のカイとモプチで4ヶ月（6～9月）と8ヶ月（10～5月）、ニジェール川大湾曲部のガオとトンブクトゥで2ヶ月（7〜8月）と10ヶ月（9〜6月）となる。アラワン－キダル以北の砂漠地帯では、雨季ピークの8月に雨があっても通常は50ミリにとどかないので、一年中乾季が続く。

年間の平均降水量は、最南部の1300ミリ以上から中部の700〜300ミリを経て砂漠地帯の200〜100ミリ以下へと急減し、最北のタウデニ付近は5ミリ以下の極乾燥の世界となる（図3－3）。こうした雨の降り方の空間性から、マリの国土は北から南へ、サハラ（100ミリ以下、真の砂漠）、サハラ－サヘル漸移帯（100〜200ミリ、半砂漠、ここまでが広義のサハラ砂漠）、サヘル（200〜500ミリ、低木・灌木サヴァンナ）、サヘル－スーダン漸移帯（500〜700ミリ、高木サヴァンナ）、スーダン（700ミリ以上、高木サヴァンナ・疎林）の五つの気候生態帯に区分される。

図3－1　マリの気候を支配する三大気候要素

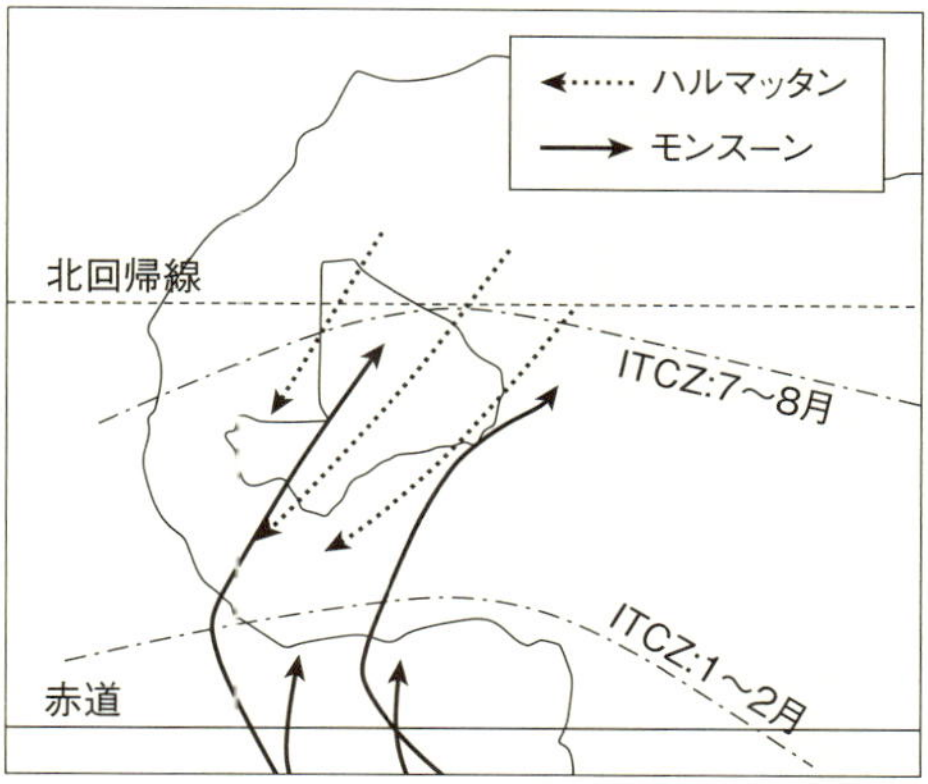

南西からのモンスーンと北東からのハルマッタンの気流が交わる熱帯内収束帯（ITCZ）が南北に移動することにより降雨域が南北に移動する.
出所：Atlas du Mali (2010) より作成

ITCZが南下に転じる9月以降になると、モンスーンの南西風に代わって、中央サハラ起源の乾いたハルマッタンの北東風が侵入し、北から順に乾季が訪れ、翌年の雨季が始まるまでの長い間、厳しく乾いた日が続く。ハルマッタンは大量のダストを含んでくるので、中・南部でも乾季にはど

図３−２　Metosat-9 IR 10.8 画像（2011/8/4、18:15）に見る西アフリカの雨季における活発な対流活動による大雨域分布パターン例

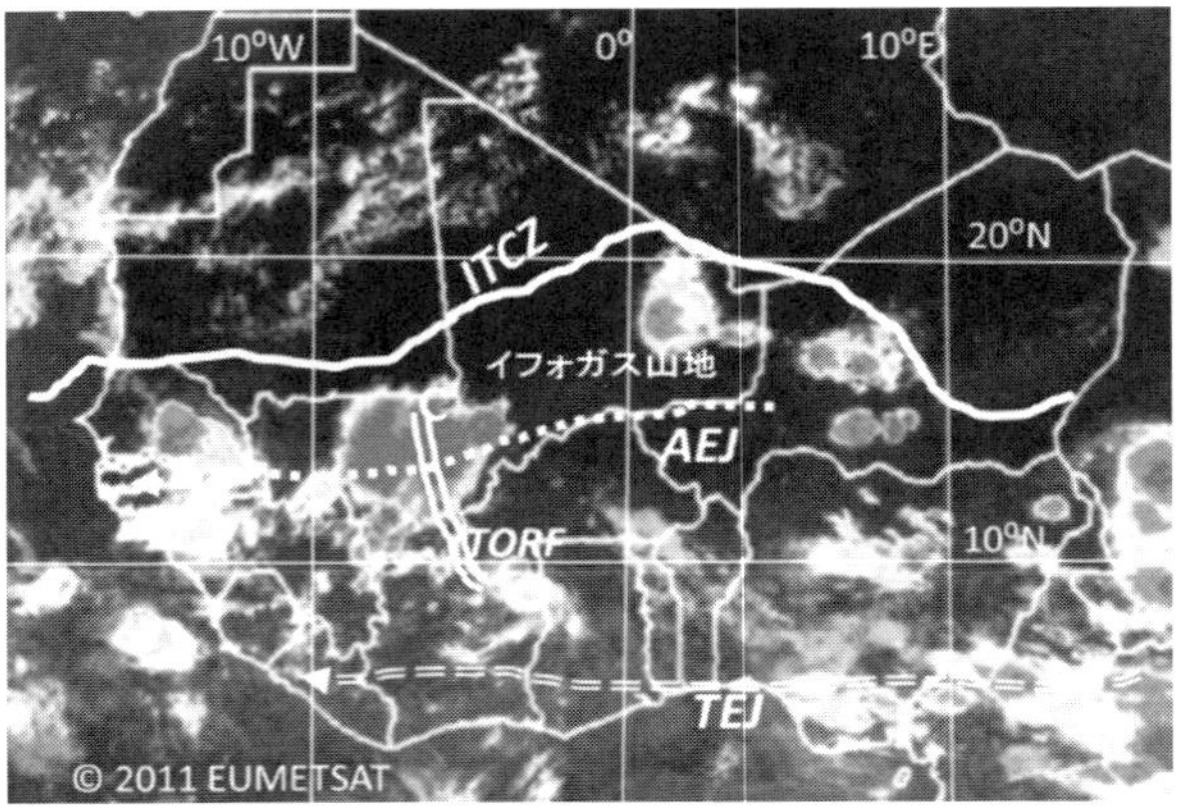

ITCZ：熱帯内収束帯、AEJ：アフリカ東風ジェット、TEJ：熱帯東風ジェット、TORF：気圧の谷
出所：ACMAD: West Africa Weather Bulletin, 05 August 2011 より作成

んよりとした視程の悪い日が多い。湿地が広がる内陸デルタ地帯では、周りの陸地との温度差を反映して、昼間はデルタからの微風、夜間は反対に陸地からの微風が吹く局地気候がみられる。

年平均気温は、北半部の砂漠地帯をのぞいて28～30度であるが、乾季の後半は暑く、日最高気温が37度を超える暑熱の日が続く。とりわけ、地表面がもっとも乾燥する雨季直前の5～6月が最高に暑い。日最高気温は、最南部のシカソをのぞく全域で45度を上回り、モプチ以北では48度にも達する。雨季に入ると曇天の日が多くなるので、暑さが和らげられ、日最高気温は8月を中心に、雨季直前に比べて12～13度下がる。乾季に入ると暑さが少し戻り、10～11月に第2のピーク期を迎えるが、45度を超えることは少ない。続く12～1月はもっとも涼しい時期で、日最低気温が10度を下回る日がある。

地球温暖化の進行に伴って、マリを含む西アフリカ地域の年平均気温は、１９８０年代以来の30年

図3‐3　マリの年平均降水量（1951～2008）[1]、おもな地点の月平均気温・降水量（1950～2000）[2]

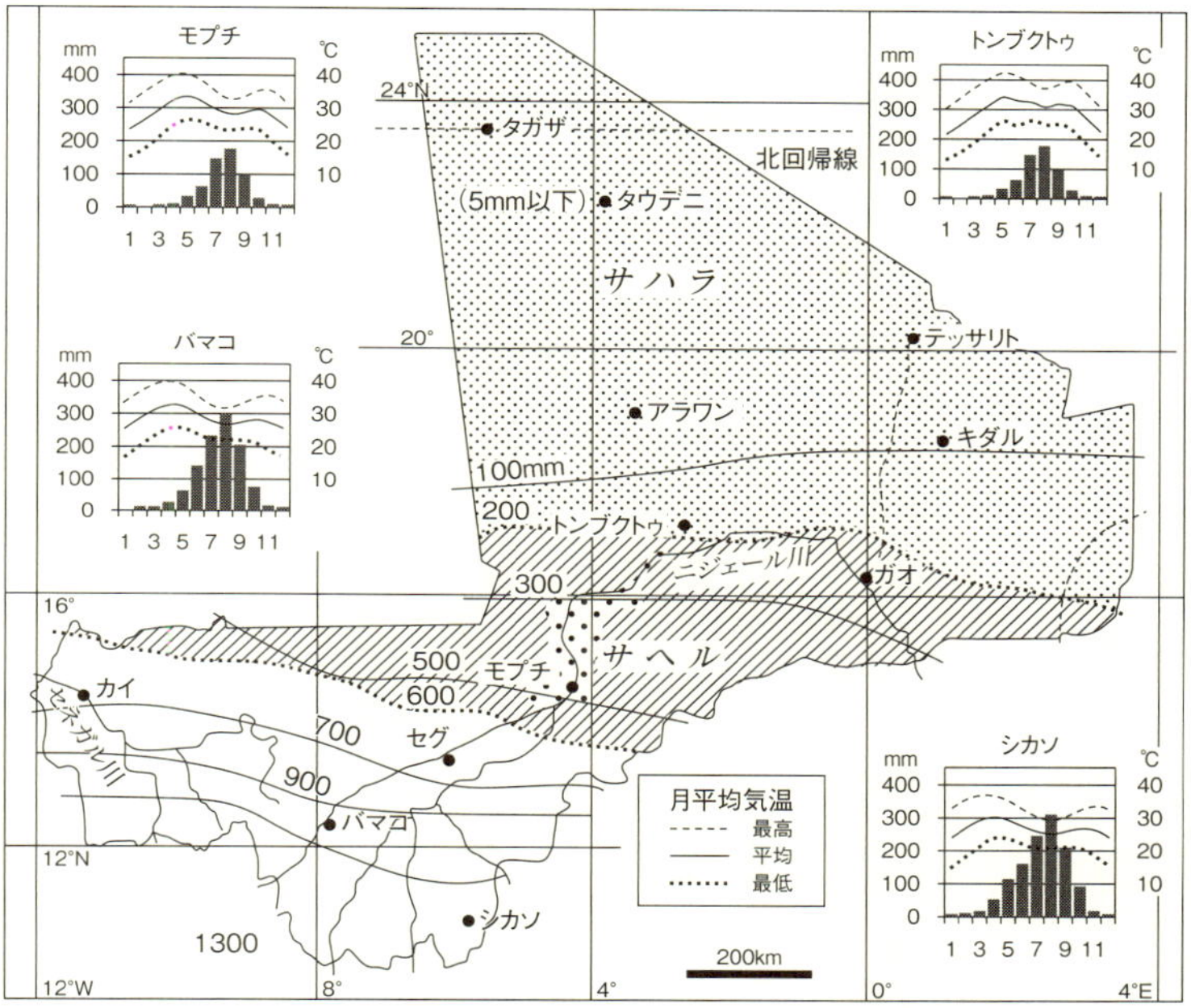

出所：1）Atlas du Mali (2010)、2）World Weather Information Service (2013) のデータより作成

間に0・9～1・0度上昇している。一方、降水量については、1960年以降のマリ全域の年平均降水量の推移からみると、1967年までの湿潤期、1968～1993年の長い少雨期（サヘル干ばつ期）、1994～2006年の不規則変動・回復期、2007年以来の回復期に4区分される（図3‐4）。近隣のサヘル諸国でも同じような傾向にあるが、マリでは2007年以降の回復傾向がとくに著しいという際だった特徴がある。

　1970～1980年代サヘル干ばつの絶頂期、マリでも1972／73年、1982／84年の二度にわたり厳しい干ばつと飢饉を経験し、家畜の多くを失ったトゥアレグ人などの牧畜民が大きなダメージを受けた。干ばつないし天候不順により食料作物と牧草が大不作になる出来事は、年降水量が顕著な回復傾向にある最近でも、2009年、201

図３－４　マリの降水変動（1960～2013年）

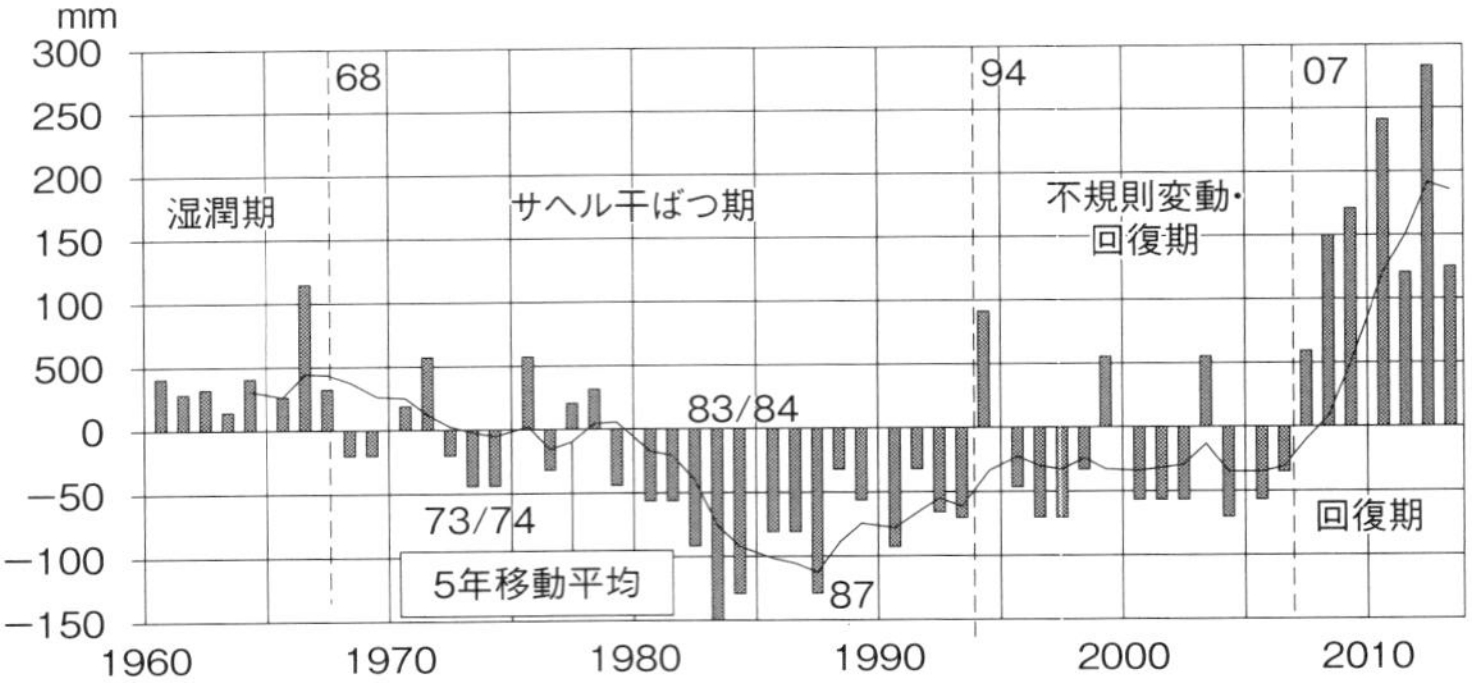

全国土平均年降水量1960～2013年平均390mmからの偏差を示す。
出 所：Mc Sweeny, C. et al. (2010) UNDP Climate Change Country Profiles, Mali (1961-2006); GIEWS/FAO (2014) Estimated Precipitation, Mali (2007-2013) のデータより作成。

１年と繰り返して現れている。なかでも２０１１年には、翌２０１２年の端境期に３５０万に及ぶ人びとが深刻な食料不足に直面した。世界食糧機関（ＦＡＯ）が「サヘル危機２０１２」と命名したこの出来事は、２０１１年度産穀物生産高の過去５年平均比14％の減産、豊作であった２０１０年比41％の減産と、穀物価格の高騰に加えて、折から勃発した武力紛争とそれに伴う難民の大量発生という特殊な社会環境の中で生じた。

　２０１１年の総降水量は、マリの多くの地域でほぼ平年並みであり、多雨であった２０１０年に比べても20％程度少ないだけであった。この年、トウジンビエの栽培限界の目安である年降水量３００ミリ線（飢餓前線と呼ぶ）は、平均位置（１９８３～２０１２年平均）の約１５０キロメートル北にあり、この線が３００キロメートルも南下した１９８２／８４年干ばつ時とは状況がまったく違う。つまり２０１１年の不作は、総降水量が少なかったためではなく、遅い雨季入り、登熟期の長い中断、収穫期の大雨などの不規則な降り方によるところが大きかったのである。この年、内陸デルタでは水稲が大幅な減収（２０１０年比40％）となったが、その原因は、源流域ギニア高地の少雨によるニジェール川流量の大幅減少に伴う灌漑水不足にある。

ところで2011年は、8月を中心に全国各地で大雨・洪水が多発した年であった（図3-2）。キダル、トンブクトゥ（グンダムとゴシ）、モプチ（サナ）、セグ（コロ）、シカソ、カイ（ジョボリ）、クリコロ（カンガバ）の7州で、総計1万5415人が被災し、乾燥地では多数の土造家屋が潰れた。南西部ではマリの経済を支える金鉱山の多くが浸水被害を被った。このように、近年、干ばつ年にも大雨・洪水が多発する一方、多雨年にもスポット的な干ばつ域が現れるという、複雑な降水パターンが現れる年が続いている。また、首都バマコでは、2012年、2013年と2年続いて、雨季末の8月下旬～9月上旬に大雨・洪水が発生し、2013年には死者37人、被災者総数3万5000人という大きな被害が出た。

アフリカ・モンスーン学際解析国際共同研究（AMMA）グループによるグルマ地域での観測調査によると、近年の降水量増加は、降水日数が減った反面、一回に降る雨の量が大きくなったために生じている。つまり、日本でも最近経験しているような局地的な大雨が頻発する傾向が高まっているのである。こうした新たな気候変動の傾向に対処するためには、これまでの気候変動影響対応戦略、なかんずく減災対策に関する国家行動計画の見直しとともに、農業気象水文ハザード早期警戒システムの、降水の時空間高精度・細密予測に力点を置いた再編を必要としよう。またこれと連動して、国家気象局が1982年以来続けている、農牧民を対象とした農業気象水文情報の利用に関するキャンペーンの一層の強化を図ることも不可欠であろう。

（門村　浩）

4

ニジェール川

★西アフリカの文明を生んだ母なる川★

ニジェール川はマリを西から東へと貫いて流れる川である。西の隣国ギニアとシエラレオネ、リベリアの国境地帯の山地で雨を集めたニジェール川は、マリに入ると、首都バマコ、マリ第二の都市セグ、商業都市モプチ、「黄金の都」トンブクトゥ、マリ東部のガオと、すべての主要な都市をうるおしたあとで、東の隣国ニジェールへと流れていく。トンブクトゥやガオはサハラ砂漠に接する乾燥地帯に位置しているが、そこでも多くの人間の居住が可能であるのは、一年中水の途絶えることのないニジェール川のおかげなのだ。

ニジェール川はアフリカ第三の河川であり、その長さは4200キロメートルある。日本でいえば、北端の宗谷岬から南端の与那国島までに相当する距離である。一方、西アフリカは全体にフラットな土地なので、その高低差は1000メートルにも満たない。そのため、川の水は傾斜に沿って流れるというより、上流に降った雨水に押し出されるようにしてゆっくりと進むのだ。

水の流れに勢いがないので、砂や土の抵抗を押しのけるのは容易ではない。北東に向かっていたニジェール川が、サハラの

ニジェール川に面した村、中央にモスクが建っている

砂がつくる砂丘に流れを阻害され、トンブクトゥで大きく弧を描いて南東に向かうのはそのためである。とはいえ、気候がより湿潤であった遠い過去には、ニジェール川の流れにもっと勢いがあったので、川は砂や砂丘を押しのけてまっすぐ北に向かっていた。サハラ砂漠中央の低地に大きな塩田がいくつも存在すること、そこでの人間の居住は紀元前4000年以降であること、それらの遺跡からは釣り針と魚や水棲動物の骨がたくさん発見されていることが、その証拠とされている。

ニジェール川はゆるやかな傾斜しかないので、平らな土地にいたると、水はいたるところであふれ出て広大な氾濫域を形成する。それらの土地は一年の一定時期に決まって氾濫を引き起こすので、古代文明を生んだナイル川や黄河がそうであったように、農業や牧畜に最適の環境を形成してきた。ニジェール川の中流域に多くの遺跡が存在すること、しかもそれが紀元前数千年にさかのぼることを見ても、過去の豊かな人びとの暮らしが推測されるのだ。

数ある氾濫域のなかでも、もっとも大きく、もっとも重要なのが、ニジェール川中流域の「ニジェール川内陸デルタ」と呼ばれる湿低地だ。このデルタは、東西に150キロメートル、南北に200キロメートルという巨大なものであり、日本でいえば九州とほぼおなじ広さをもっている。

内陸デルタが位置しているのは乾燥サヴァンナ（サヘル）であり、そこでの雨期は6月なかばから9月にかけての3ヶ月にすぎず、年間の総雨量も500ミリメートル前後しかない。雨水だけにたよって農業をおこなおうとするなら、乾燥に強いトウジンビエという穀物の栽培だけが可能な乾燥した土地だ。ところが、9月から11月にかけて、ニジェール川上流に降った雨水がこの地に達すると、雨期が終わっているにもかかわらず広範な氾濫が引き起こされる。九州ほどの広がりをもつ平地が一面水におおわれるのである。そのため、内陸デルタでは雨期のはじまる6月なかばから氾濫水がひく11月までの5ヶ月のあいだ、十分な水の供給を受けることができるのだ。

雨期の直前の4月か5月にこの地をおとずれたなら、どこも乾ききって、砂埃が風に舞うのに閉口させられるだろう。農業もできず、牛に草を食べさせることもできず、水が少ないので魚もとれず、船の航行も不可能である。しかも、気温は一年で一番暑く、50度を超えることもまれではない。一口に50度というが、私などは気温がこの温度に達すると意識はぼうっとしてしまい、なにもすることができなくなる。そうした過酷な環境のなかで、人びとはなにをするともなく雨期のはじまりを待ちわびるのだ。

そこに突然、強い風が吹き、東の空のかなたに黒い雲があらわれてくる。雨をもたらす雲の到来である。やがてにわかに空が暗くなり、耐えがたい熱気とともにはげしい風が吹きつける。うまくすれば雨が降り、気温が一気に下がるだろう。しかし、うまくいかなければ、風は熱と砂埃を残して去っていくだろう。それでも、こうした砂嵐が何度か押し寄せてくるうちに、待ちに待った雨期がはじまるのだ。

ニジェール川内陸デルタは増水期の９月から11月まで、船だけが輸送手段となる。船が村に着くとロバの引く車が迎えにくる

最初のまとまった雨とともに、乾ききった大地がいっせいに芽吹き、あたりは一面に緑におおわれるようになる。雨期の直前には50度を超えていた気温も、雨が降るたびに温度が下がり、過ごしやすくなっていく。と同時に、人びとは田畑に出て鍬や犂でたがやし、稲やトウジンビエの種子をまき、家畜に芽吹いた草を食べさせることで、生命の回帰を祝うのだ。

雨とともにニジェール川の水量が増していき、やがて9月になるころには、上流から運ばれてくる水は川床からあふれるようになる。この時期に内陸デルタをおとずれたなら、どこもかしこも水と緑でおおわれているのが目につくだろう。内陸デルタは世界に2種類しか存在しない稲の一種であり、西アフリカでだけ栽培されているグラベリマイネ（アフリカイネともいう）の栽培起源地とされている。ニジェール川の自然氾濫があるからこそ、この乾いた土地でも水田が広がり、稲の栽培が可能なのだ。この稲をはじめ、内陸デルタは雑穀栽培や牧畜や漁などの生産活動がきわめてさかんであり、マリの食料供給の一大中心地なのだ。

ニジェール川は輸送にとっても重要な位置を占めている。内陸デルタなどの物資の集散地から、北の砂漠に近いトン

バマコの外港クリコロからガオまで、ニジェール川を1週間かけて航行する大型船

ブクトゥやガオに運ばれる物資の多くはニジェール川の水運を利用している。水量の多い9月から12月にかけて旅行者がもちいるのもこれらの船であり、内陸デルタの物資の集散地であるモプチには多くの船が集まって、人びとがにぎやかに話しあったり交渉をしたりする姿が見られるだろう。

もしマリに行かれることがあったなら、モプチからトンブクトゥまで大きな汽船で旅行することをお勧めする。川の水が十分にある9月から12月までだけ運行される2泊3日の旅である。雨期が終わったばかりのモプチの周囲では水と緑にあふれていたのが、船が北に向かうにつれて緑が少なくなっていき、やがてサハラ砂漠に近づくと、ニジェール川は砂のあいだを流れる一筋の細い線となる。その上を滑るように進んでいく船からは、砂漠に沈み、砂漠から昇る太陽が見られるだろう。マリをうるおしてきたニジェール川の貴重さが、なにより強く実感されるはずだ。

（竹沢尚一郎）

II

歴　史

5

人間の居住と農耕のはじまり

★サハラの乾燥化と農耕の開始★

今日のマリの土地で、人間の居住はいつごろ開始されたのだろうか。マリにかぎらず、サハラ以南アフリカの考古学研究はあまり発達しておらず、とりわけ旧石器時代の研究はほとんどまとまっていない。いまだ多くの点が謎に包まれているのが実情であるが、これまでに明らかになっていることを記していこう。

西アフリカおよび北アフリカは、最後の氷河が消滅した完新世の紀元前1万2000年ごろから湿潤期をむかえていた。この時期、今日では完全に乾燥して砂におおわれているサハラの中央高地は草におおわれ、キリンやゾウ、アンチロープなどの野生動物が多く住んでいた。そのことを示しているのが、サハラの各地に残されている岩壁画だ。それらの絵のうちのいくつかは野生動物を弓矢で追う狩人の姿を描いており、写実的なそれらの絵からは狩人が黒人系であったことがわかっている。

一方、紀元前7000〜8000年紀になると牛の飼育が始まったことが、サハラのいくつかの遺跡の出土品によって確認されている（ここで発見された牛の骨は野生種であったという説もあり、飼育かどうかは確定されていない）。これらの遺跡の多くはサハラ

タッシリ・ナジェールの岩壁画。1950年代に「発見」したアンリ・ロートのチームが模写した岩絵［出所：Lhote, H., *A la découverte des fresques du Tassili*, Arthaud, 1958］

の北側に位置しているので、牛の飼育を開始したのは地中海の白人系の人びとであったと考えられている。また、ほぼ同時期に土器が出現しており、これはエジプト文明を生んだナイル川流域より1000年ほど先行するものであった。これらの土器や牛の飼育は、世界でももっとも古いもののひとつである。

この時期、今日ではトンブクトゥ付近で大きく湾曲して南に向かっているニジェール川は、まっすぐに北に向けて流れていたと考えられている。そのため、マリの北部、サハラ砂漠の中央部に位置する低地では、のちに乾燥化によって塩の鉱床となる大きな湖が形成されていた。そのためこの地域での人間の居住は困難であり、この時期の遺跡の存在が確認されているのは、マリとアルジェリアとリビアにまたがるホガール山地やアイール山地、およびその山麓の土地であった。これらの土地からは、魚の骨や水棲動物の骨、独特の形をした骨製の銛や釣り針が出土しており、カヌーに乗って漁をする人びとの姿を描いた岩壁画とともに、水に恵まれた過去の豊かな暮らしをしのばせている。

サハラを含む西・北アフリカの乾燥化が始まったのは紀元前4000年ごろであった。その結果、高地に住んでいた人びとは水と草地を求めて山を下り、より湿潤な南に向かって進んだのだろう。サハラ砂漠の南縁に位置するマリ北部のメマ地区では、人間の居住が紀元前4000年前後に始まっており、出土する土器や釣り針などの道具の共通性により、サハラからの移住があったことが確認されている。

マリをふくむ西アフリカの広大なサヴァンナ地帯は、アフリカにおける農業の起源センターのひとつと考えられている。この土地では、乾燥化にもっとも強い穀物であるトウジンビエをはじめ、ソルガム、フォニオなどの穀物が栽培化されていた。また、世界に2種類しか存在しない栽培稲の一種であるグラベリマイネが栽培化されたのも、マリ中部のニジェール川内陸デルタであった。

そのほか、マメ科のバンバラビーンズや、油化植物であるゴマやシアーバターの木（フランス語ではカリテ、現在ではロクシタンなどの化粧品によく用いられている）なども栽培化されていた。西アフリカのサヴァンナ地帯で開始された農業は、穀物から油化植物、マメ科、麻やワタ（ワタについては西アフリカ原産という説と、中東から伝えられたという説がある）などの繊維植物にいたる多様な作物をそなえることで、完成された農業システムであったのだ。

今日のアフリカ大陸の各地では、アメリカ大陸やアジアから導入されたトウモロコシ、キャッサバ、バナナなどの作物が大きな位置を占めているところが多い。そのなかでは、マリを中心とした西アフリカのサヴァンナ地帯では例外的に在来作物の栽培が支配的である。そのことは、他から収量と生産効率の良い作物が導入される以前に、この地方の農耕が高度な発達を実現していたこと、そのため、他地域で栽培化された作物の入り込む余地が少なかったことを示しているのだ。

この地域での農業の開始はいつごろだったのだろうか。アフリカ大陸の諸文化の広範な比較研究をおこなった人類学者ジョージ・マードックや作物学者中尾佐助によれば、エジプトで紀元前５０００年ごろに農業が始まったにもかかわらず、西アフリカにはエジプトで栽培されていた小麦や燕麦などの作物はひとつも入っていない。その理由は、エジプトの影響が伝えられる以前に西アフリカで独自の農業システムが完成していたので、それを受け入れる必要がなかったというのである。そこから彼らは、西アフリカでの農業の開始時期を紀元前４０００〜４５００年頃と考えている。

一方、考古学が発見した西アフリカ最古の作物は、紀元前１８００年ごろのトウジンビエやソルガムであるので、右の解釈とのあいだにはかなりのズレがある。これまでに発見されていない古い時期の穀物を発掘によって見つけることは、西アフリカ考古学の最大の課題のひとつなのだ。

先にも述べたように、サハラでの牛や羊／ヤギの飼育の開始は紀元前７０００〜８０００年紀と考えられており、西アフリカのサヴァンナ地帯でも紀元前３０００年ごろにはその飼育が確認されている。また、ホロホロチョウは西アフリカ原産と考えられ、この飼育は現在でも盛んにおこなわれている。

乾燥に強いトウジンビエや湿潤を好むソルガムなど、多様な性格をもつ穀物をはじめ、さまざまな種類の栽培作物をもつ西アフリカの農業は、牛や羊／ヤギ、ホロホロチョウなどを加えることで、豊

マリの各地には今なお、鉄を融解するための粘土製のたたらが残っている

かな農耕システムをつくりあげていた。それに銅と、とりわけ鉄の生産がつけ加わったとき、人びとのもつ生産力は飛躍的に向上したはずであった。

西アフリカにおける鉄生産の開始は紀元前5世紀頃と考えられており、それによって人びとは森林を切り開き、農地や牧草地を拡大していった。それ以降、多くの都市やそれに類する人口集中が各地に出現し、やがて地中海世界にまで知られたガーナやガオなどの国家の誕生へとつながっていったのである。

（竹沢尚一郎）

6

イスラーム化

★サハラ交易によってはぐくまれた国際文明★

マリのイスラーム化の歴史はふるく、ふかい。

これを象徴するのは、二つのユネスコの世界遺産都市トンブクトゥとジェンネだ。

トンブクトゥはニジェール川大彎曲《わんきょく》部に位置する交易イスラーム都市だ。大彎曲部とは、サハラ砂漠に向かって流れていたニジェール川がサハラ砂漠を抉るように彎曲して南流する地域で、ニジェール川水運とサハラのラクダ交易が接する地域だ。トンブクトゥは14世紀にマリ帝国最盛期のマンサ・ムーサ王が、大量の金を携えてメッカ巡礼した際、この地域を通過したことをきっかけに成立した。トゥアレグ牧畜民が利用する井戸があっただけの地に、モスクがたてられ、サハラ交易の拠点ともなる交易イスラーム都市に発展した。

トンブクトゥには日干しレンガづくりの有名なモスクが三つある。マンサ・ムーサが建てた大モスク（ジンガラベール）とイスラーム神学校であったサンコーレ・モスク、もう一つはトンブクトゥの町中にあるシーディ・ヤーヒヤだ。これはサハラの南のサヘルで活躍したムスリム商人ワンガラたちのモスクである。サンコーレとは「白い師」を意味し、中東や北アフリカか

上；サハラの岩塩。ガーナ王国の金との交易に用いられた
右：サンコーレ・モスク

らきたイスラーム学者が講義した学校である。

トンブクトゥの南には巨大な内陸デルタ（わが国の九州ほどの広さ）がひろがる。ジェンネはその内陸デルタの南端の島に立地した町である。歴史はトンブクトゥよりはるかに古く、稲作民マルカや漁民ボゾの居住する村だった。それは現在のジェンネ近くにあるジェンネ・ジェーノとよばれる遺跡に相当する。しかし現在地に移ると、ジェンネもイスラーム化をすすめ、マリ帝国とトンブクトゥの形成により、その速度はました。その結果、内陸デルタをはさんで南北に立地していたトンブクトゥとジェンネは、ニジェール川水運交易により栄えた。ジェンネから南西のニジェール川上流とセネガル川上流に向けては徒歩による隊商路が延びていた。そこには金産地が分布していたからだ。こうした交易網の形成がイスラーム化の基本路線であった。それゆえ、イスラーム化は商業民・都市民中心にすすんだ。歴史的に有名なのはワンガラと呼ばれる商業民で、きわめて敬虔なイスラーム民として知られていた。

ただし、交易路沿いの農耕民はイスラーム化にはかならずしも好意的ではなかった。それゆえ徒歩隊商は村々の市《いち》では商うが、夜は住民のいない原野で寝た。そういう異教徒農民の代表はバンバラ族で、バンバラとは異教徒を意味する蔑称であった。バンバラの自称はバマナンである。他方、ラクダ、川舟の隊商にとっては、トゥアレグ族が難敵であった。サハラの土着民であるかれらのイスラーム化は浅く、かれらは武装したラクダ騎兵として登場し、保護料として通行料を要求するのが常であった。

イスラーム化は単なる宗教的教義の受容だけではなかった。商業経済の発展、イスラーム王国や都市の形成、さらには生活全般の変化に及ぶ文明的発展だ。アラビア文字文化、日干しレンガによる固定家屋文化と都市文化、衣服文化発展などがイスラーム化にともなった。トイレや沐浴文化の発展さえあった。アフリカには伝統的にはトイレのない地域がひろくあった。しかし清潔を重んずるイスラーム化とともに、トイレ文化・沐浴文化も発展した。社会文化的な発展としては、妻4人限定の一夫多妻制、老人・寡婦・旅人・身体障碍者にたいする喜捨文化がある。

アラブの将軍ウクバ・ビン・ナーフィなどの活躍により、8世紀のはじめに北アフリカ西部とイベリア半島にイスラーム王国が建設された。これを契機として、サハラ交易が活発化したが、このとき交易にしたがっていたのはイバード派というイスラーム異端のハワーリジュ派ムスリムで、イバード派にはタキーヤというイスラーム教徒であることを隠してもよいという思想があった。これは正統イスラームの立場からは許されない思想で、かれらはムスリムであることを偽って異教徒民と交易しているのではないかと疑われた。民族的にもベルベル系が多数を占めていた。

そこで11世紀にひき起こされたのが、正統派マーリク派の主張を掲げたアルモラヴィド（ムラービト）の聖戦である。それは現在のモーリタニア南部からはじまり、モロッコ、スペインにまでひろがる大帝国（アルモラヴィド帝国）形成運動となった。その過程で、イバード派の活躍で交易国家として

イスラームとともにひろがった精巧な刺繍の施された白衣の文化

の成長をとげていたがイスラーム化が充分でなかった旧ガーナ王国はほろびて、イスラーム帝国としてのガーナ帝国が成立した。同時に、サハラ西部と西アフリカ西部に正統派イスラームがひろがることになった。
しかし12世紀にガーナ帝国は衰亡し、かわって13世紀にマリ帝国、15世紀にはソンガイ帝国（はじめガオ帝国、後にソンガイ帝国）が成立した。これらの国家の柱になったのはサハラ交易であり、特にマリ帝国の時代に、トンブクトゥから北上してサハラ砂漠中央を南北に縦断する交易路が成立したことの意義は大きかった。現在はアルジェリア南部に位置するその砂漠中には、トゥワット、ゴア、ガルダイアなどのオアシス都市が南北に一列に連なっている。
　これらのオアシス都市の特徴は、マラブートと呼ばれる聖者廟がそびえることだ。祀られるイスラーム聖者は神の祝福（バルカ）を人々にもたらし得る神秘的な能力者だと考えられていた。その聖者廟を中心にザウイヤという教団が成立し、サハラを行き来する隊商や巡礼者の世話もおこなった。この聖者崇拝文化がマリのイスラーム文化にも大きな影響を及ぼした。マリのモスクも一種の聖者廟で、モスクにはかならず聖者の墓がある。トンブクトゥやジェンネに至ってはそれぞれの町に３３３の聖者が眠っていることになっている。崇拝すべきは神（アッラー）のみだとするイスラーム正統派の立場からは、聖者崇拝はイスラームの異端文化である。しかしサハラのザウイヤ起源のイスラーム聖職者集団のひとつアル・クンタは後に、トンブクトゥやガオ周辺地域でのイスラーム権威となった。

マリのイスラーム化は、いくつもの波がくりかえし押しよせる波動的運動だった。

15世紀になると、南方、現在のガーナ国にあらたに金鉱が発見され、さらに15世紀以降ギニア湾岸には、エルミナなどヨーロッパ人の交易要塞が築かれ、大西洋三角貿易が発展した。ムスリム商人たちもその交易路をギニア湾岸にまで延長した。その中心になったのは、ジュラ（商人）と呼ばれるマンデ系言語をはなす交易者集団であった。かれらは金交易とともに、熱帯雨林地帯で採集される嗜好堅果コーラの実の交易をおこなった。かれらは、異教文化の地にムスリム商人街区を設置しながら、交易をおこなった。その結果、交易路沿いには、ブルキナファソの都市のボボ・ジュラッソのように、ムスリム住民区（ジュラ）と異教徒民族区（ボボ）からなる二重構造町村が形成された。

こうした二重性は言語や民族にも及んだ。ジュラ語とマリの主要言語バンバラ（バマナン）はほとんど同一である。民族的にも、ジュラ族とバンバラ族はほとんど同一である。ちがいは、ジュラがムスリムであるのに対して、バンバラは異教徒であったことだ。バンバラの意味自体が、ムスリムからみた「異教徒」である。したがってこの点に意識的であるバンバラ族はバンバラという呼称をこのまない。しかしここで重要なのは、マリのように古くからイスラーム化がすすめられた地域では、民族分類にムスリム民かそうでないかという基準が事実として関与してきたことである。

19世紀になると、牧畜民フルベ族による新たなイスラーム運動がおこり、フルベ族があらたなイスラーム化の主体として登場したのである。それは伝統的イスラーム文化を激しく批判するイスラーム宗教改革運動であった。詳しくは第11章の「二つのフルベ・イスラーム帝国」で論ずることにして、ここで一足とびに現代にうつる。

マリの植民地化独立などの近代化過程でも、マリ全体のイスラーム化はすすんだ。バンバラ（バマナン）もボボも、ドゴンも、トゥアレグも現在はかなりイスラーム化している。

これにともない、新たなイスラーム運動がおきた。それは、メッカ巡礼者の増大による。植民地化以前メッカ巡礼は、徒歩で何年もかけて巡礼する大旅行であった。そしてメッカ巡礼者はアルハジという敬称をもって呼ばれた。しかし現在、経済力のある者には航空機使用による手軽なメッカ巡礼が可能になった。その結果、アルハジが急増した。知らない人でも金銭に余裕がありそうな人にあったら、アルハジと呼んでおけば間違いがない。

問題は、新興アルハジの一部は、メッカのあるサウジアラビア中心にひろがっているイスラーム原理主義的なワッハーブ主義を導入し、かれらのモスクを建設し、伝統的なマリのイスラームに対して批判活動もはじめていることだ。バマコなどで立派なモスクをみかけたらワッハーブのモスクだとおもってよい。しかし、これは、最近マリにも登場したマグレブ・アルカイダのような武闘派急進イスラーム主義とは一線を画した穏当な急進運動である。

ワッハーブに限らず、他にも新興イスラームが登場している。指導者の呪術師的なカリスマ的魅力に支えられているが、カルト集団にもなりかねない。しかしこれはキリスト教もおなじで、アフリカにはかなり多くの新宗教的キリスト教団が活躍している。その背後には、30年間でマリの人口もバマコの人口も倍増するという事実に象徴されるマリの激しい社会変動がある。

（嶋田義仁）

7

ガーナ王国

★西アフリカ最古の王国★

ガーナ王国は、マリ東部のガオ王国とともに西アフリカ最古の王国と考えられている。史料によれば、ガーナ王国の首都は王の住む都とイスラーム交易者の住む商業都市のふたつからなっており、そのうちの商業都市はマリとの国境からわずかにモーリタニアに入ったクンビ・サレーであった。ガーナ王国の勢力範囲はニジェール川とセネガル川に挟まれた地域であり、現在では乾燥化によって農業もできなければ、居住も困難な地域である。しかし過去には豊かな生活があったことは、多くの異国の物産や高い技術による建造物を含む遺跡の出土品が示している。

ガーナ王国の成立は7世紀頃と考えられている。それ以前にさかのぼることができないのは、西アフリカは西暦紀元前3世紀から紀元1世紀まで乾燥化が進み、砂漠の南縁のサヘル地帯では人間の居住が確認されていないためである。その土地にふたたび人間が戻り、国家と呼ばれるほどの人間と産業の集中が実現するには、数世紀の時間の経過が必要だったと考えられているのだ。

ガーナ王国の首都のうち、商業都市の方ではこれまでに数度

図７－１　マリの諸王国・政体の歴史的変化

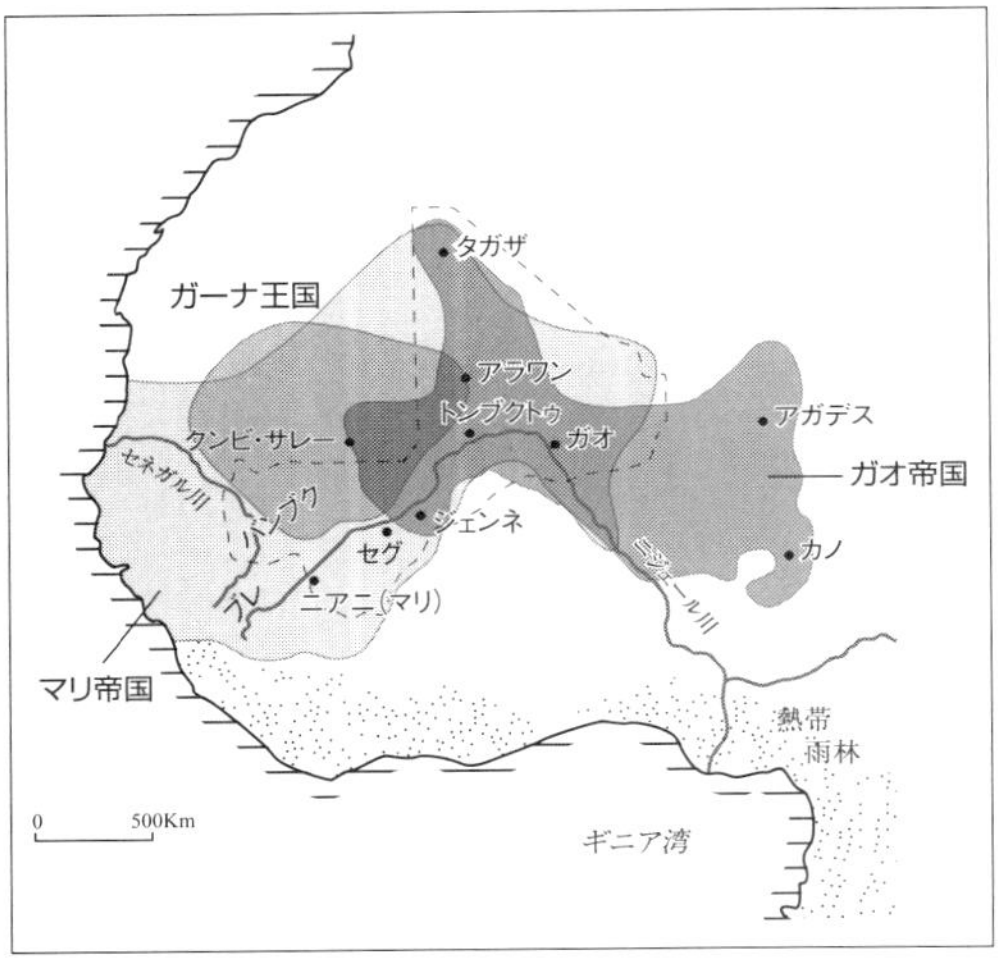

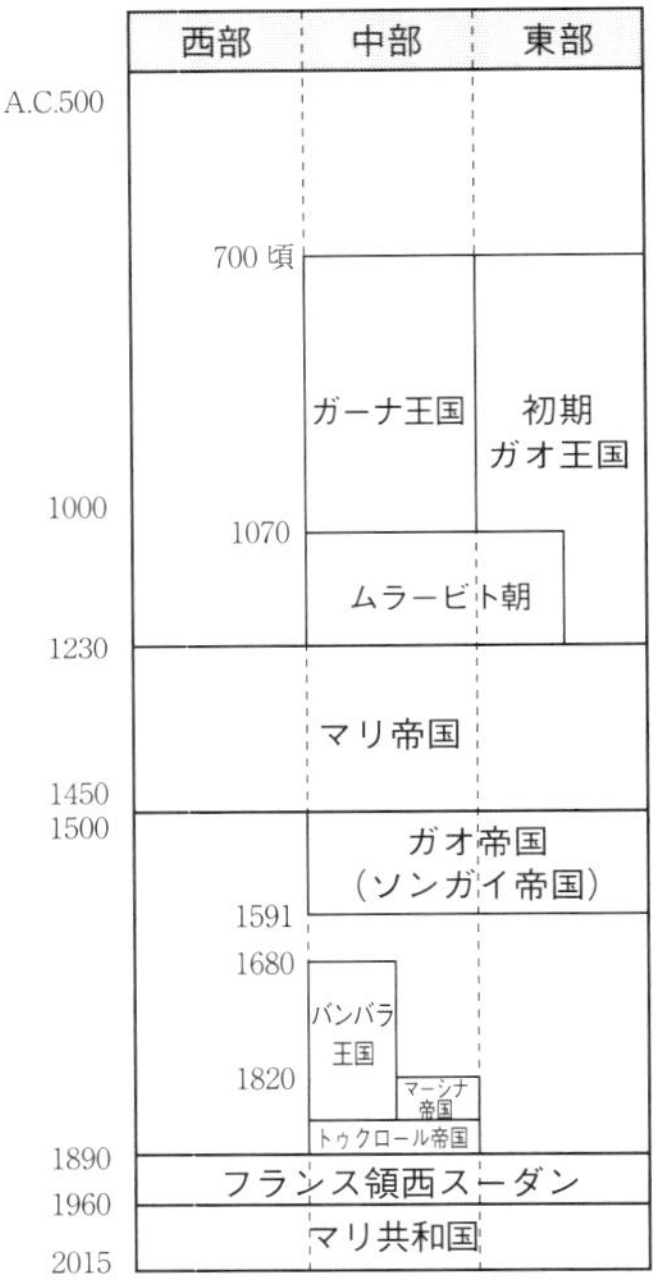

出所：筆者作成

発掘がおこなわれているのに対し、王都はいまだ発見されていない。そのためガーナに関しては、考古学よりアラビア語史料の方が正確な情報を与えている。622年のヒジュラ（メディナへの移住）によってイスラームの教義を確立したアラブ人は、すぐに北アフリカへの侵入を開始し、675年に現在のチュニジアのカイラワーンに軍営都市ミスルを築いた。これ以降、西アフリカの記述がアラビア語資料にくり返し登場するようになったのだ。

ガーナ王国に関する最初の記述が登場するのは8世紀末であり、それ以降記述は途絶えることがない。なかでもヤクービーは872年ごろにつぎのように書いている。「それからガーナの王国があり、この王もとても強力だ。この国には金の鉱山があり、どこでも金がとれる」。

「金の国」ガーナの伝説がここにはじまったのである。

当時の西アフリカは旧世界最大の金の産出地として広く知られており、北アフリカに侵入したアラブ人の関心もそれを入手することにあった。金の主産地はニジェール川とセネガル川の上流のブレとバンブクであり、ガーナ王国はその金がサハラ砂漠を越えて北アフリカに運ばれていく中継地にあたっていた。ガーナ王国は金の産地を直接支配したことはなかったようだが、その交易路を押さえることで「金の国」の呼称をほしいままにしたのだ。

最盛期のガーナ王国のくわしい記述は、11世紀のグラナダの知識人バクリーによって与えられている。それによれば、ガーナとは国の名前ではなく、国の王に与えられた称号である。ガーナの首都はふたつの都市からなっており、ひとつはムスリム商人が住む商業都市で、12のモスクが建っていた。そのひとつひとつに、イスラーム共同体の指導者であるイマームと説教師、礼拝を呼びかけるムアッジンがいたという。

一方、王の住む都市はそこから6マイル離れたところにあり、「アル・ガーナ」と呼ばれていた。王が死んだ後に埋葬される「聖なる森」を意味することばである。王都にもひとつのモスクが建てられ、大臣の多くと通訳などの高官はムスリムであった。しかし、王をはじめとして王都に住む住人の多くは非ムスリムであり、伝統的な宗教にしたがっていた。王都のすぐわきには妖術師の住む丸屋根の家や墓や森が存在し、王の墓と呪物はそこにおさめられていた。

王は必要とあれば20万の軍勢を動かすことができ、そのうちの4万は弓の射手であった。それほど多くの軍勢がいたというのも、王は金をはじめとするさまざまな商品の取り引きで莫大な富を得ていためだ。ガーナの勢力内でとれた金のうち、砂金はとった人間が自由に処分することができたが、金塊はすべて王のものとされ、王に献上されることになっていた。そのほか、北のサハラ砂漠の塩山から運ばれてくる塩がロバ1頭につき1ディナール（金貨）、出ていく塩に対し2ディナールが徴収された。また、輸入される銅に対して5ミスカル（金約21グラム）、その他の商品に対して10ミスカルを徴収することで、王は莫大な富を得ていたというのだ。

以上の記述で注目されるのは、金を中心としたサハラ縦断交易を支配したガーナ王国の豊かさであり、王権が伝統的な権威とイスラームを介して得られる利潤の双方に依拠していた点である。おそらくガーナ王国の住人の大半は非ムスリムであったので、王はイスラームに対して一定の距離をおくことが求められていたのだろう。それを反映していたのが、王の都とムスリム商業都市のふたつが一定の距離をおいて併存する首都の構造であったのだ。

砂漠とサヴァンナの境界に成立したガーナ王国を建設したのが、北の砂漠に住むベルベル人であったか、それとも南方のアフリカ系住民であったかについては、多くの議論が重ねられてきた。しかし、ガーナ王国に関する伝承が前者にはなく、後者にだけあることを見ても、それを建国したのがアフリカ系のソニンケ人（別名サラコレ人）であったのは間違いないだろう。

乾燥の強い北方の地域に位置していたガーナ王国は、やがて西アフリカ全土の乾燥化が進むなかで、勢力を維持することが困難になった。ガーナ王国は11世紀なかばに、セネガル川河口の城塞から興ってスペインまでを支配したムラービト朝によって支配を受ける。ついで13世紀になると、マリ南部から起こったスス王国や、それにつづくマリ帝国に攻撃されて滅亡したのである。

ガーナ王国の領地は今は完全に乾燥化しているが、多くの鉄製造の跡が残っており、過去の繁栄をしのばせている

その滅亡の過程を、伝承はつぎのように語っている。ガーナの聖なる森には一匹の大蛇ビダがいて、毎年処女を一名ささげることを求めていた。あるとき勇敢な若い狩人が、この慣習を止めさせようとして大蛇と戦い、それに勝利した。すると大蛇の首は空に舞い、はるか南方へと飛んで行った。このとき以降、ガーナの土地に雨は降らなくなり、その繁栄は南方へと移っていったというのだ。

とはいえ、ガーナ王国の影響は今も西アフリカの広い地域に残っている。ガーナ王国を築いたソニンケ人は、王国の解体後、西アフリカ全土に展開して、発達した手工業と商業を各地に伝えた。マリとギニアではマルカ、ブルキナファソやコートジボワールではジュラやヤルシと呼ばれる彼らは、それらの土地に文明をもたらした存在とみなされてきた。ゴールドコーストと呼ばれていた現在のガーナが、熱帯アフリカで最初に独立するに際してこの古王国の名を国名に採用したのは、西アフリカ最古の国家という栄誉を引き受けるとともに、ソニンケ人移民が彼らの土地に文明をもたらしたという伝承があったためである。

（竹沢尚一郎）

8

マリ帝国

★ヨーロッパにまで知られたアフリカの王国★

マリ帝国はマリ南西部、ギニアとの国境地帯のマンデ地方を中心に成立した国家である。最盛期にはその版図は今日のマリを越え、セネガル、ガンビア、ギニア、モーリタニアのほとんどを占めるまでになっていた。その成立と拡張を支えたのは、マンデ地方のすぐ西側に位置するブレやバンブクの金鉱であった。旧大陸最大とされる金の交易を掌握したマリ帝国は、西アフリカ史上もっとも繁栄した国家のひとつになったのだ。

マリ帝国の誕生は13世紀とされている。当時の西アフリカでは、ガーナ王国を襲ったスス王国がマンデ地方までも支配していた。ススの王スマングル・カンテは名の通った鍛冶師であり、剣や槍、矢じりなどの武器の製造に長けていたと推測される。しかし、伝承が語るのはむしろ彼の呪術力である。マリ帝国の建国の父スンジャータ・ケイタが彼の支配を打ち破るには、その呪力に勝る力をもつことが必要であった。彼はスマングルに嫁いでいた妹から呪力の秘訣を聞き出すことで、ようやくその力に打ち勝つことができた。その後彼は1230年ごろに、彼に味方したカマラ、ダンベレ、トラオレなどの将軍をガンガバの近くに集めて集会を開き、マリの建国を宣言した。グリオが伝える伝承はそう語っている。

最盛期のマリ帝国の実態を知るには、ふたりの人間に登場してもらうことが必要である。ひとりはマリ最盛期の王であり、伝説的なメッカ巡礼をおこなったカンクー・ムーサ王。もうひとりは、実際にマリの首都まで行って記録を残している、イスラーム世界最大の旅行者イブン・バットゥータである。

１３２４年から翌25年におこなわれたカンクー・ムーサ王のメッカ巡礼は、その豪勢さで、イスラーム世界で長く語りつがれるほどのものとなった。王は１万２０００人の女奴隷を引き連れ、２００キログラムの金を積んだ80頭のロバとともにサハラ砂漠を越えたとされている。現在の価格に換算すれば、なんと７２０億円もの金である。王は途中のエジプトやメッカでの滞在中に金を湯水のように使い、あげくのはてに帰国時には金が足りなくなって、カイロで借金をして国に戻ったとさえいわれている。このカンクー王の金の消費によって、イスラーム世界全体で金と銀の交換比率が15％も下落したというのだから一大事である。現在のように紙幣ではなく、金貨と銀貨が経済活動の柱

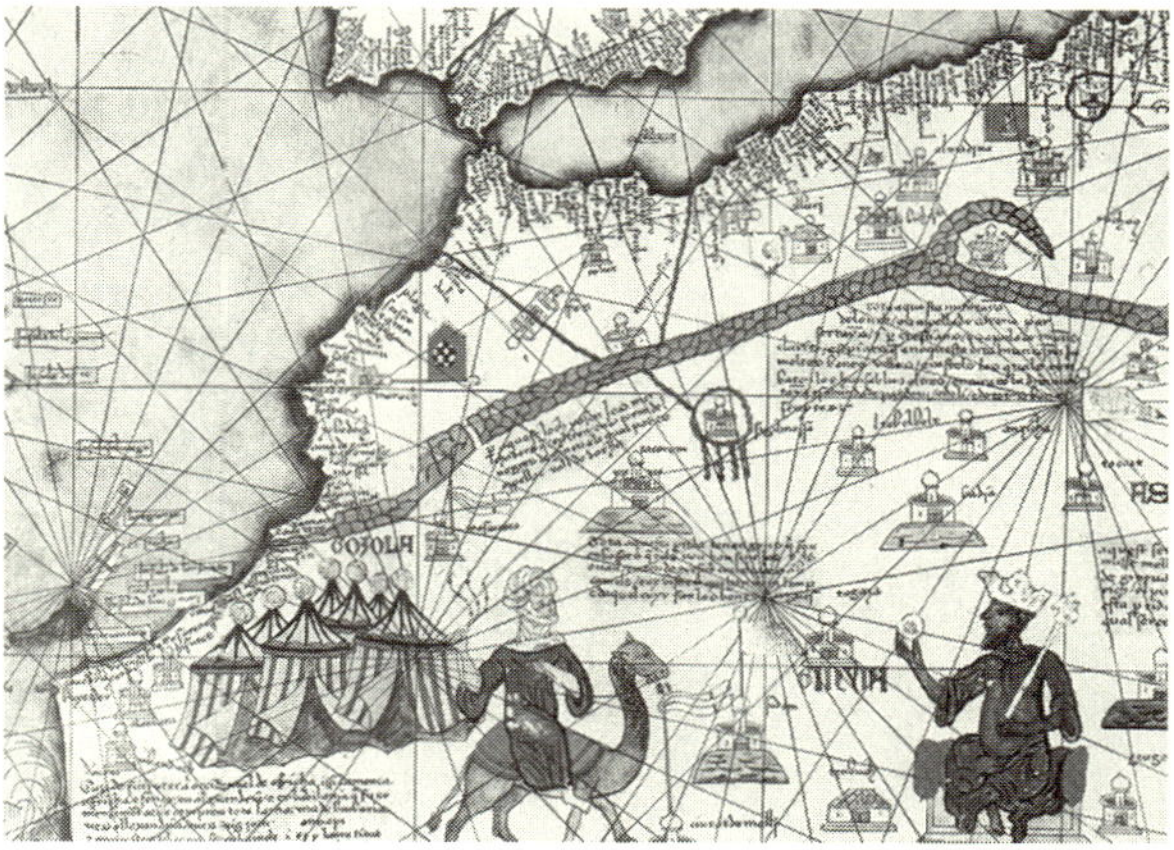

1375年地中海のマヨルカ島で作成された西アフリカの地図。中央右に金塊を手にしたマリ帝国の王カンクー・ムーサが描かれている

であった時代であることを考えるなら、こうした交換比率の変動は世界経済に大きな影響を与えずにはいなかっただろう。それを、ひとりの王の一旅行がもたらしたというのだから、伝説になるだけのことはある。

一方、イブン・バットゥータがマリ帝国の首都をおとずれたのは、カンクー王が死んで20年後の1356年であった。その彼の記述は、最盛期のマリ帝国のありさまを映し出すものとして興味深いものがある。彼がマリの王宮をどう表現しているか。それを一部引用しよう。

「二度の祭りの日の午後、王は高壇のうえに座る。護衛たちは手に手に素晴らしい武器をもってやってくる。黄金の刀剣やおなじ材質の鞘、黄金と銀の槍、クリスタルの鉾などだ。王のそばには4人の高官がいて、銀製の鐙のようなものを手にしながら蝿を追っている。何人かの総督や法官や説教師は、慣例にしたがって着席している。

ドゥーガと呼ばれる通訳（グリオと呼ばれる伝承者）が、4人の妻と女奴隷を連れてやってくる。彼女たちは百人もいて、華麗な衣装を身にまとい、金や銀のバンドを頭に巻き、金や銀の髪飾りをつけている。ドゥーガのために席がもうけられ、彼はひょうたんのついた楽器をかき鳴らしながら、王の武勲や遠征をうたいあげる。彼の妻と女奴隷たちがそれに唱和し、弓を使って戦いをまねる。そのわきには30人あまりの、朱色の外衣を着た男の奴隷がいる。彼らは白い帽子をかぶり、太鼓を抱えながら打つ。……」（イブン・バットゥータ『大旅行記』8、家島彦一訳注、平凡社、48～49ページ。若干訳文を変えている）

マリの王宮の見事さと、美しく豪奢に着飾った臣下たちの振る舞いが目に浮かぶようだ。まるで映画の一シーンであるかのような、ヴィヴィッドな描写である。しかし、バットゥータの記述においてより重要なのは、彼のマリ社会に対する評価だろう。エジプトからインド、東南アジア、さらには中国とアンダルシアにいたるまで、当時知られていた世界の大半を旅していたバットゥータであるだけに、彼がマリ帝国をどのように評価していたかは比較社会学の観点から興味深いのだ。

「彼らの美徳のひとつに、不当な行為がないことがあげられる。彼らはそうした行為からもっとも遠い人びとであり、王は誰であれそうした行為をすることを許さない。もうひとつの美徳は安全なことであり、旅行者であれ国の住人であれ、強盗や盗みに遭う心配がない。さらに別の美徳として、彼らのもとで白人が亡くなったとき、その遺産がどれだけ多くても手を出さないことがある。それが正当な相続人の手に戻るまで、彼らは信用のおける白人に預けておくのだ。それから、彼らがイスラームの教えをよく守り、それを実行することを心がけ、それを守らせるために子供を打つということもある。……」（同、55～56ページ）

この文章を見ると、広域を支配していたマリの全体で治安が良く保たれ、イスラームの教えが重視され、秩序の意識が人びとのあいだで共有され、財産や商取引を保護する意識がきわめて高かったことがよくわかる。このように秩序と安寧と外国人に対する敬意が存在していたとすれば、多くの外国人がマリの土地をおとずれ、商取引に励んでいたのは当然であっただろう。実際、バットゥータの記録を読むと、マリのいたるところに北アフリカや中東出身の外国人がいたことがよくわかる。また、別の資料からは、マリがエジプトのマムルーク朝やモロッコのマリーン朝に外交官を派遣して、良好な外交関係を維持していたことも明らかである。

このように繁栄していたマリ帝国であったが、15世紀になるとイスラーム経済の中心がエジプトやトルコへ移動した結果、西アフリカ経済の重心も東へと移動し、ニジェール川の下流に位置するガオに覇権を奪われていく。ニジェール川に沿って勢力圏を拡大したガオ帝国は、マリ帝国の経済を支えていた交易都市トンブクトゥやジェンネを支配下に組み込んだが、さらに上流に位置するマリの本拠を支配することはしなかった。マリはニジェール川の上流地帯からガンビア川流域までを支配する一地方国家として、18世紀まで存続したのだ。

残念なことに、マリ帝国の首都はいまだに発見されていない。さらに理解が進むためには、首都が発見され発掘がおこなわれることが不可欠だろう。

（竹沢尚一郎）

9

ガオ王国（ソンガイ王国、ガオ帝国）

★西アフリカ史上最大の版図をもった王国★

マリ東部のガオを本拠とするガオ王国は、ガーナ王国と並んで西アフリカ最古の王国である。サハラの中央高地の岩壁には、馬に曳かれた二輪の戦車の絵が今も残っており、それをたどっていくと、北アフリカのチュニジアやリビアとガオをむすぶルートを引くことができる。サハラの岩壁画にはカバやゾウなどの野生動物を狩る人間の姿が描かれているので、紀元前3000年以前には湿潤であったのは疑いない。馬に曳かれる戦車の絵が描かれたのも、乾燥化のために戦車によるサハラの通行が不可能になる紀元前500年より以前であっただろう。それほど古い時代から、ガオと北アフリカとは交易や軍事目的の交流がつづいていたのだ。

ガオ王国が誕生したのは7世紀ごろと考えられている。その後9世紀半ばまでに、ガオ王国の強大さはイスラーム世界に広く知られるようになっていた。たとえば9世紀半ばのヤクービーはつぎのように書いている。「それからカウカウ王国（＝ガオ）があり、これはスーダーンの地（＝黒人の国）でもっとも大きく、もっとも重要で強力なものだ。その王にすべての国家が従っている。カウカウとは都市の名だ。近くにたくさんの王国があり、それぞれ王をいただいているが、みなカウカウ王の権威を承認し、忠誠を誓っている」。この王国は首都の名をとってガオ王国と呼ばれるが、それを築いた民族の名をとってソンガイ王国と呼ばれることもある。

この時代のガオ王国がどれほど強大なものであったかは、私たちがおこなった発掘からも明らかになっている。私たちはまずガオ市近郊のガオ・サネ遺跡で発掘をおこなったが、そこからは数多くのガラス製ビーズや銅製品、鉄製品、西アフリカでもっとも古い日干しレンガや紡錘車が出土している。土器に関しても、種類や製法が多様なことと瓶型土器の割合が多いことなど、西アフリカでは例外的なものである。複数の種類の土器が同時期の地層から出現していること、長方形の日干しレンガの出現が他に比べて驚くほど古いこと、ガラス製のビーズのいくつかは製造途中であることなどから、私たちはこの遺跡に住んでいたのが黒人系だけでなく、北アフリカから来た交易者や職人（その多くはおそらくユダヤ人）でもあったと解釈している。

一方、ガオ市内でおこなった発掘からも、西アフリカで初めての出土品があいついでいる。もっとも特徴的なものは総石造りの建造物であり、全長おそらく75メートル、奥行き8・5メートル、壁の厚さ1・2メートルという巨大なものである。壁の厚さから推測するなら、高さは10メートルを超えていたはずである。しかもその北側には、全長11メートル、奥行き5・5メートルのやはり石造りの建物が存在し、それには水浴場が併設されていたことが確認されている。

出土品も目を見張らせるものがある。ガラス製ビーズ2万2000個以上、銅片約2000点（うち完成品40点）、北アフリカのファーティマ朝の陶器片約40点（他に、中国製の白い磁器が一片ある）、香油瓶を含むガラス製品約４００点、金の小片2点などが出土している。ガラス製ビーズはアフリカでは製造されなかったというのが定説なので、これがサハラ交易の産物であることは疑いない。また、西アフリカで銅が生産されたのは数か所に限られていた。したがって、大量のガラス製ビーズと銅製品が出土したということは、ガオがサハラを越える長距離交易と西アフリカの各地を結ぶ中長距離交易の結節点であったことを示している。

私たちの発掘によって発見された10〜11世紀の初期ガオ王国の王宮跡

放射性炭素年代測定によれば、ガオ・サネ遺跡が８世紀から11世紀初頭、ガオ市の遺跡が10世紀後半から11世紀前半であり、ふたつの遺跡は少なくとも一時期併存していたということになる。私たちは大規模建造物を含む一連の施設をガオ王国の王宮と考えているが、その理由は、建造物がきわめて巨大であること、建築にもちいられた石が付近にないので、遠方から運ばせるだけの権力の集中が必要であったこと、２万２０００個のガラス製ビーズに代表される他に類を見ない出土品の豊かさである。しかもこの王宮は、近くに北アフリカから移住してきた渡来人の住む交易・手工業都市をそなえていたわけだから、９〜11世紀のガオは西アフリカの経済的中心と

ガオの周囲のニジェール川流域には水田が広がり、この地域の豊かさを示している

して機能していたと考えられるのだ。

こうしたガオ王国の繁栄は、11世紀にアラブ系の遊牧民ヒラルの侵入によってサハラ砂漠の交易路が混乱したことで終焉する。それ以降、西アフリカの経済の中心は、ガオ王国より西方に位置し、西アフリカ最大の資源であった金の産地に近いガーナ王国へと移っていく。その後もガオは小王国として存続したようだが、13世紀になるとマリ帝国によって支配され、その王子は人質としてマリ帝国にとどめられるようになる。しかし、2世紀後の15世紀になるとガオはその支配を脱し、この世紀のなかばのソンニ・アリ王、つぎのアスキア・ムハンマド王の治世下で、西アフリカ史上最大の版図をもつようになったのである。

当時のガオは、今日のマリはもちろん、ニジェールとブルキナファソの大半、そしてベナンとナイジェリアの約半分を支配する巨大な国家ないし帝国であった。その中心には、人口15万とされた王都ガオ市があり、人口10万のトンブクトゥがつづいていた。

当時のトンブクトゥは経済と文化の中心都市であり、北アフリカに向けて綿布を多く輸出していたほか、歴史書や宗教書の売買で栄えたほどの文化都市であった。この時代を代表するのが、北アフリカの諸都市にまでその名声が伝わっていた稀代の知識人アフマド・バーバーであり、彼の名前はトンブクトゥの古文書館にその名をとどめている。また、17世紀には2冊の歴史書『タリフ・アル・スーダーン』と『タリフ・アル・ファターシュ』がトンブクトゥの知識人の手で書かれており、アフリカ史を研究する上での必読書になっている。

このように繁栄したガオ帝国であったが、やがてその栄光にも陰りがさしていく。1591年、ガオ帝国の軍勢は、金と塩の交易を直接支配しようとしたサード朝モロッコの遠征軍の前に敗退する。ここに、長くつづいたガオの王国は途絶えたのである。

ガオは砂漠とサヘルの交点であり、ラクダに乗ったトゥアレグ人が多くやってくる

日本でいえば飛鳥時代から戦国時代までに相当する7世紀から16世紀まで、ガオに王国があいついだ理由はなんであったか。ガオはニジェール川が北に向かってせり出した地点に位置しており、エジプトやチュニジアとむすぶサハラ交易の要所であった。ニジェール川の上流地帯で生産された金や、下流のギニア湾岸地帯でとれた象牙が、消費地である北アフリカに運ばれていくための積み出し地として最適の場所だったのである。しかも、ニジェール川に一年中うるおされるガオは、周囲に多くの水田をかかえており、食糧や飲料水の欠乏に苦しむことはなかった。こうしためぐまれた地理的条件が、ガオに9世紀にわたって王都を築かせることを可能にしたのだ。

（竹沢尚一郎）

10

バンバラ王国

★奴隷獲得戦争で栄えた強力な軍事国家★

16世紀末のモロッコの侵入をきっかけに衰退したソンガイ帝国（ガオ帝国）にかわって、マリ中央部に勢力を伸ばしてきたのは西方のサヘルから移動してきた牛牧畜民フルベ人と、南のサヴァンナから分布を広げてきた雑穀栽培民バンバラ人だった。バンバラ人は18世紀初めにセグとカァルタにそれぞれ別の王国を築いたが、一般にバンバラ王国という場合、セグ・バンバラ王国を指している。セグは、今日でもバマコに次ぐマリ第二の都市である。

もともと「バンバラ」という名称は、北部のイスラーム教徒が南部の異教徒を指して使った語で、奴隷化の対象となる「野蛮人」という意味合いを含んでいた。それに対してニジェール川の南に広がるサヴァンナには、マリンケ語と近縁のマンデ系の言語を話し、非イスラームの伝統的宗教を堅持し、自立心の強い雑穀栽培農耕民「バマナン」が住んでいた。この「バマナン」がバンバラ王国の中心的担い手となった人々である。

18世紀初めにセグに興ったバンバラ王国は、ニジェール川に沿って南はカンガバから北はトンブクトゥまで支配を広げた。19世紀初めにフルベ人イスラーム学者シェイク・アマドゥのジハードによって内陸デルタを失ったが、それでも1861年にアルハジ・ウマールのジハードで滅ぼされるまで、ニジェール川流域のもっとも強力な国家だった。

その強さの本質は、奴隷身分の軍団からなる常備軍「トン・ジョン」と、それを統率する王「ファマ」からなる軍事組織にある。伝承によれば、もともとトン・ジョンはバンバラ人の村の若者組（フラン・トン）に由来する。17世紀の末頃、セグの若者組のリーダーだったビトン・クリバリは、その統率力によって次第に勢力を拡大し、やがて村々の長老たちと対立するまでになる。これ以上組織を拡大するには長老の権威を排除することが絶対に必要なことを悟ったビトンは、策略によって長老たちを呼び集めて皆殺しにしてしまった。同時に、長老の虐殺によって社会的帰属を失った若者たちは、必然的に故郷の村を離れ、奴隷身分の職業戦士としてビトンと運命をともにすることになった。これがトン・ジョンの起源である。若者組のリーダーから奴隷軍団の首領となったビトンは、「力をもつ者」を意味するファマの称号を名乗ることになる。

彼らは有無をいわせぬ軍事力によって村々を威圧し、服属する村は人頭税を徴収するかわりに保護下に入れ、反抗する村は略奪して住民を奴隷に売り、男子はトン・ジョンに取りこんだ。こういうとビトンの支配はまったく無法なものに見えるが、農民たちにとっては必ずしもそうではなかったようだ。この時代、国家的統合を失った内陸サヴァンナでは治安が悪化し、ささいな争いが復讐の連鎖につながりかねない状況が広がっていた。だがビトンに服属すれば、強力な軍団によって保護されるだけでなく、税を納めるかぎり村の中の自治も保証された。また若者たちにとっては、トン・ジョンに加入することは魅力的な選択だった。というのも、農民である限り若者は長老が死ぬまで我慢して農耕労働に従事するしかないが、トン・ジョンに入って戦功を立てれば出世の道が開けるからである。だから、自発的に故郷の村を捨ててトン・ジョンに身を投じる者も少なくなかったという。

だが、バンバラ王国は強力さと裏腹に脆弱な面ももっていた。トン・ジョンはもともと若者組から発展したこともあって、たんなる王の私兵ではなく、メンバーの自律と平等を重視する戦士団だった。一方ファマは、そのトン・ジョンの力を最大限有効に使って周辺に戦争と略奪をしかけ、トン・ジョンに絶えず潤沢に戦利品をもたらすべく統率力・決断力を発揮しなければならない。つまりこの国家は王個人のリーダーシップと、ややもすれば王から離反しかねない強力な軍団との微妙なバランスの上に立っていたのである。

実際、ビトン・クリバリの死後（1755年頃）、二人の息子はともにトン・ジョンを統率するだけの力量がなく廃位され、その後王国はトン・ジョンから選出されたリーダーが次々入れかわる不安定な期間を過ごすことになる。ようやく1765年頃にンゴロ・ジャラが登場して、バンバラ王国は最盛期を迎えることになる。

伝承によれば、ンゴロはもともとビトンの近習を務めた奴隷だったが、ビトンはその知力に魅力と同時に警戒心を感じて遠ざけた。その後ンゴロは次々と人の手にわたり、波乱の半生のあとついにトン・ジョンのリーダーに選出された。計略にすぐれた彼はファマの地位に即くに際して、息子たちに権力を引き継がせること、つまり王朝の確立をトン・ジョンに承諾させた。実際、ンゴロのあと、モンゾン、ダ・モンゾンへと王権は引き継がれ、1861年に最後の王アリがアルハジ・ウマールのジハードに破れるまでジャラ王朝は続いたのである。

　バンバラ王国の繁栄の一つの柱は、以上のように戦争だった。時代はちょうど大西洋奴隷貿易が最盛期を迎える18世紀である。バンバラ王国はその時代を背景に、国家事業として戦争をおこない、捕虜を奴隷として輸出することで国家を経営した奴隷生産国家だったのである。しかしバンバラ王国は破壊的な戦争をしただけではない。奴隷貿易はそれに従事する商人がいなければ成り立たない。ニジェール川中流域でその役割を担ったのは、マルカとよばれるムスリム商人たちだった。バンバラ王国の中で、マルカの商都シンサニやニャミナは繁栄をきわめた。彼らは王や戦士たちから引き取った捕虜をサハラ砂漠や大西洋沿岸の奴隷商人に売り渡し、かわりに馬、銃、火薬などの軍事物資を買い取ってバンバラ人に提供した。またマルカ商人は奴隷を使って綿織物産業を興し、サヴァンナ全域に販売網を広げた。こうしてンゴロ王朝の時代に、バンバラ王国は戦争と商業の連携によってニジェール川中流域に安定した支配を広げたのである。1796年ンゴロの息子モンゾン王の時代に、ヨーロッパ人として初めてセグを訪れたスコットランド人の探検家マンゴ・パークは、その繁栄と安定に驚いている。

　しかしバンバラ王国の繁栄は次のダ・モンゾン王（1808〜1826）のころから陰り始める。1818年にはフルベ人のジハードのために内陸デルタを失い、国内でもムスリムの影響力が次第に大きくなっていくのを止めることはできなかった。1861年にトゥクロール人アルハジ・ウマールのジハードが迫って来たとき、バンバラ王国はもはやそれを押し返す力をもっていなかったのである。しかし王国の滅亡後も、セグはイスラーム国家トゥクロール帝国の首都として、1890年フランス軍の侵入までマリの中心都市の地位を保った。

（坂井信三）

11

二つのフルベ・イスラーム帝国

★マーシナ帝国とトゥクロール帝国★

フルベは19世紀初め、イスラームを奉じて立ち上がり、ニジェール川内陸デルタを包みこむマーシナ帝国を建国した（1820〜1862）。建国者はシェイク・アマドゥ。シェイクは「師」というほどの意味である。アマドゥはイスラーム学校の先生であった。そして王になってからもシェイクで通した。清貧の王で、王になってからも腹が減ったので、台所の食料をみずからあさっていたところを妻に見つかり、叱られたという話も伝わっている。しかし王国を打ち立てると五角形の王都ハムダラーイ（神の加護）を建設し、王都内にコーラン学校をいくつもたて、イスラーム教育に尽力した。

マリに行くとひょうたん容器などを手にした薄汚れた少年たちによく出会うが、彼らは民家を回り乞食《こつじき》しているイスラーム学徒である。イスラームを学ぶ場合、生徒は先生のもとに寄宿して学ぶ場合が多い。その場合、「アッラー・ガリーブ」と唱えながら食物は乞食で得る。乞食制度を発案したのはシェイク・アマドゥだという。なぜならそれ以前、イスラームを学ぶ子供たちは食料を得るためにコーラン学校の先生の農地を耕していたからである。それでは、コーランを学んでいるのか、先

図11－1　フルベ族の移動とフルベ・イスラーム帝国（18〜19世紀）

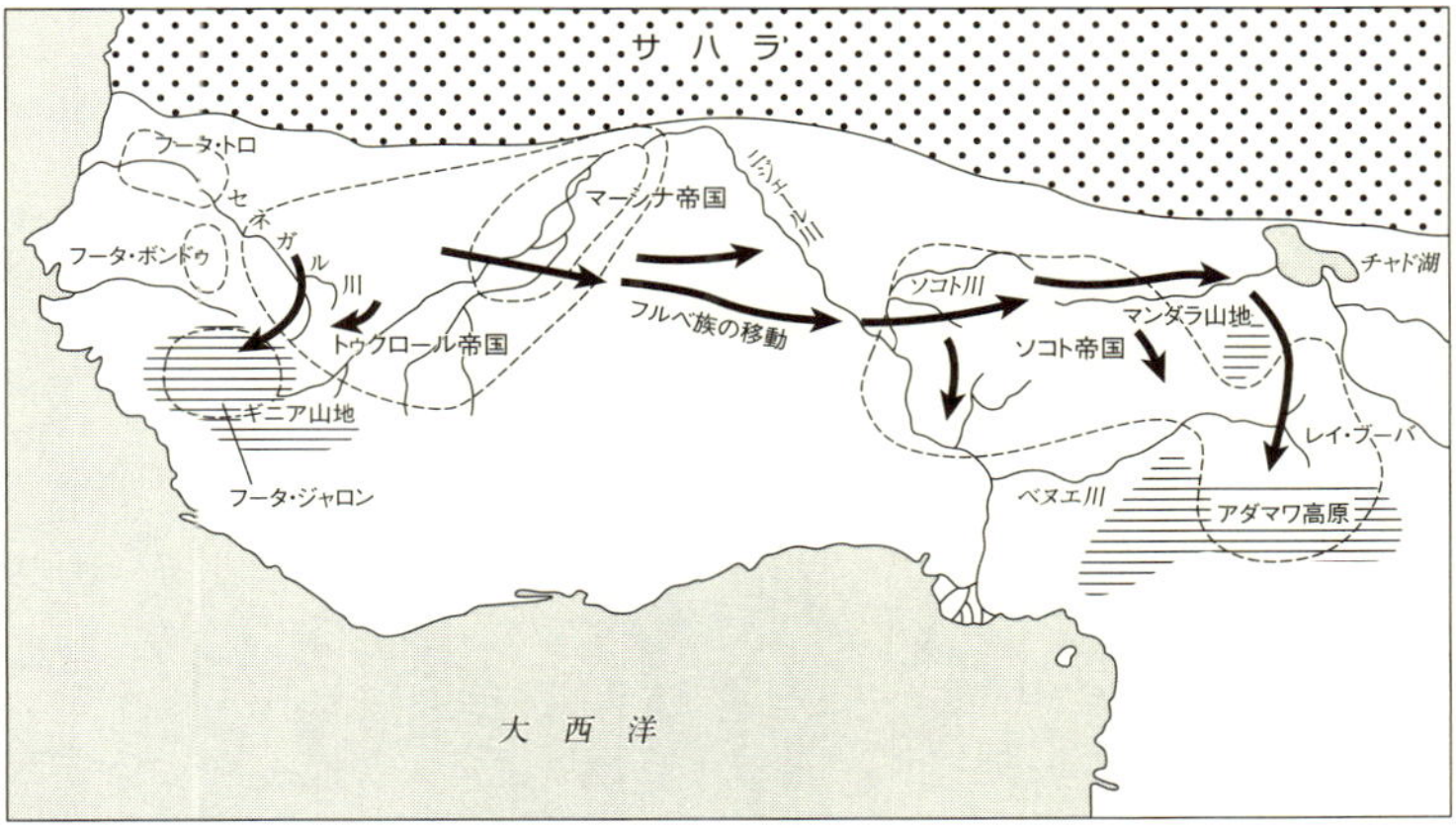

出所：筆者作成

生の農地を耕しているのかわからなくなる。そこでアマドゥは、イスラームを学ぶものは住民全体が支えるべしと、乞食で食料を得る方式を定着させたという。

　マーシナ帝国建国には二つの要因があった。牧畜民であるフルベ族は元来、定着的で階層的な国家組織にはなじまない遊牧的生活を営んできた。しかし、18〜19世紀、西アフリカのほぼ全域で立ち上がり、イスラーム国家形成を目的とする「フルベ族の聖戦」を展開した。その結果、西はセネガル（フータ・トロ、フータ・ボンドゥ）、ギニア（フータ・ジャロン）から、東は北ナイジェリア・北カメルーン・ニジェール（ソコト・カリフ帝国）に至る地域に、イスラーム王国を建設するに至った。マーシナ帝国もこのフルベ族の聖戦の一環としてマリに建国されたのである。

　建国の中心にいたのは牧畜民のフルベであった。しかし、聖戦と国家形成の指導者となったのは、イスラームの知識と徳をそなえたイスラーム思想家であった。マーシナ帝国も、イスラーム教師であったアマドゥ師の指揮下に建設された。その過程には伝統的なフルベ族族長（アルド）との戦いもあった。この意味で「フルベ族の聖戦」は民族主義的なイスラーム戦争ではなかった。

サハラの聖者廟とよく似たサンのモスク

シェイク・アマドゥを突き動かしたのは、ソンガイ帝国が16世紀末にモロッコ軍に滅亡されて以来進んだイスラーム文化の頽廃であった。アマドゥは内陸デルタ南部で育ち、イスラーム教師になってからはイスラーム都市のジェンネ近くで弟子を集め教師活動していたが、ジェンネのイスラームの頽廃に怒りを募らせた。ジェンネのモスクには死者がほうむられ、モロッコの末裔にはモスク内で飲酒するような狼藉もみられたからである。

モスクへの死者埋葬には、わたしも衝撃を受けたが、その理由は後にサハラのオアシスを訪ねて理解した。サハラ・オアシスには聖者崇拝があったからである。ムスリムは願い事があると聖者廟にこもる。死者も聖者廟を囲む墓地に埋葬される。その文化が、マリの場合モスク内埋葬になった。あるいは、聖者廟がモスクになった。マリのふるいモスクにはそれゆえかならず内部に聖者の墓がある。ジェンネやトンブクトゥの日干しレンガづくりのモスクは壁に棒が突き出た特異な形をしているが、このようなモスク建築様式もサハラの聖者廟とおなじである。

シェイク・アマドゥの聖戦は、黒アフリカ・イスラームの最高権威というべきジェンネのイスラーム批判からはじまった。ついでフルベ族の伝統族長や、呪術の塊でもあったジャの王国、バンバラ王国を倒して、マーシナ帝国を建国させた。トンブクトゥのイスラーム権威とも戦った。

マーシナ帝国がどんな帝国であったのかは、ハンパテ・バーの『マーシナのフルベ帝国』に詳しいが、今も残る王都ハムダラーイの廃墟にたたずんでもしのぶことができる。ハムダラーイは岩山を背にし、前面にニジェール内陸デルタの水田がひろがる。どちらからも敵はせめこむことができない。

ハムダラーイの遺跡。王宮石壁

そして王都中央には、高さ5メートルほどの王宮の石壁がのこる。宮殿内にはマーシナ王家三代がねむる。巡礼地であり、王都内を永遠の眠りの地に選ぶ人もいる。

しかしマーシナ帝国はアルハジ・ウマールのトゥクロール帝国（1861〜1890）に滅ぼされた（1862）。アルハジというメッカ巡礼者の称号をもつウマールは、ティジャニーヤ派のイスラーム学者であった。ティジャニーヤ派は18世紀に北アフリカで誕生した急進的なイスラーム学派で、ヨーロッパ列強によるアフリカ植民地化の危機に対応して生まれた。フランスのアフリカ植民地の拠点となっていたウマールの生まれ故郷セネガル川流域にも、ティジャニーヤ派思想がいちはやくひろがり、ウマールはその若き指導者であった。メッカ巡礼から戻ったウマールのもとにフルベ族などから多数の戦士があつまり、ウマールはフランス軍駆逐の戦略をねった。しかしフランス軍の圧倒的軍事力をさとって内陸部のマリに転戦し、トゥクロール帝国を打ち立てるのである。

その過程でマーシナ帝国も滅ぼされた。それがイスラームの教えに即して正しいのかという議論は今に至るまで続いている。そしてトゥクロール系住民をマリではフータンケ（フータの人）とよぶが、マーシナのフルベとフータンケの間には思想的緊張関係がある。アルハジ・ウマールはヨーロッパ植民地主義に果敢にたち向かったことによりアフリカの大英雄となるのであるが、トゥクロールはセネガルから逃げるようにマリにやってきた野武士のような戦士集団であった。

アルハジ・ウマールは謎の死を遂げた。ウマールは、マーシナ軍との戦いで不利になった際、ドゴン山地のある洞窟に逃げ込んだ。そこをマーシナ軍の武将が追い、洞窟に火をつけ、ウマールを殺したことになっている。しかしウマールの遺体は発見されていない。その洞窟をわたしも訪ねた。岩石のころがる草原の中の道なき道だった。ガイドに雇った若者も洞窟をしらない。たどり着いて驚いた。驚くべき自然の要塞だったからである。草原に岩山がつきだし、岩山は先で二つにわかれ、その間には、湖水をかかえた緑の隠れ谷があった。岩山のうえからは、平原がとおくまでもみわたせた。

トゥクロール帝国はフランスの軍門に下った（1890）。フランス軍は王家の一人を後継王に就任させ、フランス政府の傀儡王にしたてあげようとした。しかし王は傀儡王であることを嫌って王位を去った。しかしティジャニーヤ派の思想は西アフリカ各地に生きている。トゥクロール帝国の残党は王をはじめアフリカ各地に逃げつつも、ティジャニーヤ思想を維持し、ひろげることに努力し続けたからである。セネガルに行けば、アルハジ・ウマールの肖像画が安レストランの壁にさえ飾ってある。


（嶋田義仁）

12

サモリ帝国

★フランスと渡り合った最後の帝国★

マリの中心部にあたるニジェール川中流域のサヴァンナ地帯とちがって、山がちで多くの支流に分かれたニジェール川の上流地方では、大規模な国家が発展したことはなかった。だが19世紀になると、大西洋沿岸で英仏の交易活動が広がるにつれてニジェール川上流域でも政治経済的な変革が起こってくる。その中からもっとも大きな政治勢力に成長したのが、サモリ・トゥーレ（1830年頃〜1900年）のサモリ帝国（1878年頃〜1898年）である。

今日のマリ、ギニアの国境地帯で1878年頃に成立したサモリ帝国は、1880年代に内陸に侵攻し始めたフランス軍に対して巧妙な戦略と高い戦闘能力を駆使して抵抗し、たびたびフランス軍を震撼させたが、近代装備をもつフランス軍の追撃にあって1898年に最終的に解体された。サモリ帝国はごく短期間に急成長した国家だったが、植民地の征服を進めるフランスにとっては最大最強の敵だった。そのためサモリをアフリカ人による抵抗戦争の英雄とみなす歴史家もいるが、彼の国家は多面的な性格をもち、単純な評価はできない。

その特性を理解するには、まずサモリ個人の出生と成長の過程を知らなければならない。サモリ・トゥーレは、父方ではムスリムの交易商人ジュラのバックグラウンドをもち、母方では戦士の伝統を誇るマリンケ人につながっている。彼は青年期に傭兵として戦闘経験を積んだあと、壮年期にはムスリム商人の交易都市カンカンの内紛に関わってジュラのリーダーとして頭角を現す。カンカンは、もともとニジェール川上流ギニア山地の産物をサヴァンナの大消費地に送り出す交易都市だった。ところが19世紀になると、それまで僻地に過ぎなかったギニア山地は、山を越えたシエラレオネやギニアの海岸部で展開する英仏の交易との通商路となり、カンカンには新しい交易上の利害が集中することになった。そのためカンカンは、在地の非ムスリム戦士や利害関係の分裂したムスリム商人たちの抗争の場となったのである。サモリはそこで、強力な私兵組織のリーダーとしての軍事力と、巧みな交渉能力に裏打ちされた政治的手腕によって、経済的繁栄と政治的安定を結びつける新しい体制を作り上げたのである。

サモリの作り上げた体制は地域のジュラ商人とマリンケ人の広い支持を受け、1878年頃までには国家といえる体制に成長した。この国家は、地域名をとって「ワスル王国」とよばれることもある。当初彼は、マリンケ＝バンバラ語で軍事国家の首長を意味するファマという称号を名乗ったが、やがて新しい国家の統合手段としてイスラームを重視するようになり、フルベ人のジハード国家をまねてアルマーミ（イマーム）の称号を唱えるようになる。

商業と軍事は、西アフリカの長い伝統の中で、ムスリム商人と非ムスリムの戦士によって分担され、互いに依存しながら対立する関係にあった。だがその両方に足場をもつサモリは、変動する政治経済状況を背景に、両者を一つに結びつける国家体制を作り上げたのである。サモリ研究の大家、フランスのイヴ・ペルソンは、これを西アフリカの伝統を近代的条件に適合させる「ジュラ革命」と性格づけた。ペルソンは、このままで事態が推移すればサモリ帝国は安定して存続し得ただろうといっている。ところが事態はそうは進まなかった。西欧諸国は、1880年頃までは西アフリカのを交易のパートナーとみなし、まだ植民地的な進出を考えていなかった。ところが1880年代に入ると、主として英仏の国家間競争が引き金となって、西アフリカの資源を手に入れるための政治的支配権の獲得、つまり植民地化の競争が始まるのである。

カンカン市の中央モスク［撮影：竹沢尚一郎］

サモリと衝突したのは、セネガル川を遡上してニジェール川流域に進出しようとしていたフランス軍である。両者が最初に衝突したのは、後にマリの首都になるバマコだった。フランスはバマコとダカールを鉄道で結んで、ニジェール川流域の豊かな資源を運び出すプロジェクトを動かそうとしていたのである。サモリは1882年の初戦に敗退したが、この経験から彼は西欧式の武器と軍隊の有効性を学び取った。彼はまたマリ南部の都市シカソの支配をめぐるフランスとの軋轢をとおして、西欧との外交交渉の駆け引きも学んだ。

サモリは、私兵と支配下の村々からの徴集兵からなる旧来の軍事組織を、将校の指揮下で小隊・中隊に編制された3万人を超える歩兵と、50騎ごとに小編隊に組織された3000騎の騎兵からなる西欧式の軍隊に再編制し、銃器の補修にあたる鍛冶職人などのロジスティックも組織化した。さらに彼は、複雑化する西欧との交渉の中で、交易の主導権を確保しつつ西欧勢力と有利に対峙するために、英仏間の競争を利用する戦略も実践した。たとえば1890年代初頭には、いち早く内陸に進出したフランスと、まだシエラレオネの海岸部にとどまっていたイギリスとの間の確執を利用して、イギリス側から大量の新式ライフルを買い付けてフランスと渡り合ったのである。

だが在来のアフリカ人国家を征服しつつ植民地獲得に乗り出したフランスにとって、サモリ帝国の存在を許すという選択肢はなかった。外交的にも軍事的にも国家を維持する可能性が閉ざされたことを理解したサモリは、1892年、国家組織全体を、今日のコートジボワールとブルキナファソにまたがる地方に移すという捨て身の戦略に出た。この地方はもともと政治的に未統一だった上に、まだ西欧勢力が進出していなかったのである。彼は強力な軍隊を率いて農民の村々を次々と略奪し、捕虜を奴隷として売りながら軍事物資を補給し、さらにフランス軍の追撃を遅らせるために徹底した焦土作戦をとって移動していったのである。だが、そのころシカソの鎮圧にようやく成功したフランス軍は、いまや総力を結集してサモリを追撃し、ついに1898年9月サモリの捕獲に成功した。サモリは仏領熱帯アフリカのガボンに流刑にされ、2年後に肺炎で死去した。

帝国がニジェール川上流域にあった前半期、サモリの戦略は在来の社会構造を変革する革新的な国家建設の試みだったといえる。だが後半期の東方への移動は、フランスに対する抵抗としては評価できても、侵略を受けた地方の農民にとっては破壊的な戦争でしかなかった。サモリの曽孫にあたるギニア共和国の初代大統領セク・トゥーレは彼をアフリカ・ナショナリズムの英雄として賞賛したが、理由もわからずに侵略され略奪された多くの農民たちの子孫は、とてもそういう評価に同意しないだろう。

（坂井信三）

13

植民地支配

★仏領スーダンからマリへ★

フランスの植民地から現在のマリ共和国にいたる経過には、紆余曲折があった。1884年のベルリン会議後にも、西アフリカ内陸部においては、ヨーロッパ諸国によって領有を確定するための熾烈な探検競争がくりひろげられた。フランスはアフリカ西端部のセネガルを確保したあと、セネガル川からニジェール川の上中流に軍を進めた。同時にフランスは現地事情の視察をこころみ、ルイ・ギュスターブ・バンジェル大尉を派遣した結果、バンジェルは1887年から2年間にわたり西アフリカ内陸部を踏破して、精密な紀行記録を残した。

フランスは内陸部に進出する過程で、現地で直面したアルハジ・ウマールやサモリ・トゥーレなどの激しい抵抗を排除し、1895年には仏領西アフリカ連邦（AOF）を形成するにいたった。その広大な範囲には、現在のセネガル、スーダン、ギニア、コートジボワールがふくまれ、後にダホメ、モーリタニア、ニジェールが加えられた。そのうち、スーダンが今日のマリの領域にあてはまるが、このスーダンという名称は、かつて地中海沿岸地方の住民がサハラ砂漠南縁の地域を指して、アラビア語で「ビラード・アッ・スーダーン」（黒人の土地）と呼んでいたことにちなむものだった。ナイル川上流のスーダン（かつて英領）と区別するために、仏（フランス）領スーダンとよばれることもある。

フランスが採用した植民地政策は「直接統治」とよばれるが、植民地経営のためにサン・ルイに総督府を置き、スーダンにはセルクルという行政区域を118設定し、フランス人のコマンダンという行政司令官に徴税、裁判、警察権などの力を委ねた。セルクルの下部にはカントンという行政単位を設定し、その首長を伝統的な支配層からえらぶこともあった。

植民地の経済的基盤の確立のため、道路や鉄道の整備に着手し、まず海岸部のセネガルのダカールから内陸のニジェール川地域へ、ダカール・ニジェール鉄道の建設をすすめた。1904年にニジェール河畔のクリコロからバマコを経てセネガル川上流のカイまでが完成した。そして1923年にはダカールからカイまでが完成した結果、ダカール・ニジェール鉄道はバマコまで達し、さらにクリコロに延長してニジェール川の水運と結びニジェール川中流地域とつながった。

植民地統治の拠点は当初セネガル川上流のカイに置かれたが、その後バマコに移された。バマコは20世紀はじめにはニジェール川河畔の小さな集落であったが、スーダンの行政中心として丘陵に官庁街をもうけ、その麓の地区に都市建設が進展した。このような事業には、村落から強制的に労働力が徴発され、さらに道路・橋の建設などもすすめられた。

今日のマリは内陸国の悩みを抱えているが、植民地時代にも海岸部にくらべて開発がおくれた。フランスはセネガルに大規模な落花生栽培のプランテーションを開いたため、内陸のスーダンからも多数の労働者が動員された。マリ南部で1968年にわたしが住み込み調査をした村で、ある老人から若いときにセネガルでの落花生の農園労働のために、海岸地方まで徒歩で駆り出されたと聞いたことがある。また、フランスの植民地軍には、セネガルだけでなくスーダンから兵員の強制徴募がおこなわれたが、民族別ではとくにバンバラ人（現在バマナン人とよばれる）やマリンケ人が多かったといわれる。フランスの小説家ピエール・ロチの『アフリカ騎兵』にも、サン・ルイに駐屯する主人公のフランス兵ジャンが、バンバラ兵たちの踊りの輪に誘われる場面が描かれている。第1次世界大戦の最中には、宗主国フランスのために植民地からセネガル狙撃兵が動員されたが、欧州戦線では多くの戦死者を出した。さらに第2次世界大戦下においても、フランス本土はナチスに協力したヴィシー政権が置かれ、それと対立したドゴール将軍の自由フランスはアフリカの植民地に基盤を置いたので、マリを含む多くのアフリカ人が現地人兵として戦線に加わった。

フランスの植民地経営のなかで、1932年に着手されたニジェール川開発公社のプロジェクトは、ニジェール川中流のマルカラにダムを建設し、サヘル運河とマシーナ運河による灌漑で乾燥地に広大な農地を開発して、ワタを栽培する意図をもっていた。ただし初期のもくろみが成功せず、商品となる作物はサトウキビや米に変更された。この事業は第2次世界大戦中に中断されたが、独立後も継続され、今日では広大な水田が広がっている。

植民地時代に、住民の農村部から都市への移動、自給的農村から輸出農産物への移動など社会の変容が進み、1936年に成立したフランス人民戦線政府の時代に労働組合の結成や、集会・結社の自由が認められ、政治活動がすすんだ。植民地からの独立をもとめる民族主義運動も台頭し、1946年にスーダンのバマコで「アフリカ民主連合（RDA）」が西アフリカ全域にわたる政党として結成された。スーダンではＲＤＡ系のスーダン同盟（ＵＳ）として組織され、１９５６年以降モディボ・ケイタが指導者となり、民族主義運動の中心となった。

ナチスとの闘いで多くのアフリカ人の助けを借りたフランス政府は、第2次世界大戦が終わると彼らの自主独立の権利を認めるようになり、１９５８年のフランスでの第5共和制の成立により海外領土の自治が認められ、フランス共同体内でスーダン共和国となった。１９５８年1月にバマコで連邦形成のための会議が開かれ、セネガルとスーダンが連合して、１９６０年6月20日にいったん「マリ連邦」が成立した。あたらしい独立国の名称としてマリの名が浮上し、結局採用されるにいたったのは、かつてマリ帝国の領域がこの地域に最大に展開した栄光の時代に因んだものであった。その後、マリ連邦内でスーダンのモディボ・ケイタとセネガルのレオポール・セダール・サンゴールの指導者間のイデオロギーや利害が対立し、セネガルは同年8月に連邦を離脱することになり、マリ連邦は解体する結果になった。スーダン共和国は国名をマリ共和国に改めて、同年9月22日に独立が宣言されたのである。

（赤阪　賢）

14

独立後の政治

★独立後の困難に満ちた歩み★

マリの独立は１９６０年に達成された。独立を率いたのは、汎アフリカニズムを信条とする「アフリカ民主連合（ＲＤＡ）」の闘士モディボ・ケイタであった。彼は東と西の先進諸国に対抗するために、西アフリカのフランス植民地が一体となって独立することが必要であると主張したのである。

これと対立する立場をとったのがフランスであり、その思惑を汲んだフェリックス・ウフェ＝ボワニイひきいるコートジボワールであった。フランスはコートジボワールのカカオとコーヒー生産に莫大な投資をおこなっており、そこから予想される利益が、マリを含めた北の国々の貧困によって相殺されることを恐れていた。１９５９年1月まではコートジボワールを除く国々が一体となって独立する計画であったが、じきに分離独立が避けられなくなり、モディボ・ケイタと、彼と同様に汎アフリカニズムを信奉していたセネガルのレオポール・セダール・サンゴールは連合して独立することを決定したのだった。

１９６０年６月、現在のマリとセネガルは「マリ連邦」として独立した。しかし、飛行機による輸送が発達していなかったこの時期に、１２００キロメートル離れたセネガルの首都ダ

マリの初代大統領モディボ・ケイタは、クーデターで倒れたとはいえ、今なお人気の高い政治家である［出所：Diarrah, C.O., *Le Mali de Modibo Keita*, L'Harmattan, 1986］

カールとマリの首都バマコが緊密な政治的・経済的関係を維持するのは容易ではなかった。まもなくサンゴールは「マリ連邦」からの離脱を決め、同年9月22日に両国は分離して二つの国家となったのである。

汎アフリカニズムの夢破れたモディボ・ケイタは、新たな夢にかけた。社会主義を国是として産業の国有化を進める一方で、1957年にサハラ以南で最初の独立国となったガーナと、1958年にフランスからの独立を実現していたギニアに接近したのである。この3ヵ国は1961年に「アフリカ合衆連合」を結成し、将来の通貨と外交の統合を決定した。それからまもなくマリは、旧フランス西アフリカ植民地の統一通貨であるセーファー・フランを離脱して、マリ独自のマリ・フランを創設したのである。

しかし、海に面し、地下資源とカカオなどの農産物に恵まれたギニアやガーナと異なり、内陸国であり、資源をもたないマリが経済的に自立することは不可能であった。マリ・フランの創設後、経済は停滞し、国家による食料の買い上げに反発する農民の抵抗は増大し、食料危機がくり返された。その結果、1968年11月のクーデターによってモディボ・ケイタは失脚したのである。

クーデターを指導したのは、青年将校ムーサ・トラオレであった。彼は経済の自由化を進める一方で、前政権の遺産である計画経済の枠組みは残そうとした。また彼は、自分の政党である「マリ人民民主同盟（ＵＤＰＭ）」以外の政党を弾圧して、一党支配を実現するのと並行して、党内の反対勢力を粛清して独裁政権を確立したのである。

ムーサ・トラオレの治世は、１９６８〜69年、１９７２〜74年、１９８２〜84年と、くり返された干ばつにつきまとわれていた。その結果、マリの基幹産業である農業と牧畜は発展を実現できず、公務員への給料は一年の半分しか支払われなかったために、経済は完全に停滞した。それを脱するために、トラオレ政権は世界銀行と国際通貨基金（ＩＭＦ）による構造調整を受け入れることを余儀なくされた。国営企業の解体と公務員の人員削減、給料の低下が実施され、人びとは困窮化した。１９８４年にセーファー・フランへの再統合が許可されたが、国民経済は悪化の一途をたどるばかりであった。

国民の不満に対して、トラオレ政権は弾圧によって応えていたが、まもなく破局を迎えることになる。１９９１年3月に、青年将校アマドゥ・トゥマニ・トゥーレ（通称ＡＴＴ）のひきいるクーデターによって、23年間続いた腐敗と抑圧の政治は終わったのである。

クーデターを成功させたＡＴＴは、自分は政治家ではないとして政局から距離をおき、１９９２年に多党制のもとで大統領選挙がおこなわれることになった。この選挙に勝利したのが、当時マリ大学の教授であったアルファ・ウマル・コナテであった。大統領に就任した彼は、経済の自由化とともに、民主化と地方分権、そして汚職の一掃を進めていった。

トラオレが率いた前政権が干ばつに苦しめられていたのに対し、コナテの治世は順調な雨にめぐまれた。マリの経済の柱はあいかわらず農業と牧畜、それに漁業であったので、雨さえ降れば経済は好転する。また、80年代の構造調整によって、ワタの買い上げを独占していた「マリ繊維開発公社」が廃止されていたことも、農民の意欲を掻き立てるのに貢献した。多くの農民が現金収入を求めてワタ栽培に励んだ結果、マリは2000年代を通じてアフリカ大陸最大のワタ生産国になったのである。

2002年、2期10年の大統領職を終えたコナテ大統領は引退し、つづいておこなわれた選挙によって、政界からしりぞいていたATTが民間人として立候補し、次期大統領に選出された。彼の政策は前政権のそれをほぼ受け継ぐものであった。また、ワタ栽培を通じて農民が生活水準の向上を実現していたことが、マリ全土に社会的安定をもたらしていた。多党制と出版発言の自由、民主的な政権移行を実現していたマリは、2010年代の初めにはアメリカ合衆国によってアフリカ大陸のもっとも民主的な五つの国家のひとつに数えられたほどであった。

しかし、マリの安定は長くはつづかなかった。2011年にリビアのカダフィー政権が崩壊すると、リビア軍に吸収されていた3000人といわれるトゥアレグ人武装勢力がマリに戻り、独立を求めて戦闘行為を激化させた。最新の武器を手にした彼らはマリ軍を撃破し、2012年6月にはマリの北半分を支配下におさめて、「アザワド国家」の樹立を宣言したのである。

こうした一方的な独立宣言を、他のアフリカ諸国や旧宗主国であるフランスが承認するはずはなかった。しかも、その宣言からまもなく、「マグレブ・イスラームのアルカイダ」などのテロリスト集団がトゥアレグ人穏健派を追放したことで、情勢はさらに悪化した。彼らは、2013年1月に日本人10名を含む多くの犠牲者を出したアルジェリアでのテロ事件をはじめとする多くの事件を引き起こし、フランスの軍事介入を招いた。その結果、同年2月にはマリとフランスと西アフリカ経済共同体の連合軍は国土の回復に成功したのである。

その後、2013年10月に大統領選がおこなわれ、イブラヒム・ブバカール・ケイタ（通称IBK）が新大統領に選任されて現在にいたっている。しかし、サハラ砂漠でのテロリスト集団の活動は終わっておらず、トゥアレグ人独立派との交渉も決着を見ていない。マリ社会の統一も、経済的再建も、いまだ途上にあるのである。

（ムーサ・コネ）

15

トゥアレグ人の独立運動

★国境線で分断された人々★

私は、2006年2月よりサハラ砂漠のラクダ遊牧民トゥアレグの調査をおこなっている。2006年は一時鎮静化したかにみえたマリのトゥアレグ問題が再度火を吹き始めた年であった。トゥアレグ問題は年々重症化している。とくに2011年のリビアのカダフィー政権崩壊にともない、事態は一気に悪化した。リビアに難民化していたトゥアレグ人が大量にマリに帰還するに及んで、マリ国の北半分の地域の独立を求めるMNLA（Mouvement national pour la libération de l'Azawad アザワド解放国民運動）が組織され、以来マリ北部は極度な緊張状態にあった。

2012年1月17日に、反乱軍に同調してマリ国軍から脱走したトゥアレグ人が、メナカの軍キャンプを襲撃し、ついに、マリ北部の複数の町で国軍と反乱軍が全面戦争に突入した。現在、マリ北部の調査は不可能であるが、この最悪の事態に陥るまでの数年間、私はトゥアレグの人々の生活に繰り返しアプローチしてきた。その報告をここではおこなってみたい。

アザワド独立運動

トゥアレグ人は、フランスの植民地支配に対して、最も戦闘

第15章

トゥアレグ人の独立運動

的に、そして最後まで戦った人々であり、それゆえに「好戦的な民族」だとか「砂漠の支配者」と呼ばれたのだが、それには理由がある。

彼らにとってサハラ砂漠は、家畜を放牧して肉や乳といった食料を得る唯一の生産地であった。そこへ勝手に国境を引かれて移動できなくなることは、彼らの生活を根幹から脅かすものであった。また、トゥアレグ人はサハラをラクダで交易する「運送屋」でもあった。サハラが分断されたことによって、この交易の自由もなくなった。

その後、マリはフランスから独立したが、この政府に対して、トゥアレグ人はこれまで3回反乱を起こしている。分断されたサハラが、どの国においても近代化や開発とは無縁な「僻地」として置き去りにされてきたからである。

1回目は1963年であり、このときマリ軍はアルジェリア軍と共同で反乱軍を壊滅させたという。2回目が1991年から1996年までの内戦。そして、3回目が2006年5月23日から始まった反乱である。

この3回目の反乱は、何度か政府と反乱軍の間で話し合いの場が設けられ、解決したかと思えば再燃するということを繰り返していた。2009年10月リビア政府の仲介でいったん反政府活動は収束し、さらに2010年には、北部地域の開発という政府の提案にトゥアレグ側が歩みよりを見せて解決するかに見えた。それが、リビアのカダフィー政権が倒れたことにより、リビア在住のトゥアレグ人がなかば難民となってマリに戻り、事態は2012年1月17日から一気に本格的な戦争に突入してしまった。

反乱軍はMNLA（アザワド解放国民運動）を組織し、北部砂漠地帯の独立まで要求している。アザワドとは、トンブクトゥ以北の砂漠地域をいうが、現在では、トゥアレグが独立を要求するマリ北部全域を意味することばになっている。

この2006年から現在まで続く紛争の背景には、マリのトゥアレグ人とマリ国軍の他に、ニジェールのトゥアレグ人、マリとモーリタニアに住むモール人（アラブ・ベルベル系）、さらにアルカイダなどの要素が絡み、とても複雑である。ただ、いえることは、前回1991年の内戦と、今回の反乱は様相が異なるということだ。前回は、キダルのトゥアレグ人が中心になって蜂起していたが、今回の反乱は、キダルだけでなく、メナカ、レレでも起きており、マリの北部地方全土に同時多発的に反乱軍の攻撃が起きている。

1991年の内戦時にも、MPLA（le Mouvement populaire de libération de l'Azawad アザワド解放人民運動）というやはり北部砂漠地域の独立を目指す組織が結成された。MNLAはその後継組織である。そして、今回はMNLAの他にさらに、AQMI（Al-Qaida au Maghreb islamique マグレブ・イスラームのアルカイダ）という組織がサハラに侵入してきた。前回も今回も、リビアの武器が、リビアの傭兵だったトゥアレグ人によって大量にマリに持ち込まれたことが、直接のきっかけになった。近隣のアフリカ諸国の政治状況がトゥアレグ問題に深い影を落としているのである。

前回の内戦

前回の1991年から1996年まで続いた内戦は、人々の心に大きな傷を残した。

とくにトゥアレグ・アラブ系一般住民の被害がおおきかった。内戦で一番恐ろしいのは、兵士でもない一般の人が襲ってくることである。とくに、昨日まで友好的に付き合っていた近所の人が、内戦の開始とともに、もっとも信用できない人に豹変することが、精神的にもつらいことだという。

1991年に始まった内戦では、「土地の主」を意味するソンガイ人のガンダ・コイという民兵組織が元兵士を中心に組織され、トゥアレグ側住民に対して軍と別行動のテロ行為をおこなった。政府側は事態収拾のために融和政策をとっていたが、それに不満な一部が別行動をとったのである。そのため、トンブクトゥ在住のトゥアレグ・アラブ系住民は、一時ほとんどが国外に退去し難民化した。

今回も、トゥアレグ反乱軍が政府軍に戦闘をしかけ、政府軍の兵士に死者が出たことが公表されたとたん、まわりの人々の態度が険悪なものになった。殺された兵士がバマナン人ならばバマナンの人々全員が、ソンガイ人ならばソンガイ人全体が、トゥアレグに怒りを向け、一気に民族対立の様相を呈してくる。こうなると、軍隊の兵士より、民間人の民兵の方がずっと凶暴になるという。

前回の内戦のとき、あるトゥアレグ人の女性は近所の人に襲撃され、赤ん坊を背負って逃げた。後ろから銃剣で刺され、赤ん坊は絶命したが、その女性には銃剣がとどかず彼女は生き延びた。彼女は、誰が赤ん坊を刺したかを知っている。その人は近所の顔見知りであり、今日も、互いに何食わぬ顔をして暮らしているのである。

1991年の内戦が始まったとき、トゥアレグ人のエクラン（奴隷階級）出身者はどうしたのか。彼らは人数において、かつての支配階級すべてを合わせた人口と同じ、あるいは数倍多いといわれる。彼らのほとんどは、傍観者を決めこんだ。そして支配階級に積年の恨みを持つ者は、積極的に政府軍に協力したという。

人々の平和への希求

２００７年の時点で、数人のトゥアレグ人に今後どうするべきかと尋ねたことがある。得られた意見は次のようであった。

トゥアレグの独立を要求したら、民族対立を煽るだけである。そうではなく、ソンガイ、バマナン、ボゾ、モールなど民族をこえて地域の住民が団結し、北部地域の開発と発展を粘り強く政府に求めていくべきである。我々は、とにかく、もう戦争には疲れた。戦争は、トゥアレグ人にも、ソンガイ人やバマナン人にも何もいいものは残さなかった。

２０１２年1月17日に、本格的に始まってしまったトゥアレグ反乱軍とマリ政府軍の内戦。この内戦が、今日までマリ国民として懸命に生きてきた多くのトゥアレグ人の努力をいっぺんに空しいものにしてしまう。ほとんどのトゥアレグの人々は争いに倦み疲れ、戦争というものを心から憎んでいるのである。

（今村　薫）

内戦終結後の1996年3月にトンブクトゥで平和式典が開催された。戦争に使われた銃が集めて燃やされ、その上に「平和の碑」が建てられた

16

2013年の政変とサハラの混乱

★混迷をつづけるマリの政情★

2013年1月16日、マリと国境を接するアルジェリアで武装勢力が天然ガスの生産基地を襲い、大勢の外国人人質を取るという事件が起こった。この事件では10人の日本人を含む多くの外国人が命を落としたが、この武装勢力の出撃基地がマリ北部のガオにあったことが報道され、マリを含むサハラ地帯の混乱やテロ活動に世界中の関心が寄せられたのだった。

この事件の顚末と、それにいたった背景を記しておこう。前章でも述べられているように、サハラ砂漠に広く住むトゥアレグの人びとは国境を自由に越えて活動をしており、1960年前後にマリやニジェール、アルジェリアなどがフランスから独立した時にも、独自国家の建設を試みていた。彼らはくり返し独立ないし自治権獲得をめざして運動をおこしており、とりわけ1990年前後からは、リビアやアルジェリアに避難していたトゥアレグ人が帰還したことによって、トゥアレグ人の部族を超えた連合のために「アザワド人民運動（MPA）」を結成し、政治的要求を明確化していったのだった。

マリ北部の独立運動を主導したのは、このMPAから2011年11月に結成された「アザワド解放国民運動（MNLA）」であった。ここからはさらに急進的な分派である「アンサル・ディーン」が生まれており、それと「マグレブ・イスラームのアルカイダ（ＡＱＩＭ）」らのテロリスト集団の支援を受けたＭＮＬＡは、マリからの独立を掲げて武装蜂起した。それまで10年にわたって協調路線を取っていたマリ政府としても、彼らの要求が独立である以上、協議の余地はなかった。すぐに二つの陣営のあいだで激しい戦闘が生じたのである。

当初はマリ軍も空から反撃するなど、戦線は均衡していた。しかし、軍備の強化と維持管理を怠っていたマリ軍は、空軍力が払底した2月になると連敗を重ねた。そのことが辞任要求となってマリ国民のあいだに広がり、当時のアマドゥ・トゥーレ大統領（通称ＡＴＴ）は２０１２年３月の軍事クーデターによってその職から放逐されたのだった。

しかし、軍のクーデターは北部地域での戦況の改善にはつながらなかった。むしろ軍の中での混乱を招き、マリ軍は弱体化した。その結果、３月31日にガオ市が陥落し、翌４月１日にトンブクトゥ市が制圧されたことで、北部３州はＭＮＬＡの支配下におかれた。まもなく彼らは４月６日に、北部３州からなる「アザワド国家」の独立を宣言したのである。

ところが、彼らの同盟は長くはつづかなかった。北部３州のみの独立を求めたＭＮＬＡと、マリ全土の支配をめざすアンサル・ディーンやＡＱＩＭらの強硬派のあいだの対立が表面化し、後者はＭＮＬＡの排除に動いた。同年６月にガオ市で両者のあいだの軍事衝突が生じ、ＭＮＬＡは北部３州から排除されたのだ。

北部３州を支配したＡＱＩＭら強硬派は、すぐにイスラーム法による統治を布告した。恣意的な裁

マグレブ・イスラームのアルカイダ（AQIM）の分派、西アフリカ統一聖戦運動（MUJAO）のメンバー（マリ北部ガオ空港近郊）［提供：AFP＝時事］

判によって多くの人びとの手足を切断し、婚外交渉をおこなった女性に石打ちの刑を科した。ガオ市では地元民であるソンガイの人びとが旧兵士を中心に「ガンダ・コイ（大地の主）」を組織してイスラーム法の強制に反対した。しかし、軍事力をもたない彼らに抵抗する力はなかった。リーダーの何人かが公開の場で処刑されるなどして、イスラーム法の名目によるテロリスト少数派による多数派支配は強行されたのである。

一方、国際社会は当初、クーデター後のマリが政治的混乱にあるとして静観を決めていた。しかし、テロリスト集団が北部３州を支配し、人権蹂躙の行為があいついで報告されたことを受けて介入を決定した。国連安全保障理事会が招集され、２０１２年12月にロシアと中国を含めた全会一致で「国連安全保障会議決議２０３５」が採択された。それは、テロリストの活動に対する非難と、それを抑止するために「西アフリカ諸国経済共同体（ＥＣＯＷＡＳ）」軍の派遣を骨子とするものであった。しかし、テロリスト集団の侵入を避けたい隣国のブルキナファソとアルジェリアが軍事介入に反対したこと、ＥＣＯＷＡＳ軍が戦うには訓練が必要だとされたことを理由に、決議の具体化は2013年9月まで延期された。

国際社会が一枚岩ではないことを見たAQIMらは、ECOWAS軍の介入までにマリ全土を支配しようと考えたのだろう。2013年1月10日に南下を開始し、中部の拠点を制圧した。首都バマコまで軍勢がおよぶのは必至の状況となったために、マリの暫定大統領ジョクンダ・トラオレがフランスに支援要請を出したのが同日夜。フランス大統領フランソワ・オランドがフランス軍の単独介入を発表したのが翌11日の正午。フランス軍はただちに作戦を開始して、ヘリコプターと航空機による空からの攻撃を開始した。

AQIMやアンサル・ディーンがリビアからの帰還者がもち込んだロケット砲や重機関銃で武装していることを知っていたフランス軍は、正面から戦うことを避け、空からの爆撃を優先させた。四駆のトラックに重火器を積んで走り回るAQIMらの軍勢は空爆の標的となり、多くの車両と人員を失った。それに加えて、後方基地を破壊された彼らは戦意を喪失し、フランスとマリの連合軍の前に潰走をつづけた。介入から2週間後の1月26日に連合軍は北部のガオ市を制圧し、28日にはトンブクトゥ市を解放。1月31日から2月1日にかけてトゥアレグ人の本拠であるキダル市を攻略することで、マリの主要地域の制圧に成功したのだ。

2013年2月2日フランス大統領オランドは、マリの暫定大統領トラオレとトンブクトゥ市で会合をもった。事実上の勝利宣言である。彼ら二人は、トンブクトゥの最古のモスクであるジンガレベル・モスクでイマームから祝福を受けたあと、オランドを「解放者」と称える住民多数の祝福を受けた。このニュースは驚くべきものであった。というのも、トンブクトゥは反政府勢力の本拠地に近く、テロリストが住民に紛れ込んで大統領に接近するのを防止することは困難だと考えられたためだ。

このときのオランドの演説は、多くのマリ人のあいだで今でも語り草になっている。彼は、過去の二度の世界大戦で多くのマリ人を含むアフリカ人兵士がフランスのために戦った（戦わされた）ことを引き合いに出した上で、その負債を返すためにフランスは今、マリの解放のために介入したと語ったためである。

２０１５年現在、フランス軍はＥＣＯＷＡＳ軍とともに駐留を続けており、マリの国土の９割以上は政府の手にあるが、イスラーム主義勢力は北部の山岳地帯を中心に抵抗を継続している。外国人はもちろん、マリ政府の役人が北部に行くにはいまだに軍用機を活用しなくてはならないなど、真の治安の回復には程遠い状態にある。

（竹沢尚一郎）

Ⅲ

民　族

17

バマナン（バンバラ）

★バマナカン（バンバラ語）の浸透★

マリは複数の民族からなる多民族国家であり、そのなかでバマナン人（バンバラ人）は、首都バマコをふくむマリ南部や、ニジェール川中流の都市セグを中心にしたマリ中部に居住する民族である。その人口はマリ国内で最大であり、約300万をかぞえている。彼らは欧米語ではバンバラ人と呼ばれてきたが、近年では彼らの発音に近いバマナン人と呼ばれる傾向にある。

彼らの言語であるバマナカン（バマナン語。バンバラ語ともいう）は、マリ西南部で話されているマリンケ語や南東部のジュラ語とともに、言語学的にマンデ語系に属しており、これらの言語のあいだでは相互にコミュニケーション可能である。

マリは多言語主義が貫かれている国であるが、バマナン語はマリの国語のひとつに指定されており、初等教育の現場でもひろく使用されている。そのため、それはバマナン以外の民族にも浸透しており、彼らの本拠地である南部にかぎらず、全国的に普及している。これはバマナン語化（バンバラザシオン）と言われ、少数言語が抑圧されるとして、非バマナン民族のあいだでは賛否両論がある。こうしたバマナン語の普及には、フランス植民地時代にセネガル狙撃兵などの軍隊内部で共通語として利用されてきたという経過も力をかしていた。バマナン語のアルファベット表記もすすんでおり、農村部などで字の読めない成人男女を対象にした識字教育にも使用されている。

本来、バマナン人は年間降水量が１０００ミリ前後のサヴァンナ地帯に居住する農耕民であって、トウジンビエ、モロコシ、フォニオなどの雑穀（ミレット）、トウモロコシなどを主作物とするほか、ササゲ、バンバラ豆、オクラ、ゴマなどの西アフリカ・サヴァンナ起源の作物を栽培してきた。ニジェール川沿いには水田もひろがっており、コメの生産もさかんである。近年では、現金収入を求めて、ワタや落花生などの商品作物の栽培もさかんにおこなわれている。

市場の光景（スイカ売り）

彼らのもとではサヴァンナに生育する有用樹の利用もさかんで、アカテツ科のシー（学名 *Butyrospermum parkii*）という木から採取される栗の実大の堅果から抽出される植物性油脂（シアーバター）が、食用油や石鹸の材料などに利用されている。これは常温で固体の状態を保つ性質をもっており、水で濡らしたおおきな葉で包んで市場で売り買いされる光景がよく目に入る。現在、このシアーバターは欧米や日本などで、チョコレートの材料とされたり、保湿性が高いために化粧品のベースとして利用されたりしている。そのために需要が大きく増えており、先進国向けの輸出品としてマリにとって貴重な資源となっている。近年、わが国でも広く浸透している化粧品メーカーであるロクシタンは、とりわけこのシアーバター製品を多く販売していることで知られている。

近年、バマナン人農民のあいだでは、バマコなどの都市住民に供給するために、キャベツ、サラダ菜、トマト、タマネギなどの野菜を栽培する商業的農業が都市近郊の農村でさかんにおこなわれている。また、さだまった村のあいだを巡回して週に一回ひらかれる定期市の活動も、これらの村々ではさかんにおこなわれている。

村落の広場（ケレヤ）

バマナン人の農村は、広場を中心に住居がまとまって建てられる集村の形態をとっている。広場にはバナンやドゥバレなどの大樹が植わり、豊かな木陰にはベンチが置かれ、給水のポンプなども設置されて、村人が集まる場所となっている。また、ここでは村の集会や市場が開かれることもある。イスラーム化が開始されて間もない過去の時代には、バマナンとは「イスラームを拒否する人びと」という意味をもっていた。しかし、今日では都市にかぎらず農村部でもイスラームへの改宗が進んでおり、モスク（寺院）が村落の広場やその周囲に建てられている。

第17章
バマナン（バンバラ）

19世紀までのバマナンなどのマンデ系社会は、複雑な身分階層にわかれており、ニャマカラという階層に属する鍛冶、革細工、木工、壺などの製作にあたる職人は、それぞれ世襲的な職業集団を形成していた。楽器の演奏や製造にあたるジェリ（楽師）という集団は、欧米の言語でグリオと称されることが多いが、「ことば」を操る存在として、王国や地域の歴史伝承を語り、儀礼では進行役をつとめている。さらに、グリオ出身の歌手の活動は国内にとどまらず、パリなどの欧米を舞台にしたワールド・ミュージックの世界での活躍もめだっている。

バマナン人の社会は、織物や泥染めなどの染色、仮面・彫刻などの豊かな物質文化をもっていることで知られている。なかでも農耕儀礼に用いられるチワラとよばれるレイヨウ類の角をかたどった仮面は有名である。これらの仮面はローカルな民俗品のレベルをこえて、ひろく人類の普遍的な美術の評価を受けるにいたっており、古くからパリのあちこちにある美術商のウィンドウに置かれたり、パリ市立美術館などでも入ったばかりの目立つ場所に展示されていた。また、ルーブル美術館の一角にも展示されていた。現在では2006年に新設されたケ・ブランリ美術館でも、バマナンをふくむマリ美術の展示に力が込められているのを見ることができる。もちろんこれは、地元のバマコの国立博物館でも重要な展示品になっている。

（赤阪　賢）

18

マリンケ

★マンデカンの広範囲な分布★

マリンケはマリ西部から南部にかけて居住する有力な民族のひとつで、マニンカと自称している。マリでは北西部の地方都市キタを中心に、人口は約60万人をかぞえている。マリンケ語は言語学的にはマンデ諸語（マンデカン）に属し、バマナン語やコートジボワールのジュラ語と近縁関係にある。マリンケ語を話す人びとは、マリのほかにギニア、ギニアビサウ、セネガル、ガンビア、リベリア、シエラレオネ、コートジボワール、ガーナなど西アフリカの国々にまたがって分布しており、これらの国のなかではマンディングやマンダングなどとよばれることもある。

マリンケ語をふくむマンデ諸語（マンデカン）が、このように広域にひろがった現象について、フランスの言語学者ルイ＝ジャン・カルヴェは「媒介言語」という耳慣れない用語を使用し説明している。しかし、慣用的な表現にしたがえば地域共通語といってよいだろう。マンデカンは、上記したような西アフリカの10ヵ国以上に普及しているうえ、現在ではパリやニューヨークなど欧米の都市においても、西アフリカからの移民たちのあいだでコミュニケーションの手段に使用されているという。

第18章
マリンケ

マンデカンがこのように広範囲に勢力を拡大したことについて、ジャン・カルヴェなどの言語学者は、マリンケが13～14世紀に最盛期をむかえた広大な領域を支配したマリ帝国を形成した民族であることの名残りと考えている。マリ帝国の創始者スンジャータ・ケイタの系譜をひくケイタ姓の人びとが今も存在しており、マリ共和国初代大統領のモディボ・ケイタもその一員だった。ワールド・ミュージックのトップスターとして世界で活躍しているミュージシャンの一人であるサリフ・ケイタは、この一族の子孫という誇りをいだいている。

ガンガバの入り口。「マンデの古都」と記されている

スンジャータの伝説についても、マリだけでなくギニアやガンビアなどに居住するグリオによって語られたものが録音記録され、さらにフランス語などに活字化されたため、現在では日本語に翻訳されたものを手にすることができる。

また、１９７０年代にアメリカや日本で連続ドラマ『ルーツ』がＴＶ放映され茶の間の話題になった。原作者アレックス・ヘンリーは、アメリカ南部の奴隷の子孫としてみずからのルーツをさかのぼることを試み、ガンビア共和国のマンディンカ出身のクンタ・キンテがそれであったとつきとめた。その際に、子孫たちに言い伝えられた言葉がマンディンカであることを、アフリカ学の大家ジョン・ファンシーナ博士が示唆した有名なエピソードがある。

バマコの南西約80キロメートル、ニジェール川上流のギニア国境に近いカンガバ村を訪ねると、入口のゲートに「マンデの古都」と表記している。この集落はマリンケの主要な家系であるケイタ一族の故郷というべき場所であり、現在もこの一族が居住している。ここでは7年に一度、各地方に分散したケイタ一族が参集して大祭が繰り広げられる。村の中央にバラとよばれる聖域の広場が置かれ、カマブロンとよばれる草葺屋根の小屋（第35章を参照）の屋根を葺き替える。小屋の白壁には装飾が描かれるが、これは今後7年間のマンデの未来を司祭が予言したものといわれている。広場にはたわわに枝を張ったイチジク科の大樹が植わっており、静謐な雰囲気が保たれている。カマブロンは１９９９年には世界遺産登録の暫定リストに入っており、２００９年に改訂されたリストにも継続して入っている。カンガバはスンジャータが敵対するスマングル勢力を打破したカバであると、ある伝承では比定されており、今日でもマンデの文化の中心的な位置を与えられている。

マリンケは基本的にサヴァンナに居住する農耕民で、トウジンビエ、モロコシなどのミレット（雑穀）やコメを主作物として栽培する。しかし、商業活動にも長けており、早くから西アフリカにおいて地域間の交易にも従事してきた。マンデ系民族のうち、ジュラは今日のコートジボワールやガーナ方面に交易ルートを伸ばしたのに対し、マリンケ（マニンカ）は西方のギニアやギニアビサウなどで交易活動を展開した。その過程でイスラームに改宗し、現在ではほとんどの村にモスクが普及しており、住民もほとんどがイスラーム教徒である。

最後にマリンケが発明した文字言語ンコ（N'Ko）についてふれておこう。一般にブラック・アフリカは無文字社会にとどまったと言われることが多い。東アフリカのスワヒリ語や西アフリカのハウサ語はアラブ文字で表記されたが、これらは数すくない例外とされている。ところがンコは、1949年にギニア東部でスレマニ・カンテによって発明された文字であった。彼は1922年にカンカン近辺の村に生まれたが、マリンケ語を文字で表記するシステムを編み出し、その普及につとめた。

その結果、現在ではンコはマンデ系民族のあいだに一定程度ひろまっている。その文字の特徴は、七つの母音と20の子音からなる。そしてアラビア語と同じように右から左へと書かれる。ンコの文字の普及は、ギニアの主要都市であるカンカンなどの都市部においては、薬草などの伝統的な民間薬の薬局を拠点としている。さらに、読み書きのできない成人たちを対象にした識字教育の会場でも用いられ、ンコの教科書や読み物なども販売されている。さらにンコは、今日ユネスコの支援プログラムの対象になっている。

ドンソの衣装

マリンケ社会で注目されるのが、伝統的な姿を保ったまま、なお現在も重要な役割をはたしているドンソトンとよばれるものだ。これは狩人ドンソが結成するトン（結社）であるが、さまざまな民族や、農耕、牧畜、鍛冶屋など生業や階層のちがいを超えて、ひとつにまとまる契機をあたえている。外見もユニークで、泥染めの長い上衣に細身の袴ズボン、筒型の帽子をかぶっている。おまけに、上衣にはさまざまな種類の護符が付いており、一種の異様をほこっている。かって狩人は戦争の際には戦士として社会の軍事的防衛にあたり、平時には狩りの獲物を持ち帰り村人に食糧を供給する役割を担った。さらに、サヴァンナを徘徊し豊富な薬草知識をもとに伝統医療に従事した。またサヴァンナの原野は不思議な力を備えた獣や精霊が跳梁している世界で、狩人はそれらとも対峙する力の持ち主だった。狩人になるためには入会の儀式を経て結社のメンバーになる必要があった。

今でも折々にサヴァンナで狩りをおこなうが、近年では獲物に出会うことはすくないので、狩人といってもこれで生計を立てるわけではない。メンバーはマリ国内では独立記念日などの公式行事に参加し、開会のパレードに隊列行進をおこない、火縄銃で祝砲を打ち鳴らすのがならわしである。同様の狩人結社はマリだけでなく、セネガルなど近隣の西アフリカ諸国にも存在しており、一堂に会して国際会議を開催することもあると伝えられている。

ドンソトンの行進

（赤阪　賢）

19

ソニンケ

★伝統を重んじる折衷的な民族★

私の両親はともにソニンケ人である。父方の祖父はサヘル地域のニョロから、商売とイスラームの指導のためにマリのバフラベに移住してきた。母方の祖父もまた同じ目的で、ギニアのカンカン州のマレガラ村からマリのマヒナへと移住した。両家の移住の目的が同じだったのは全くの偶然で、さらに両家とも一族内の資産を分散させないために第一夫人はソニンケ人から迎えるという決まりを共有していた。

ソニンケには、サラコレ、マラカ（マルカ）、ワンガラ、ワンコレといった別称がある。神話によると、ソニンケ族の祖先であるママ・ディンガはエジプトのソンナ（ソンニ）からきたとされ、ソニンケとはソンニの居住者という意味だとされる。サラコレという別称はとくにフランス語で使われている。サラコレとは肌の白い人を意味し、かつてフランス人がソニンケの村に到着したときに、人々がフランス人を指してサラコレと呼んだのを、逆にフランス人がソニンケ人の呼び名としたらしい。マラカはバマナン語やマリンケ語を話す人々のもとで使われることが多く、直訳すると「何かを保管する」「何かを守る」という意味である。これにも様々な説があり、マリ帝国が成立し

ソニンケの男性たち

た際に、読み書きのできたソニンケ人が管理職についたことに由来するという。

父系社会であるソニンケは、拡大家族の人数が１００人を超えることも珍しくない。またソニンケ社会は階層化されており、異なる階層や他民族との結婚を認めていないことから、排他的な民族としても知られている。その代わり、世界中のどこにいようと、ソニンケ人同士の相互扶助を積極的に行い、民族内の団結を強く望む。また、子どもが生まれた時に行われる祈りに「子どもは父親を超えるように」というのがあり、そこには父以上に社会に適応できる人間に育ってほしいとの希望が込められている。

ソニンケ人はマンデ語群の一つであるソニンケ語を話し、大多数はイスラームを信仰している。現在、ソニンケ人は２００万人を超えており、モーリタニア、マリ、セネガル、ガンビア、ギニアなど、西アフリカ全土に住んでいるが、およそ60％はマリに居住している。マリ国内では、モーリタニアやセネガルとの国境に近いカイ州に多い。イスラーム指導者であると同時に商業に従事する者が多く、国外居住者の割合が高いこと、高学歴者が多いことが特徴である。

ソニンケ人は姓で見分けることができる。バカヨコ、ベレテ、シセ、シソコ、ジャワラ、ドラメ、コンテ、サコ、シラ、トゥーレ等はソニンケ人の姓であり、それぞれ意味が異なるとはいえ、馬に関連するものが多い。

ソニンケ人はどこからきたのか？　その問いに明確な答えはない。ソニンケの起源に関しては文字資料が残っていないので、口承に頼るほかはない。紀元前からエジプトに居住していた黒人系の一部がアフリカの南に流れてきたのがソニンケだ、という説が最も有力である。

ソニンケ人が建国した「ワガドゥ王国」はサハラ砂漠以南で最も古い王国の一つである。のちに、ママ・ディンガが複数の王国を統べるかたちで770年にガーナ王国を設立したと言われている。ジェルメーヌ・ディーテルランとジャラ・シラはその著書『ガーナ王国』の中で、「ソニンケ人の祖先であるディンガはエジプトのソンナで生まれ、ソニンケはそれをアスワンと呼ぶ」と述べている。彼らによれば、ディンガはエジプトでファラオの中尉を務めるほど優秀な戦士であった。やがて、ワガドゥ王国の長であるカヤ・マガンによってガーナ王国が建国され、その範囲はセネガル川からニジェール川まで広がった。

9世紀になると、ガーナ王国の統治のもとでサハラを縦断する交易がさかんに行われた。この交易を通じてイスラームが導入され、ソニンケの商人たちはサハラ砂漠以南で初めてイスラームに改宗した民族となった。しかし、11世紀にはムラービト朝に征服され、後にスス王国、そしてマリ帝国に征服された。この間、度重なる戦争や飢餓を経験したワガドゥの住民たちは、他地域に移住し始めた。

ソニンケの女性たち

マンデ地方やセネガル川、ニジェール川流域に移住することが多かったと言われている。

かつてソニンケ人の男性は髪を編み込み、女性は髪を剃ることが一般的だった。周辺地域の他民族と比べて、顔や体の瘢痕《はんこん》は少ない。ただ、女性が歯を白く見せるための下唇や歯茎への黒い入れ墨は、サヘル・サヴァンナ地域の複数の民族と同様に多く見られる。また、富の象徴である金のアクセサリーを身につけるため、女性たちは耳に複数のピアスの穴をあけており、特に祭りでは耳がちぎれそうなぐらい重い金をつけるのがステータスとされている。ソニンケ人の服は藍染めや原色に近い色で染めた染め物が多い。女性はパニュという巻きスカートを身につけるのが一般的であるが、かつては既婚と未婚の女性でその長さが異なっていた。

ソニンケ人は西アフリカだけでなく、他のアフリカ諸国をはじめ、フランスなどのヨーロッパ諸国とアメリカ合衆国、近年ではタイやインドネシア、中国といったアジアの国々にも拠点を広げている。マリの笑い話に次のようなものがある。「他の惑星に行ってもソニンケ人が住んでいるに違いない」。しかし、どこに拠点をおいたとしても、ソニンケ人はコミュニティを作って団結し、生活習慣を変えずに生活することが多い。アフリカ諸国ではソニンケ人が大規模なビジネスに成功している例は珍しくない。また、出身地に残した家族に資金援助をしたり、集団で出身地のプロジェクトに投資をしたりして、その発展に貢献することでも知られている。マリを例にとれば、海外に居住しているソニンケ人からの送金額が国家予算を上回っているとの説もある。

これまでソニンケ人は、どこに居住していようが子どもに自文化を強要し、アメリカやヨーロッパのソニンケ人の場合には、子どもを出身の村に送って文化を学ばせてきた。ところが近年では、子どもたちの反発による世代ギャップが浮上しつつあり、これまで大事にしてきた民族の生活文化が次世代に理解されにくくなっている。また、70年代以降にヨーロッパで始まった家族集合の移民政策を利用して、もともと村に残していた妻を国外に連れて行く動きもこの傾向に拍車をかけている。新しい居住先では女性が「古くさい」ソニンケの文化に従わず、かつては許されなかった離婚も増加しつつある。

新しい世代のソニンケ人の多くは、これまでの文化のエッセンスを尊重しつつも、他民族との結婚、カースト制、女性の位置づけなどの見直しを進めている。とはいえソニンケの団結力が大事な文化であることはいうまでもなく、他国にあっても誠実に仕事をし、ひいては祖国のために貢献することは、これからも間違いなく評価されることだろう。

（ウスビ・サコ）

20

ソンガイ

★誇り高きサヘルの定住民★

ソンガイとは、マリとニジェールを中心とした西アフリカ内陸部に居住している集団の名である。マリ国内における彼らの居住地は、主にデボ湖からニジェール川大湾曲部にかけた一帯である。マリの民族的なマジョリティは、マンデ系と総称されるバマナンやソニンケの人々だ。彼らは南部から中部にかけて多く居住しており、マリの人口のおよそ5割を占める。一方、ソンガイは7~10％程度と推計されており、必ずしも多くはない。しかしソンガイの名は、古今のマリの様々な文脈で登場する。彼らは、中世のソンガイ（ガオ）王国、豊かな穀物栽培、サハラ交易、西アフリカ内陸部のイスラーム化などで、重要な役割を担ってきた。

サハラ砂漠を介してアラビア語圏と密接につながってきた歴史から、ソンガイの人々が話すソンガイ語には、アラビア語起源の語彙が多い。たとえあなたがソンガイ語をまったく解さずにマリに赴いたとしても、ソンガイ語とマリ南部でよく用いられるバマナン語の響きの違いに、すぐに気づくだろう。明瞭で開放的な響きのバマナン語と、やや硬質で強弱の波が細かいソンガイ語。首都バマコからサハラの縁に向かって、一昼夜かけ

第20章
ソンガイ

てマリを北上するバスに乗ると、だんだんと樹木の緑がまばらになり、空気がより乾燥し、巨大な岩山が林立し、砂漠の気配が近づいてくる。それにつれて、ソンガイ語がより多く耳に入ってくるようになる。言語学者グリーンバーグの分類によると、ソンガイ語は中部アフリカから東アフリカにかけて多く話されているナイロ・サハラ語族に属する言語だという。西アフリカでは、ソンガイ語以外にこの語族の言語は見られない。近年ではこの分類の妥当性が再検討されてはいるものの、ソンガイの人々が自身の言語とバマナン語をはじめとしたマンデ系諸言語の違いに意識的なのは見てとれる。試しにマリ北部の都市トンブクトゥやガオに暮らすソンガイに、バマナン語で話しかけてみるとよい。公用語（フランス語）よりも難なく通じることの多いバマナン語が、ほとんど通じない人もいるのだ。「困ったな……私はソンガイ語しか話せないものでね」と少しいけずな笑顔で答えるソンガイもいる。

ソンガイという語はいわゆる「民族名」であるが、当の本人たちは自分たちのことを必ずしもソンガイとは呼ばない。ソンガイは、主にフランス植民地支配以来の行政機関、研究者などが彼らを指すときに用いる他称のひとつにすぎない。彼ら自身や周辺の諸集団はむしろ、マリに居住するソンガイを「コロボロ（koro-boro）」もしくは「コイラボロ（koyra-boro）」と呼ぶ。「コイラ」とは、ソンガイ語で村や町、都市など人が集住・定住していること、およびそうした土地を指す。「ボロ」は人間の意だ。この呼称には、定住して田を耕し、手工業を発達させ、都市文化を形成してきた歴史へのソンガイの自負が感じられる。移動をともなう牧畜をおこない、時に荒野や砂漠に住まう近隣の民フルベやトゥアレグの生活との差異が、その名に表されているのだ。

ソンガイの起源は定かではない。いつ頃どこからやってきたのか、そのルーツには諸説ある。しか

ジェンネの伝統的町長の代理を務めるソンガイの男性

しながら、彼らが自身の歴史を説明するいずれの伝承にも、ニジェール川を軸にした生のいとなみが描かれている。

ソンガイ語でニジェール川はイサ・ベル(Isa-beer)。「大河」という意味だ。ソンガイの人々から、「ニジェール川の精霊たちの統一者」でありソンガイの始祖の一人とみなされているファラン・マカ・ボテという人物がいる。彼は、漁師の父と「川の精霊」の母のあいだに生まれた子だったという。ソンガイの町や村では、現在もファランにまつわる憑依儀礼がおこなわれている。ファランは大河の精霊を治めた自身の力に慢心し、傍若無人なふるまいをするようになった。それに怒った雷神ドンゴがファランを呼びつけ、「音楽や踊り、動物の供儀をおこなって畏敬の念を示すならば、これまでのおこないを許してやろう」と諭したという。ソンガイの人々は現在も「ドンゴ・ホーレィ(ドンゴ祭)」をおこなうことで、ドンゴからファランへの言いつけを守り続けている。今日ソンガイの大多数はムスリムであり、マリのムスリム・コミュニティの中でもっとも重要な役割を占める集団でもある。イェル・コイ(ソンガイ語で「我らが主」=アッラー)を信じるムスリムであることと、ドンゴに音楽を捧げるソンガイであることは、矛盾なく共存している。

第20章
ソンガイ

ソンガイの起源譚には、ソルコ（Sorko）、ガービビ（Gabibi）、ゴウ（Gow）という三つの下位集団も登場する。ソルコはニジェール川での漁や河川交通をになう「水の主」、ガービビはニジェール川の氾濫原で穀物を栽培する「地の主」、ゴウは川の周囲に点在する灌木の林で狩りをおこなう「藪の主」である。この三者が対立・協働しながらニジェール川大湾曲部とその周辺に定着して、のちにソンガイと総称されるまとまりになっていく。この地にイエメンから2人の男がやってきて、住民を困らせていた怪物を退治したのち町を築いた、といった伝承も残されている。この伝承はおそらく、ソンガイとイスラーム、ソンガイと砂漠の北側に住むムスリム商人との関わりの古さを示唆しているのだろう。

乾燥地帯に流れる大河を基盤に交易、農耕、漁労で安定を得たソンガイは、10世紀までにソンガイ（ガオ）王国を築いた。15〜16世紀頃を繁栄の頂点とするこの王国ないし帝国は、今日でもソンガイの人々の誇りだ。現在では、ソンガイと他集団との通婚もすすみ、進学や仕事のためにニジェール川大湾曲部以外に居住するソンガイも数多くいる。顔つきや生業からソンガイか否かを判断するのは容易ではないなかで、ひとつ簡単で明確な「ソンガイ指標」がある。それは、彼らが経営する店舗の屋号だ。「アスキア雑貨店」「サンコレ旅行代理店」「米の卸屋ソンニ・アリ」——いずれも彼らが誇るソンガイ王国の王朝、王都の中心地、偉大な王の名前を冠しており、首都バマコでもよく見かける店名だ。こうした屋号の店を見つけたら、「ウォルナ・ゴイ（お疲れ様です、失礼します）」とソンガイ語であいさつしながら入っていくといいかもしれない。ソンガイの店主との値段交渉が少しはかどるだろう。

（伊東未来）

21

フルベ

★サヴァンナの牧畜民★

フルベ（フラーニ：英語、プル：仏語）は西アフリカ内陸部乾燥地一帯に分布するウシ牧畜民である。彼らは、西アフリカの西端のセネガル川左岸のフータ・トロに起源したと考えられている。そののち東方に向かって移動を繰り返した。マリの内陸デルタには12世紀頃達して、15～16世紀には中央スーダンにまで達した。その一部は南方湿潤地域にも向かった。現在ではザイール川流域の熱帯雨林地域にまで入り込んでいるグループもいる。大型で、背中にコブのあるゼブ種のウシを飼育してきた。遊牧民なら一家族平均70～80頭のウシの群れをひきいている。

アフリカ大陸全体のフルベ人口は約１３００万人と考えられ、そのうちマリには約２５０万人が住んでいる。その人口は、国全体の人口の15～20％にあたる。

フルベが集中して分布しているのは、ニジェール川内陸デルタである。内陸デルタは季節の水量変化により、氾濫原が拡大と収縮をくりかえす巨大な底の浅い湖のようなものである。フルベはその内部あるいは周辺の微高地に居をかまえて、雨季にはデルタの外に出て遊牧し、乾季にはデルタのなかに戻るという移牧型の牧畜を営んでいる。デルタ地方は雨季より３ヶ月ほど遅れて増減水するので、乾季（10～3月）になってもデルタ内には湖沼や牧草が残っているからだ。

6～9月の雨季にデルタの外の原野に放牧されていた家畜が、デルタ内に戻るためには、ニジェール川やその支流のバニ川を渡らなければならない。川幅はまだひろく、流れも急であるが、何か所かで日時を定めて1万頭レベルのウシが泳いで川を渡る。壮観な風景である。仔ウシは舟に乗せられて川を渡るが、川を泳いで渡る親ウシのなかには流されてしまうウシもいる。川渡り（ルンバル）当日には、州知事をはじめとする政府関係者と武装した国家警察隊（ジャンダルメリー）が見守る。

フルベの女性

ルンバルの日は、一年の半分近くを家畜を追って原野で過ごしていた若者たちが村に戻ってくる日だ。それゆえ、娘たちは着飾って若者たちを迎える。その際しばしば有名なダンスがおこなわれる。若者たちがたちならぶ前で、娘たちが踊り、気に入った男性をえらぶ。このときは男性が化粧することもある。しかし娘たちはそれ以前に、若者が原野からつれてきたウシの群れをすでにみている。この踊りは若者の牧畜民としての技量が判断される踊りでもあるのだ。

はじめて内陸デルタを訪れたときは、サーヘルに形成された豊かな水の世界と、ここで放牧されている大量のウシの群れの美しさに圧倒された。これはサーヘルの奇跡だ、とさえ思った。

川渡りには微妙な問題がともなっている。デルタの内外には稲田や畑が広く分布し、収穫終了前だと家畜が農作物を食い荒らす危険があるからだ。それゆえ、家畜がデルタ内に戻る日とそれが通過する場所は、植民地化以前から厳密に決められていた。現在でもそれは政府によって決められている。

牛牧民と農民の関係は微妙だ。収穫後に畑にやってくるウシは大歓迎される。収穫された茎や葉を食べるのと引き換えに、大量の糞を残してくれるからだ。しかし、収穫前にウシが畑に来ると、せっかく実った穀物が食べられてしまう危険がある。農民がみずから得たウシを牧畜民に預けて飼育してもらうこともある。その飼育料を払えば、預けた家畜の数はふえる。しかし預けた家畜が病気や事故で死んだ場合の保障はない。他方で農耕民が牧畜民の家畜を奪ったり、家畜を税としてとりたてることもあった。いずれにせよ重要なことは、フルベ族は農耕民と隣りあって生活し、それゆえに両者にはかなりの共存関係があったということである。

そして現在ほとんどのフルベは定着・半定着生活に入り、半農半牧を基本生活としている。それにはさまざまなパターンがあるが、マリのフルベに特徴的なのは稲作との複合が多いことだ。牧畜民の死命を制するのは、乾季における放牧地の所有だ。そこは湿地帯であるため稲作可能地である。それゆえフルベは稲作をはじめやすかった。ただし、稲作はフルベ自身がおこなう場合もあるが、リーマイベと呼ばれる奴隷農民がおこなう場合も多い。現在では、イスラーム教師・聖職者、商人、公務員、

第21章
フルベ

フルベの牧童

獣医など様々な職業についているフルベも多い。

遊牧的な牧畜民のつねとして、フルベは、定着的で階層的な国家組織にはなじまない生活を営んできた。しかし、18〜19世紀、西アフリカのほぼ全域で彼らはイスラームを奉じて立ち上がり、イスラーム王国形成を目的にした「フルベ族の聖戦」を展開することになった。その結果、西はセネガル川上流のフータ・トロやフータ・ボンドゥ、ギニア北部のフータ・ジャロン高地から、東は現在の北ナイジェリア・北カメルーン・ニジェールにまで、西アフリカのサヴァンナ地帯のほぼ全域各地にイスラーム王国を建設するにいたった。内陸デルタのフルベも、マーシナ帝国を建国した。

これについては第11章で詳しく述べたが、フルベ・イスラーム帝国の第一の特徴は、国家形成の原理そのものがイスラームであったことだ。それ以前の西アフリカのイスラーム王国は、イスラームを受け入れ、ムスリム商人・聖職者が重要な役目をになっていたとはいえ、王国の根幹には異教的な宗教文化が残っていた。そのため王都も、ムスリムの住む街区と王宮中心の街区という二元構造を有していた。ガーナ帝国もマリ帝国もそうであったし、ソンガイ帝国も初期にはそうであった。マリ帝国を訪れたモロッコの大旅行家イブン・バットゥータも、ソンガイ帝国を訪れたサハラのイスラーム学者アル・マギーリも、西アフリカ最大のイスラーム帝国二国に残る異教的伝統を激しく糾弾した。

しかし、マーシナ帝国の王都はその名も、アラビア語で「神の栄光」を意味するハムダラーイであり、建国者自身がシェイク（師）と呼ばれるイスラーム学識者であった。このようにフルベ・イスラーム王国は、宗教的にはイスラーム一元論の王国であった。しかしそれは、イスラームの形成母体となったアラブという外来民族がそのトップに立つ一元論ではなかった。その権威の中心は、フルベという黒アフリカの牧畜民起源の聖職者であった。

そして王国の民族構成もフルベだけの単民族構成ではなく、多民族的であった。イスラーム一元論はイスラームの名のもとに、民族間の差別や敵対を否定して、多民族共存を可能にするコスモポリタンの思想でもあったからだ。

（嶋田義仁）

22

トゥアレグ

★その社会組織と個性★

トゥアレグは、北西アフリカに住むベルベル系の遊牧民である。彼らはアルジェリア、モーリタニア、マリ、リビア、ニジェール、ブルキナファソにまたがるサハラ砂漠と、その南縁のサヘル地帯に暮らしている。総人口は200万人弱といわれ、マリに約67万5000人が住む。ただし、これから述べるようにトゥアレグの伝統的社会は階層社会であり、トゥアレグへの帰属意識は階層によって異なるので、総人口を明確に数えることはできない。

トゥアレグの伝統的社会は、アムノカルと呼ばれる首長を頂点に、貴族、従臣、イスラーム聖職者、職人、奴隷の各階級からなる超部族的な階層社会を形成してきた。

貴族階級は、他集団との間の戦闘や家畜の略奪を行ったほか、ラクダの飼育とキャラバン交易を行った。従臣階級は山羊、羊などの中型家畜をおもに飼育した。職人階級は金属製品、木工製品、皮製品、装飾品製作に従事した。また、トンブクトゥ地方の職人階級には、グリオと呼ばれる歌や楽器演奏を専門におこなう職能集団も含まれる。

奴隷階級に属する人々は、各地から連れてこられた農耕民たちで、家畜の世話やキャンプの雑用、井戸の掘削労働や補修をおこなった。この非自由民の存在を認めた制度は現在はどの国においても法的に廃止されているが、エクランという奴隷階級名は現在も残っている。エクランの出自を隠す人や、さらにトゥアレグを憎悪する人々もいる一方で、まったく自分の出自を気にせず、かつての主人筋にあたる階級の人々と友好的な関係を続けるエクランも多い。

トゥアレグの母語は、ベルベル語族（アフロ－アジア語族に属す）のタマシェク語である。トゥアレグという民族名は、かつての支配階級だけを指すとみなす立場もあるので、被支配階級であった人々も含めた集団の自称として、「タマシェク語を話す人々」を意味するケル・タマシェクを用いることもある。とくに、マリにおいては、すべての階級を含む民族名としてケル・タマシェクを使う場合が多い。

社会組織（タウシッド）

トゥアレグのかつての政治組織として、数万人から数十万人単位の構成員からなる地域集団があった。それぞれの地域集団には、アムノカルと呼ばれる首長がおり、「太鼓（アッタビル）」を所有していた。いざ戦時になると、その太鼓を打ち鳴らしてメンバーを招集するのである。このことから、この地域集団のことを「太鼓集団」という。一つの太鼓集団は、10～30のタウシッドの連合体である。

タウシッド（「部族」と呼ばれる場合もある）は、同じ地域の出身で共通の祖先を持つと考えられている人たちの集団である。共通の祖先を想定することから、人類学用語の「クラン」を当てはめる研究者もいる。タウシッド名には、「ケル」が最初につくが、これは「どこそこ出身の人」の意味である。

第22章
トゥアレグ

一つのタウシッドは、数千人から数万人の構成員からなる。それぞれのタウシッドは、貴族、従臣、あるいはイスラーム聖職者のタウシッドというように階級が決まっている。また、それぞれのタウシッドには、すべて職人階級と奴隷階級の人が属していた。

「太鼓集団」を統率するのは貴族階級だが、貴族階級のタウシッドが複数ある場合は、首長を出すタウシッドを互選した。首長は、母系の系譜にしたがい、母方のオジからオイへ継承されたという。

それぞれの地域のタウシッドが同盟を結ぶ動きは、16世紀の終わりごろから始まったが、アムノカルを首長に、タウシッド間の分業化と階層化が発達したのは、部族間抗争や異民族との争いが起きた19世紀初頭である。さらに1900年前後には、フランス植民地政府への抵抗が太鼓集団単位でおこなわれた。現在は、奴隷制の禁止とともに階級社会も溶融し、太鼓集団は昔のようには機能していない。しかし、タウシッドは現在も、人々の帰属意識を呼び起こす源になっているようだ。初対面の人であっても、互いのタウシッドが同じだとわかると、とたんに打ち解ける。

タウシッドごとの個性

タウシッドは、各々が特徴を持っている。それぞれ専門化し、タウシッドの連合体である太鼓集団の中で分業化が進んでいたともいえる。以下に、いくつか個性的なタウシッドを紹介する。

イムーシャルというタウシッドは、貴族階級であり最も好戦的である。最後までイスラーム化を拒否し、イスラームに教化されたのは1970年代のことであるという。トゥアレグの伝統にこだわり、今でも、トンブクトゥの街中を刀を携えて闊歩している。飛行機に乗るときでさえも平気で刀を携帯

トゥアレグの男性たち

している。私は2006年に、イムーシャルの男が大きな刀を肩からぶら下げて、首都のバマコを歩いているのを見たことがある。彼にいわせると、「伝統のスタイルを守っているだけで、武器ではない」ということだった。

イムーシャルの男の隣に座って、うっかり咳払いでもしようものなら大変である。それだけで彼は喧嘩を売られたと思い、戦闘体勢に入るからだ。イムーシャルの男一人と揉め事になると、彼の一族郎党が次々と加勢するから大事になる。ここで血で血を洗う復讐劇が展開することになる。

ケル・ウナンというタウシッドはイスラーム聖職者階級の平和主義者で、マラブー（イスラーム指導者）を輩出した。呪術に長けるので、兵士を持たないにも関わらず、他のタウシッドはケル・ウナンを攻撃しなかったという。

従臣階級に属するイミディダランは、かつてはキャラバンに従事してサハラ北部からトンブクトゥまで塩を運んでいた部族である。イミディダランは、足跡追跡、自然観察の能力に優れた人々である。

第22章
トゥアレグ

植物も生えず、高低差もなく、山も見えない砂漠では、砂の色だけが場所を決める鍵になるという。彼らは、しばしば砂をポケットなどに忍ばせて、仲間や若輩者にその砂がどこの土地のものか「試験」したという。以下のような逸話が残っている。

あるとき、いつものようにイミディダランの男たちは、キャラバンの旅を続けながらお互いを「試験」しあっていた。一人の男が砂にかすかにつけられた、引っ掻き傷のようなものを指して、仲間に何の足跡であるかと尋ねた。仲間の一人が、「どこそこの土地のフンコロガシの足跡のようだ」と答えた。しかし、通常のフンコロガシの足跡と少し異なる。別の男が「4本足のフンコロガシだ」と答えた。それが正解だった。問題を出した男は、別の場所でフンコロガシを捕まえ、足をちぎってから砂の上を歩かせたのだった。

以上のようにタウシッドごとに強烈な個性と専門性があり、このようなタウシッドの緩やかな連合によってトゥアレグは地域集団を形成していたのである。

（今村　薫）

23

ボゾ

★西アフリカ－の内水面漁民★

ボゾは人口約20万。ニジェール川中流の「ニジェール川内陸デルタ」と呼ばれる低湿地を中心に、ニジェール川流域に広く存在する漁労民である。ボゾという語はもともとは他称で、彼らは西から東に向かって、チエ、ケレンガ、ソルコと自分たちを呼んでいた。それが植民地期に主として行政的な理由でボゾと総称されるようになったのである。ボゾの人びとの本拠とするニジェール川内陸デルタはきわめて漁業に適した土地であり、ここで多くの漁の技術を開発した彼らは、西アフリカの内水面であればどこにでも行って漁業に専念している。彼らのもとでは、「ニジェール川の水さえあれば、ボゾは生きていける」ということわざがある。このことばが示すように、彼らは西アフリカのどの内水面でも漁をおこなっていることが確認されているのだ。

内陸デルタでの人間の居住は、紀元前3～8世紀にはじまったことが考古学の調査によって明らかになっている。この地の遺跡の最下層の地層からは、若干のアフリカイネと大量の魚の骨が出土しているので、この時期より以前から漁がこの地方で広くおこなわれていたことは確実である。もっともそれが、今

第23章
ボ　ゾ

日のボゾのような専業漁民の手によるものか、あるいは農業も牧畜も漁も合わせておこなった人びとの手になるものかは、判明できないでいる。

とはいえ、内陸デルタのほとんどの村でボゾが村の最古の住人とみなされているのを見ても、彼らがこの地に古くから存在していたことは疑いない。彼らが水面の権利、すなわち漁の権利と水上運搬の権利を独占的に保有しているのはそのためである。この権利を所有するのは、「水の主」と呼ばれる村の最古のボゾのクランである。そのようなものとして、このクランの最年長者は毎年、水のなかに住んでいると信じられている「水の精霊」に対して供犠をささげ、一年の漁の安全と豊漁を祈願するのだ。

ニジェール川の水のあるところであればどこにでもボゾはいるが、その数がもっとも多いのは、なんといっても内陸デルタである。その理由は、内陸デルタにもっとも多くの魚が棲息しているためである。内陸デルタは、ニジェール川の上流に降った雨により、毎年9月から12月にかけて増水して、巨大な氾濫原となる。このとき、魚は水にのって氾濫域に入り、草を食べ、草のあいだに卵を産みつける。魚の成長と再生産のいずれもが氾濫域の形成と密接に関係しているのであり、統計をとると、内陸デルタの漁獲高と氾濫域の広がりの大小とが密接な関係にあることが確認されている。

それだけではない。内陸デルタには多くの牛が飼育されており、それらが大量の糞を残していく。内陸デルタが氾濫水におおわれると、それが水に溶解してプランクトンを発生させる。ニジェール川は栄養分に乏しい、貧しい川だというのが定説である。ところがこの内陸デルタの水だけは、牛の糞のおかげでプランクトンが多いことが確認されている。そのプランクトンを求めて魚が集まり、成長

潜水漁にもちいる２枚の手網を手にしたボゾ人の男

していくのだから、魚が多いはずである。半世紀前にこの地をはじめて訪れたあるフランス人研究者は、「ここには信じられないほどの魚がいる」と感嘆したが、それほど多くの魚が内陸デルタには棲息しているのだ。

ボゾの漁の仕方はさまざまである。私は多くの村でボゾの老人たちに話を聞いてまわったが、彼らが一様に言うところでは、もっとも古い漁具は舟の上から魚をつく銛と、水の流れに仕掛ける梁、そして小型の手網であった。現在でこそ輸入品であるナイロン製の大型の引網が幅を利かせているが、その導入は第２次世界大戦後であった。それまでは大型の網があるにはあったが、地元産の綿糸でできていたためにすぐに破れ、しかも水を吸って重くなるので、大量の労働力が必要だったというのである。

ボゾの人びとがおこなってきた漁のうち、もっとも特徴的なのは潜水漁であろう。ニジェール川

第23章
ボゾ

には人間の汚れであれ、田畑の汚れであれ、すべてが濾過されないままに流れ込んでいるのでつねに濁っており、膝までの深さの水に入ると足の指が見えなくなるほどである。そんな水のなかで、2枚の1・5メートルほどの小さな網を手にした彼らは潜水漁をおこなってきたのだ。

濁った水のなかで、彼らはどのようにして魚を見つけるのだろうか。話を聞くと、水のなかでは目をつぶり、耳だけで行動するという。近くに大きい魚がいれば、トゥクトゥクというたぶん心臓の音が聞こえてくる。それでそちらのほうに近づいていって、2枚の網で魚を挟み込むようにしてとらえるのだという。一方、大きなワニが近くにいると、ギシギシという皮のこすれる音が聞こえてくる。そんなときには、一目散に逃げるのだというのである。

近年ではこうした潜水漁は、一年でもっとも川の水が低下した時期におこなわれる集団漁のときに観察されるだけである。大型の網が幅を利かせた結果、ニジェール川の魚が減って、潜水漁で魚をとらえることが不可能になったというのだ。それでも集団漁のときには、川の水が少なくなっているので魚が一か所に集まってくる。それで、潜水漁でも魚をとらえることができるのである。その様子を観察していたが、潜って魚をとらえてくる漁師たちの目が濁っていないことに驚かされた。たしかに彼らはニジェール川のなかで、目を開けないで魚をとらえているのだ。

魚の生態や行動パターンにくわしい彼らは、工夫を重ねて漁具をつくり、それを組みあわせて大量の魚をとっている。彼らが今日好んでもちいる漁具に、ジェネと呼ばれる漁具がある。5メートルほどの大きさの木枠を細い木や蔓でつくり、その内側に網を張って、川幅いっぱいに並べておく。魚は一般に川の流れをさかのぼるかたちで移動するので、ジェネで川がふさがれていると、そのなかに導

川幅いっぱいに大型の筌ジェネを並べ、そこに魚を誘導してとらえるジェネ漁

かれていくという仕掛けである。

この漁は、投資が最小で済む割に、多くの漁獲を得ることのできる経済効率のよい漁である。その反面、男たちは毎朝水のなかに入って、魚でいっぱいのジェネの網をあげることが求められる。熱帯のアフリカとはいえ、この漁の最盛期の11月から3月は一年でもっとも寒い時期である。身を切られるような寒さに震えながら、ボゾの若い男たちはこの漁をおこなうのだ。

近年は乾燥化が進み、上流にいくつもダムが建設された結果、ニジェール川の水位も減り、ボゾのとる魚も激減した。とはいえ、内陸デルタではいまなお10万を超える人びとが魚を追って暮らしているのだ。

（竹沢尚一郎）

24

セヌフォ

★その言語、生業、親族、歴史★

セヌフォは、マリ南部からコートジボワール北部、ブルキナファソ南西部にかけて、内陸サヴァンナ地帯に居住する民族の名称である。文化的特徴について有名なのは、葬送儀礼、埋葬儀礼、供犠、呪物、仮面結社、母系社会、焼畑農耕民、仮面の木彫などである。近年の研究では、セヌフォの狩猟結社ドゾと秘密結社ポロが、コートジボワールの内戦で中心的な役割を担っていたことがわかっている。言語、生業、親族組織、政治組織、歴史的経緯の順でセヌフォ社会の特徴を示していこう。

言語については、ドゴン、ミニヤンカ、モシと同じ言語系統で、ニジェール・コンゴ語族ヴォルタ諸語系民族である。方言で大別すると、北部では、マリのシュピレ、ママラ、ブルキナファソのナネリゲなどのシュピレ方言集団、中央部では、マリのシェナラやコートジボワールのチェバラをはじめとしたセナリ方言集団、南部では、ブルキナファソのカラボロ、コートジボワールのタグワナ方言集団に分かれる。

生業については、基本的に焼畑農耕で、主にトウモロコシ、トウジンビエ、モロコシ、陸稲、フォニオ、ラッカセイなどを栽培する。コートジボワール、とりわけコロゴ県東部のセヌフォ社会では、ヤムイモなどの塊茎類も耕作される。なお、トウモロコシは宗教儀礼において贈答用として使用されるが、儀礼上の象徴的意義は高くない。食用作物の儀礼的重要度の視点から見たばあい、トウジンビエ、フタゴマメ、フォニオ、コメが重要である。他にも、ササゲ、オクラ、トウガラシ、シアーバターノキなどを栽培する。換金作物については、1970年代にコートジボワール繊維開発公社（CIDT）やマリ繊維開発公社（CMDT）に主導され、コートジボワール北部とマリ南部でワタ作付面積が急激に広がった。家畜は、ウシ、ヤギ、ヒツジ、ホロホロ鳥などを飼育する。

親族組織については、ネルバガとダアラという二つの親族範疇が重要である。まずネルバガとは、母の系列を辿ることで、親族における自己の位置を確認するための範疇である。一言でいえば、母系出自集団を形成する範疇である。現在では、この範疇に沿っての畑や動産の相続はほとんどおこなわれない。セヌフォ社会のネルバガは、むしろ葬送儀礼、婚姻儀礼、出産儀礼のような宗教的次元において重要である。

つぎにダアラとは、一般的には屋敷地に住む拡大家族のことであり、空間的に屋敷地の小屋の集まりを意味する。ダアラとは最年長者とその妻たちを中心に、寝食をはじめとした日常生活を送るための屋敷地を中心に住む人びとをあらわしている。また、ダアラの人びとは一緒に飲み食いする集団の単位だけでなく、しばしば生産と消費の単位でもある。ダアラの家長であるダラフォロが、村単位での政治的決定権をもっている。

政治組織については、儀礼的互酬関係に基礎をおく国家なき無頭社会の典型と目されてきた。中央集権的な政治組織はもたず、自律的な村落組織の固有性を支えるかのように、「土地の主タルフォ

秘密結社の加入儀礼

ロ」が各村落に必ず存在する。土地の主は、農耕儀礼、雨乞い儀礼、危機儀礼をはじめとした村の公的な儀礼執行者であり、しばしば司法的な性質も有する。「よそもの」が外部から移入し自分の畑をもちたいといった場合、まず「土地の主」に承認を得てはじめて耕作を開始することができる。またセヌフォ社会は、隣接民族の多くが王国を形成しては消失していったのとは異なり、一貫して王国をもつこともなかった。このようなセヌフォ社会の特徴は近年の歴史研究で明らかになってきている。くわしく見てみよう。

歴史研究によると、もともとマリ南西部の大都市ブグニの周囲に住み着いていたセヌフォは、徐々に東の方へ移動し、11世紀から12世紀にかけて現在の居住地域に移動した。13～15世紀に栄華をきわめたマリ帝国が東進したことによって、セヌフォは国内のブグニからシカソ地方へと追いたてられた。他方、コートジボワール中央部のカティオラ周辺でバウレ集団と出会うことで、セヌフォの南進はとまった。19世紀までの移住史でわかっているのはこれぐらいである。

19世紀に入ると、セヌフォ社会は大きく変容する。とくに1880年から1898年までのあいだに、約230キロメートルにわたるマリのシカソからコートジボワールのコロゴまでの地域は、根本的な社会構造の変化を被った。なかでも最大のものは、二つの軍事力に征服されたことである。つまり、マリのシカソにその防塁を築いたチエバ・トラオレとババンバ・トラオレ兄弟率いるケネドゥグ王国と、フランスによる植民地化への最大の抵抗者サモリ・トゥーレ率いるサモリ帝国の両方から、セヌフォの広大な地域が同時に征服されたのである。これにより、セヌフォ社会は少なからぬ変容を迫られたのであった。

出来事の経緯を遡ってみよう。1880年初頭、現ギニア北西部のニジェール川上流域のシギリに拠点をおいたサモリ帝国は、ニジェール川を上流域から侵攻したフランス植民地軍と出会い、激戦の末撃退される。フランス軍の侵攻により、拠点を失ったサモリ帝国は東に追いやられ、セヌフォ社会の中心部に位置するコロゴ周辺に移動してこれを征服し、第二サモリ帝国を築く。この征服は、セヌフォ社会に経済的、軍事的、政治的に多大な影響を与えることとなる。1890年初頭のことである。

他方、北部のセヌフォ社会も、この時代に激動の歴史を歩んでいる。シカソに本拠をおくケネドゥグ王国が、セヌフォ社会に勢力を拡大したからである。ケネドゥグ王国のトラオレ兄弟は、コロゴ首長制を攻め立てる一方で、フランス植民地軍に追撃されて東に移動したサモリ帝国と激しい攻防戦をセヌフォ社会内部で繰り返す。その激戦地となったのが、マリ共和国ミセニ周辺からシカソにかけてのフォロナ地方から、マリ共和国国境沿いのベンゲ、テンゲレラであった。この戦闘により、コロゴから北へ200キロメートルの範囲にあるほとんどの村が、サモリ帝国とケネドゥグ王国による焼き討ちにあった。とくに1887年から1889年にかけて16ヶ月のあいだ、サモリ帝国とケネドゥグ王国の戦闘は激しさを増し、村の焼き討ち、食糧略奪、捕虜略奪、またそれらによる村人の逃亡が後を絶たなかった。

このように、19世紀以降のセヌフォ社会の歴史は激動の歴史だったのである。

（溝口大助）

Ⅳ

四つの世界遺産と主要都市

25

ジェンネ

★西アフリカ千年の都市国家★

ジェンネはマリの中部、ニジェール川内陸三角州の南端に位置する都市である。1988年にユネスコの世界遺産に登録されたので、どこかでジェンネの写真や映像を見たことがある人も多いかもしれない。ジェンネの歴史は、現在の街の前身となるジェンネ・ジェノ（ソンガイ語で古ジェンネの意）を含めると2000年を超える。「古都」と聞いてネの名を挙げて日本人が京都を思い浮かべるように、マリ人はジェンジェンネの名を挙げるだろう。

ジェンネの街の内部は狭くて入り組んでいる。街の面積は1平方キロメートルに満たず、端から端までのんびり歩いても30分かからない。この限られた土地に、生業や言語を異にする10以上の諸集団からなる、およそ1万4000人が暮らしている（2009年現在）。

ジェンネの建物はすべて泥でできている。日干しレンガを積み重ね、その表面を発酵させた泥で化粧塗りした建築だ。こうした泥づくりの建物が、互いを支え合うようにひしめき合い建っている。家々の間を走る路地は細い。体を横向きにしなくては通ることができない路地もある。街の中心には壮麗で巨大な（縦横約75メートル、高さ約20メートル）大モスクがそびえ、街

第25章
ジェンネ

空から見た乾季のジェンネ。中央の大モスク、ひしめき合う家々、迷路のような路地からなる街が水辺に囲まれている

の公共空間である広場が設けられている。ジェンネを上空から眺めると、大モスクは街の心臓、路地は街の毛細血管のようだ。

街は周囲をニジェール川の支流バニ川のさらに分流に囲まれている。雨季から増水期のおよそ半年間は、ぐるりと水に囲まれた「陸の島」となる。この期間、ジェンネと外部をつなぐ陸のルートはごく限られ、街の入り口にある車一台がかろうじて通れる橋一本と、出口にある盛り土で築いた歩道のみになる。この歩道すら時に水没してしまう。この時期はカヌーが住民の足として大いに役立つ。水面ぎりぎりまで喫水したカヌーが、住民や羊を載せて静かに往来する。

このような一見不便に思える水に囲まれた狭い土地はしかし、これまで都市ジェンネの繁栄を支え、ジェンネの住民を守ってきた。ニジェール川内陸三角州の氾濫原に位置するジェンネ周辺では、牧畜、農業、漁業がさかんにおこなわれてきた。ジェンネには、それぞれの生業のスペシャリストであるフルベ、ソンガイ、バマナン、ソルコ（ボゾ）などの諸集団が、自然環境の共有と交換を続けながら暮らしている。言語の異なる隣人と暮らしているジェンネの人々は、自身の民族集団の母語の他に、隣人である他集団の言語も複数話すことができる。大人のなかには、五つの言語を問題なく使い分ける人も少なくない。

水に囲まれたジェンネは、サハラ交易中継地および交易品生産地としても重要な役割を担ってきた。ジェンネは15~16世紀ごろをピークに、商業都市としても発展した。岩塩、武器、宝飾品などの交易の品々が、ラクダの背に載せられてサハラの北から運ばれてくる。これらの商品はサハラ砂漠の南縁に位置するガオやトンブクトゥで、舟へと移される。そこから舟はニジェール川とその支流およそ500キロメートルを航行し、ジェンネまでたどり着く。ジェンネの人々はこれらの品をさらに加工したり、西アフリカ全域から集まってきた商人に卸したりしてきた。北からの流れとは逆に、南の熱帯雨林や湿潤サヴァンナ地帯からジェンネへも、金や綿、象牙が集まってくる。サハラ砂漠の北と南の品々がジェンネで一堂に会し、各方面へと流通していった。異なる人種や気候帯のはざまに位置し、港をもつ「陸の島」であることが可能にした、人とモノの交差点である。

こうした交易における重要性ゆえ、ジェンネはマリ帝国やソンガイ（ガオ）帝国の版図に含まれながらも、自治や独自の関税制度が認められた都市国家であった。かつて街の周囲は壁に囲まれており、壁には複数の門が設けられていた。門は昼のあいだ開け放たれ人とモノの自由な往来を許可し、夜は閉じられジェンネの住民と財産を守った。壁の一部は60年ほど前まで残っていたという。「もう奴隷狩りも外部からの侵攻もないんだから、壁も門も不要だよ」とジェンネの人はこだわりなく言うが、私はどうしても見てみたかった。門を開閉することで街が閉じたり開いたりするなんて、まさにジェンネの街、ジェンネの人々そのものではないか。

第25章
ジェンネ

大モスク前広場で開かれる月曜日の定期市

ジェンネの人々と暮らしていると、彼らの古都らしくツンと澄ました閉鎖性と、商都らしく外部者のあしらいに慣れた開放性の使い分けに翻弄されることがしばしばだった。まるで、閉じたり開いたりする門の前に立たされ続けた気分だった。それがジェンネに暮らして調査する楽しさでもあり、難しさでもあった。

交易をつうじて早くからサハラ北部のムスリム商人と接触があったことから、ジェンネは一帯の重要なイスラームのセンターとしても発展した。ジェンネの26代目の首長コイ・コンボロがイスラームに改宗したと言われるのが13世紀頃。彼の改宗にさいし、領内から「4200人のイスラーム学者を招いた」という伝承も残されている。ジェンネの路地を歩くと、あちこちからコーランを詠唱する声が聞こえる。現在ジェンネには50以上のコーラン学校があり、多くの子供や大人が学んでいる。近隣諸国から「留学」してくる者も少なくない。

ジェンネの街の活況は、サハラ交易がピークを過ぎた19世紀初頭にあっても健在だったようだ。1828年、ヨーロッパ人として初めてジェンネを訪れたフランス人探検家ルネ・カイエは、当時のジェンネの市場を以下のように描写している。「そこ（ジェンネの市場）にとても多くの人がいることに驚く。市場は品ぞろえが良く、生活に必要なものは何でもある。食料品を売りにきた人、塩やそのほかの品々を買いにやってきた外国人や周辺の村々の人たちが、常に競っていた」「市場のまわりには、高価なヨーロッパの品々も十分に取り扱っている商店が立ち並んでいる」「ジェンネの住民はとても勤勉だ。……彼らは賢い人たちであり、……ここでは、すべての人間が有用であった」——「アフリカの奥地」で目撃した市場の活況に目を見張るルネ・カイエの表情が浮かぶようである。

同じような表情を、現在のジェンネでも毎週見ることができる。大モスク前の広場で毎週月曜に開かれる定期市は、ジェンネ内外からやってきた人びとでごった返す。コメ、トウジンビエ、干し魚、サンダル、鶏、羊、古着、プリント布、焼き物、お守り、伝統薬、ラジオ、バイク部品、ネックレス、あらゆるものが売買される。欧米や日本からの観光客は、壮麗な大モスクすら背景に押しやってしまうような定期市の活気に、汗を拭き拭きカメラを向けている。

（伊東未来）

26

トンブクトゥ

★中世イスラーム文化の遺産★

トンブクトゥは、サヴァンナを流れるニジェール川がサハラの砂丘群に突き当たって大きく向きを変える大湾曲部に位置している。つまりこの都市はサヴァンナと砂漠という異なる生態学的ゾーンの移行部に位置しており、しかも水運という交通手段にも恵まれている。そのために古くから北のイスラーム世界と南の黒人系アフリカ世界という、二つの異なる文明圏の出会いの場となってきた。もともと砂漠のラクダ牧畜民トゥアレグ人の小さなキャンプ地に過ぎなかったこの都市が、サハラ越え交易の活況とともに交易都市として成長し始めるのは西暦12世紀ごろで、その後マリ帝国からソンガイ帝国の時代にかけて、「ビラード・アッ・スーダーン」（黒人たちの国々）で並ぶもののない交易都市として繁栄をきわめた。その時代を忍ばせるモスクや聖者廟を含むトンブクトゥの歴史地区が、1988年に世界遺産（文化遺産）に指定されている。

ところでこの都市の名は、英語では「ティンブクトゥ」とも呼ばれる。この方が現地での発音に近いのだが、マリを植民地化したフランスが「トンブクトゥ」を用いたので、マリでは現在でもトンブクトゥを正式の名称としている。

トンブクトゥは交易と学問という二つの顔をもつ都市である。以下にそれぞれの顔を見ていくことにしよう。

広大な砂漠は、横断の手段がなければ交通の障害である。だがアラブ人が砂漠を海に、ラクダを船に例えてきたように、手段さえあれば砂漠は海と同じように自由な交通の場になる。実際サハラ越え交易におけるトンブクトゥの位置は、砂の海を越えてきたキャラバンが積荷を下ろすサヘルの「港」に相当していた。主な商品は地中海世界の毛織物や金属製品、そしてサハラ砂漠の岩塩だった。それらの商品は、トンブクトゥから数キロ離れたニジェール川の港、カバラでカヌーに積み替えられ、川を遡ってサヴァンナ各地に運ばれていった。反対に南のサヴァンナや森林地方で採掘された金は、一度ニジェール川の商都ジェンネに集積され、そこからカヌーでニジェール川を下ってトンブクトゥにもたらされた。マリ帝国の最盛期にあたる14世紀ごろ、当時「スーダン」とよばれた西アフリカは旧世界の金産出量の4分の3をまかなっていたといわれるが、その大半はトンブクトゥをとおって輸出された。「スーダンの金」はヨーロッパに渡り、フィレンツェ、ジェノヴァ、ピサなど、ルネサンス期の北イタリア商業都市で金貨に鋳造されたのである。

こうして「黄金の国マリ」の名はヨーロッパにまで知れ渡った。1375年にマヨルカ島で作られたアフリカの地図には、金塊をもつマリの王カンクー・ムーサの姿が描きこまれている（第8章参照）。興味深いことに、ヴェネツィア出身のマルコ・ポーロが「黄金の国ジパング」をヨーロッパにはじめて紹介したのも大体同じ時期のことなのである。

サハラとサヴァンナを結ぶ交易は、さまざまな民族のムスリム商人によって、イスラームの商慣習

大モスクの外観［提供：UN Photo/Biagoje Grujic］

にしたがって運営されていた。そのためトンブクトゥは、宗教上の必要だけでなく商取引にまつわる法律上の問題を処理するためにも、イスラームの宗教・学問都市として成長していった。

マリ帝国の王カンクー・ムーサはメッカ巡礼（1324年）の帰途スペイン・アンダルシアの学者を招来し、トンブクトゥに金曜礼拝のための大モスク（ソンガイ語で「ジンガレベル」）を建設させたことで知られている。もうひとつの重要なモスクであるサンコーレ・モスクは、ほぼ同じ時代に裕福なトゥアレグ人女性の寄進によって建設され、トゥアレグやベルベルなどサハラの白人系イスラーム学者たちが集う研究と教育の中心となった。ここからはソンガイ帝国末期の偉大な学者アフマド・バーバーが出ている。他方スィーディー・ヤヒヤー・モスクはトンブクトゥのもうひとつの重要なモスクで、こちらはワンガラとよばれる黒人系の学者が代々のイマームを務めた。こんなところにも、異なる文明の出会うコスモポリタンな交易・学問都市トンブクトゥの姿がうかがえるだろう。

だがトンブクトゥの繁栄はイスラーム世界の盛衰に左右された。いわゆる大航海時代になると、ヨーロッパ勢力が世界交易の構造を変えていく中で、トンブクトゥもその影響をこうむることになる。ポルトガルの侵略にさらされていたモロッコは、スーダンの金を直接押さえようとして1591年にトンブクトゥを侵略、占領した。これがきっかけでソンガイ帝国は崩壊し、サハラ越え交易は次第に重要性を失っていく。しかしその後もヨーロッパ人の空想の中では黄金の町トンブクトゥのイメージは生き続け、18世紀から19世紀にかけて多くの探検家の目標になった。だが1828年に、決死の旅の末ついにトンブクトゥに到達したフランス人探検家ルネ・カイエが目にしたのは、もの悲しくさびれた泥の町に過ぎなかったのである。

アフマド・バーバー・イスラーム高等研究院所蔵の文書［提供：UN Photo/Marco Dormino］

こうしてサハラ越え交易の衰退によって経済上の重要性は失ったが、トンブクトゥの歴史的・文化的重要性はむしろ20世紀に入ってから増している。というのも、固有の文字を生み出さなかったサハラ以南アフリカにおいて、イスラームの学問都市トンブクトゥはアラビア語で書かれた歴史資料の宝庫だからである。数世紀にわたる学者たちの著作活動が生み出した膨大なアラビア語文書は、マリだけでなくアフリカ全体の重要な文化遺産である。そうした古文書は、今日ではマリ国立の「アフマド・バーバー・イスラーム高等研究院」を中心に保存と研究の体制が整備され、「マンマ・ハイダイラ図書館」、「フォンド・カティ図書館」、「アル・ワンガーリー図書館」など、いくつかの私設図書館も外国の援助を受けて整備が進んでいる。

ところが、2012年の春におこったトゥアレグ人の独立運動の中で、イスラーム過激派組織の手によってトンブクトゥのモスクの一部や聖者廟が破壊され、「アフマド・バーバー・イスラーム高等研究院」の古文書も破壊されたという報道がなされた。そのため危機感を強めた世界遺産委員会は、トンブクトゥを「危機遺産」に指定した。だが2013年1月にフランス軍とマリ軍によってトンブクトゥが奪回されたあと、幸いなことに古文書類の大半は安全なところに避難され、無事だったことがわかった。今後マリの政情が安定する中で、「アフマド・バーバー・イスラーム高等研究院」を中心にトンブクトゥのアラビア語文書の研究が進み、アフリカ史の新たな理解がもたらされることが期待される。

（坂井信三）

27

ドゴン

―― ★バンジャガラ断崖に守られた山の民の伝統文化★ ――

首都バマコから東へ、マリ中央部を貫いてガオまで行く1200キロメートルの幹線道路のほぼ中間地点にセヴァレの町がある。そこで左折すると、美しい泥のモスクで知られるニジェール川の港町モプチにいたる。反対に右折すると、風景は次第に砂岩の岩盤が露出した荒れ地に変わり、やがてバンジャガラ断崖にいたる。標高差100メートル以上、足元からほとんど垂直に崩れ落ちたような断崖に立つと、はるか遠くブルキナファソまで砂塵にかすむ大平原が見わたせる。このバンジャガラ断崖とその北に連なるホンボリ山塊が、ドゴンとよばれる人々の居住地である。

今日推計70万の人口を数えるドゴン人は、崖と岩山で分断された断崖地方のあちこちに散在する村に住んでいる。ドゴン語はマリの主要言語であるマリンケ語やバマナン語とは別系統のヴォルタ系に分類されるが、谷ごと、山ごとに方言差が非常に大きい。植民地化以前には人々のアイデンティティも地方ごとにばらばらだった。だが住民を民族に分類して統治する植民地政策と民族学者たちの調査研究をとおして、彼らは共通する言語や文化の特徴によって「ドゴン」という一つの民族にまとめ

第27章
ドゴン

ドゴンの村（ソンゴ）の全景

られたのである。

ドゴンが1989年に世界遺産に登録されたのは、バンジャガラ断崖という土地の特異な景観と、そこで生活する彼らの文化の独自性による。実際多くのドゴンの村は、容易に近づけない絶壁の岩棚や、崩落した巨岩が折り重なった山裾などに作られている。サヴァンナを支配する広域国家の軍事力は騎馬軍だった。だが騎馬軍は岩山に近づけない。おかげで彼らは、ニジェール川中流域に支配を広げたソンガイ帝国、バンバラ王国、フルベ人のジハード国家などの支配を逃れて、独自の生活スタイルを残してきたのである。

立方体の形をした泥レンガの家、円錐形の茅葺き屋根をのせた穀物倉、装飾をともなったファサードをもつ首長の家、トウジンビエの茎を何重にも積み上げた屋根をもつ男子集会所などの建物が、急傾斜の岩山に折り重なるように建てられている村は、他では見られない独特の景観を生み出している。だが岩山には土壌がない。農民であるドゴンは、岩盤の上にわずかの土を大切にためて棚状の畑を作り、トウジンビエや陸稲の根方にひと株ごとに堆肥を盛り、入念に手入れして穀物を育てる。乾期には岩の裂け目にたまった水を利用してタマネギ、タバコなどの作物も作る。こうした集約的な農耕法は、他のサヴァンナの農民には見られないドゴン独特のもので、そのため彼らはマリでも働き者の民族として知られているのである。

ドゴンの伝統文化は、フランスの民族学者たちによって詳しく研究されてきた。１９３１年にダカールからジブチまでアフリカ大陸を横断する調査旅行をした民族学者マルセル・グリオールは、その途中でバンジャガラ断崖を訪れ、フランスの植民地支配に容易に服従しようとしない岩山の民ドゴンに出会った。ちょうど彼らが滞在していたとき、仮面結社の長老の葬送儀礼があったことも、彼らの興味をかき立てた。それ以来、マルセル・グリオール、ミシェル・レリス、ジェルメーヌ・ディーテルランらの民族学者はバンジャガラ断崖のサンガ地方の村々で毎年何ヶ月か、継続して調査を続けるようになった。その成果は『水の神』（原著１９４６年）、『青い狐』（原著１９６２年）の著作にまとめられ、邦訳も出版されている。30年以上にわたった彼らのドゴン研究は、フランス民族学によるアフリカ研究の代表例として知られている。

彼らの研究は、サンガを中心とする村々の仮面結社の儀礼とそれにまつわる創世神話に集中している。なかでも60年に1回、断崖地方のいくつもの村を巻き込んで何年かにわたって挙行されるシギとよばれる大祭は、１９６７年から１９７４年にわたってジャン・ルーシュの手で撮影され、映像人類学の記念碑的作品になっている。この儀礼は、西アフリカ原産の穀物フォニオの極小の種から螺旋状に渦巻きながら全宇宙が発生してくる様子を語る壮大な創世神話を、村々の仮面結社に所属する青年たちがジグザグにうねりながら行進する踊りで再現し、あわせて、最初に死んだ祖先を表す大蛇の形の木柱を60年に一度新しく作り直し、子孫と穀物の生命力に対する守護を願う祭とされる。また結社員の葬儀には、さまざまな動物や民族をかたどった仮面が登場し、アクロバティックな踊りが披露される。

創世神話と深い関わりのあるキツネ占いもおこなわれている。神の創造によって最初に生まれた精霊は神に反抗し、そのためキツネの姿に変えられて荒れ地に追放された。だが神の創造の計画を盗んだキツネは、夜の間に村の周辺に足跡を残し、神の秘密を人間にもらすことができる。その足跡を読み取るのがキツネ占いである。今でも、早朝、畑のそばに残されたキツネの足跡を読む老人たちの姿を見ることができる。

こうした神話と儀礼は、マリ帝国を担ったマリンケ人の文化と共通点が多い。そこでドゴンはイスラーム化される以前の西アフリカ農民の伝統的文化をよく保

ドゴンの村の集会所

存しているとみなされ、その点が特異な景観とあわせて世界遺産としての価値が高いと評価されたのである。

もっともこうした伝統文化は、保存の対象とされることによって本来の生活的なあり方から変質してしまう危険もある。実のところドゴンの村々では、現在イスラーム化が進みつつある。バンジャガラ断崖の伝統的な景観の村にもモスクが次々と建てられている。イスラームを受容した人々にとって、仮面結社の儀礼は宗教としての意味を失い、保存すべき伝統芸能、あるいは観光客相手のアトラクションになっている。またシギの祭の意義も変容している。断崖地方の村から村へ順番に受け渡されて挙行されるシギの祭が全体として創世神話を再現しているという解釈は、長年の調査による民族学者たちの包括的な結論であり、おそらく祭を行っていた村人たちの解釈と同じではない。というのも、ほとんどの人は自分の村の祭だけしか知らないからである。しかも60年に1回の祭を経験したことのある老人はごく少ない。だから全体としては言い伝えに従いながら、細部においてはその都度新たに創造されていく、シギとはもともとそういうダイナミックな側面をもつ祭であったと考えられる。だが今では前回の儀礼がフィルムに記録され、DVDになって流布し、民族学者の説明にそって標準化された解釈によって世界遺産に登録された。その解釈を村人たちも次第に受け入れるようになっていくだろう。次にシギの祭が行われるのは2020年代の後半になるはずだが、そのとき祭はどのようになっているだろうか。

（坂井信三）

28

ガオ

★王朝の盛衰を見つづけてきた都★

ガオ市は人口約10万。サヘルと呼ばれる乾燥地帯に属するが、サハラ砂漠の南側を横切って流れるニジェール川に面しているおかげで、飲料水や農業用水に困ることはない。ガオ州の州都であり、マリ東部の行政と経済の中心地である。と同時に、ユネスコの世界文化遺産に登録されているアスキア・ムハンマドの墓所を中心とした歴史地区を抱える観光名所でもある。

ガオ市は年間降水量が300ミリメートル程度の乾燥したサヘル地帯に位置しているので、都市の外に一歩出ると、赤茶けたラテライトの台地と砂地がただ茫漠と広がっている。しかし、一年中涸れることのないニジェール川にうるおされているおかげで、ガオの周囲は水田にとりかこまれ、かなりの人口を養うことが可能になっているのだ。

西アフリカ最長の河川であるニジェール川は、大半が乾燥地を流れており、雨量が多いのはギニア山地にある上流地帯だけである。その地とガオ市とは約2000キロメートル離れているので、上流地帯が雨期である5～9月のあいだに降った雨がガオ市にいたるのは2～6月である。乾燥期のまっただなかで川の水だけが上昇していくのを見るのは、不思議なものである。

しかしそのおかげで、水位の上昇期と雨期にかけての2～9月にガオ市の近辺では水があるので、農耕が可能なのだ。

ガオ市の人口の多くは、マリの東部から隣国ニジェールにかけて広がるソンガイ人であり、彼らの生計はニジェール川の自然氾濫を利用した稲作と漁業によって担われてきた。人口規模でつぎにくるのが、サハラ砂漠の遊牧民であるトゥアレグ人である。その社会は過去に多くの農耕奴隷や職業集団を吸収していたが、後者の多くは1980年代の大干ばつののちに砂漠を離れ、難民としてニジェール川沿いの都市に移住した。そのため、ガオ市とその近郊には今も彼らのテントが数多く立ち並んでいる。

トンブクトゥとともにマリ最北の都市であるガオは、古くからサハラ縦断交易の要衝としてさかえてきた。北の地中海地方からサハラ砂漠を越えて南に向かうキャラバンが、第一にめざした土地がガオだったのである。ガオの歴史は古く、7世紀前半にはすでにこの土地でサハラ交易がかなりの頻度をもっておこなわれていたことが、地中海世界から運ばれてきたガラス製ビーズが私たちの発掘によって発見されたことで、確認されている。7世紀前半といえば、イスラーム勢力が北アフリカに侵入して、地中海の東西をむすぶ交易ネットワークを完成させたのが8世紀の半ばなので、それより1世紀以上さかのぼる計算になる。

おそらくこの時期にはガオと北アフリカを結ぶ交易が十分に確立されており、それにもとづいて強力な国家が築かれていたのだろう。872年前後に書かれたあるアラビア語史料は、当時のガオについて、「黒人の土地でもっとも大きく、もっとも重要で強力なものだ」と書いている。西アフリカに

第28章
ガ　オ

世界遺産に登録されている、16世紀初頭に建設されたアスキア・ムハンマドの墓所

ガオという都市が存在することは、この記録が書かれたメソポタミアの土地まで知れ渡っていたのだ。その後、ガオにはいくつもの国家が生まれていたことが、トンブクトゥで17世紀に書かれた歴史書や、私たちがガオ市でおこなった考古学の発掘によって確認されている。なかでも重要なのが、15世紀の半ばに版図を著しく拡大したソンニ・アリ王らのソンニ朝であり、1498年にあとを襲ったアスキア・ムハンマドのアスキア朝であった。これらの時期にガオ王国（ないし帝国）の版図は大きく拡大し、マリだけでなく、隣国のニジェール、ナイジェリアの北半分、ブルキナファソの大半を支配する一大国家となったのだった。

ガオ市には、このアスキア・ムハンマドが生前に（16世紀初頭）、みずからの墓所として建築した巨大な施設があり、2003年にユネスコの世界文化遺産に登録されている。これは日干しレンガを積み上げて築いたものであり、その圧倒的な量感は一種異様な雰囲気を漂わせている。とりわけ日干しレンガで埋め尽くすことで内部に空間をもたないその形態は、トンブクトゥ最古とされるサンコーレ・モスクの尖塔とも共通

フランス植民地時代に再建されたガオの町並み

するものであり、西アフリカの初期の大規模建造物に特徴的な形態と解釈されている。

それに加えて、この建造物のすぐ近くには、私たちの発掘によって発見された総石造りの大規模建造物が存在しており、これは10世紀半ばから11世紀にかけて建てられていたものであることが確認されている。かくしてガオ市の北側に位置するこの地区では、千年以上の歴史の流れを間近で観察することができるのであり、ガオは西アフリカでも有数の歴史をもつ古都なのだ。

このように繁栄と拡張の頂点にあったガオ帝国であったが、その栄光は長くはつづかなかった。西アフリカの金の交易を独占しようとしたサード朝モロッコはガオに遠征軍を派遣し、騎馬隊を中心としたガオ帝国軍はモロッコ軍の鉄砲の前に敗れ去った。その後、モロッコはサハラ交易を独占するべくトンブクトゥとジェンネを直接の支配下に置き、ソンガイ軍はこれに対してゲリラ戦で抵抗をつづけた。その上、15世紀半ば以降ギニア湾岸でヨーロッパ交易が盛んになることによって、ガオの繁栄を支えていたサハラ交易の重要性は失われた。その結果、19世紀の半ばにドイツの探検家であるハインリッヒ・バルトがこの地をおとずれたとき、ガオは人口1500あまりの寒村にまで零落していたのである。

その後ガオ市は、19世紀末にマリ全土を掌握したフランスによって再建されることになる。フラン

ニジェール川から見たガオの港

スは、アフリカ大陸のほぼ中央に（ガオから見れば東方に）位置するチャド湖にかけて支配を進めていくための一種の軍事都市として、ガオ市を再建した。そのため、今日のガオ市は広い道路が砂地の上を碁盤の目状に整然と走る設計になっており、一軒一軒の家の敷地も広くとられている。アフリカの都市の多くは、家々が建て込み、市場や商店が入り組むことで猥雑な雰囲気をかもし出していることが多いが、ガオ市はそれとは無縁な、乾いた印象のある都市なのである。

ガオ市はマリの中でも北方に位置しているので、街を歩くと、熱帯アフリカと地中海世界とが入り混じったような雰囲気がある。とりわけ北アフリカ出身のモール人（英語読みではムーア人）が多く住み、活発な商業活動をおこなっている。彼らの商店をおとずれたなら、サハラ砂漠を越えて運ばれてきた絨毯や衣服、食料品が山積みされているのを目にすることができるだろう。千数百年にわたってガオの繁栄を支えてきたサハラ交易は、規模を縮小したとはいえ、今もなおつづいているのである。

（竹沢尚一郎）

29

バマコ

★村社会で形成される都市★

バマコはマリ西南部の山に囲まれた平原で、東西に貫流するニジェール川を挟んで267平方キロメートルに広がっている。2012年時点のバマコの推定人口は約190万人で、マリの全人口の12・5%、都市人口の約30%を占めている。マリの人口の大半（65%以上）は農業を中心に生活の資を得ているのに対し、バマコでは第2次、第3次産業が中心で、住民の80%がインフォーマルセクターに従事している。バマコにはマリ各地から流入してきた複数の民族が共存しているが、共通語としてバマナン語が主に話されている。バマコはバマナン語で〝ワニのいる川〟を意味している。バマコの市章は3匹のワニで、これが出生証明書に入っていることが一種のステイタスである。

バマコは18世紀には農業と漁業を営む数十人程度の集落で、19世紀末においても人口は数百人に過ぎなかった。1883年にマリはフランスの植民地の一部となり、建設中だったバマコ－ダカール間の鉄道の完成によって、バマコは1904年にフランス領西スーダン（現マリ）の首都となった。バマコは海に面するダカールから来る鉄道と、マリのほぼ全域を流れるニジェール川とをつなぐ商業と流通の結節点である。のち、19

バマコ遠景

60年9月22日に、独立した新生マリ共和国の首都となった。
バマコは1982年の法改正により、特別区自治権が与えられた。また1993年に、法人格と財務自治が与えられたディストリクトとなった。それまでのバマコは複数の小さい単位の近隣住区に分かれていて、統治が難しかったが、ディストリクトになってから六つの行政地区（コミューンと呼ばれる）に分けられた。そのうち、ニジェール川左岸に第1～4区、右岸に第5～6区がある。

左岸の面積は約115平方キロメートルで、人口は75万人である。第1区には東方へと新しく区画整理された地区と、新旧不法占拠地区が含まれている。近年、ここでは海外在住マリ人向けの住宅地が積極的に開発されるなど、かつての不法占拠地区のイメージが改善されつつある。第2区はニャレラやボゾラなどの伝統的な旧市街地と、植民地時代に開発された中心市街地、マリ唯一の鉄道駅、中央市場、中央郵便局、文化とスポーツ施設等が集中する地区である。また、植民地時代から存在しているアスキア・ムハンマド高校や高等教育機関（バマコ大学の経済学部、法学部、マリ工科大学）、大学管轄の総合病院であるガブリエル・トゥーレ病院などもこの地区にある。また、マリの旧産業地帯（マリの産業の80％）も位置しており、犯罪率の高い地区でもあるとされている。

第3区は、ディビダニ等の市場や、銀行、大使館、国際機関やホテル等が位置するバマコの行政や商業の中心地区である。この地区には、お洒落なカフェやレストランも多く、かつては若者の、現在は若者「だった」世代の遊び場としても知られている。また、マリの中央ラジオ・テレビ局（ORTM）もこの地区に位置している。第4区には、軍隊の拠点や、新規開発された住宅・行政地区のACI2000や省庁が集まる新しい行政都市、また現大統領の居住地区がある。バマコの中でもこの地区は富と権力の象徴とされる反面、ギニアにつながる不法占拠地区や、かつて隔離されていたハンセン病患者の収容地区も位置している。

右岸の面積は約130平方キロメートルで90万人を超える人口が居住している。第5区には独立後に新規開発された地区が多く、国営の住宅供給公社（SEMA）が開発した公務員向けの住宅地であるバダラブグとそのエクステンションがある。バマコ大学の教養学部を含む教育地区のほか、大使館や国際機関等の地区、宅地開発された地区や空港ゾーンも位置している。第6区は全区のなかでもっとも広く、バマコの新しい道の駅や商業施設の集中する市場、様々な行政機能が移転されている。

ほとんどの行政地区、商業地区、高等教育機関が左岸に位置し、右岸は主に居住地として開発された。現在3本の橋が両岸をつないでいるが、朝の右岸から左岸へ、夕方の左岸から右岸への交通渋滞が非常に深刻な問題となっている。

バマコの年間人口増加率は5・4％である（2009年）。1883年にわずか数百人だったバマコ

バマコの街中の様子

の人口は次第に増加を続け、独立直後の1965年の国勢調査では16万人にのぼった。1965年のバマコ最初のマスタープランは、旧植民地政府により計画されたものにマリ政府が修正を加えて完成した。以来5年ごとに改定が行われている。バマコの街は、このマスタープランによって旧市街地、新市街地、商業地区、行政地区（教育施設も含む）、居住地区、郊外に分類されている。しかし、独立から現在に至る急激な都市化により、マスタープランの改訂も現実の都市の広がりと人口の増加に追いついていない。近年では、地方からの人口流入の増加により、衛生環境問題やゴミ処理問題等が社会問題化している。

市民の交通手段は、自家用車、バイク、そして公共交通手段である。公共交通手段には三つのタイプがある。かつてソトラマ社が始めた緑色の乗り合いミニバス・バン（すべての乗り合いミニバスがソトラマと呼ばれているが、実際はトヨタのハイエースが多い）、黄色のタクシー、そして大型バス（数はまだ少ない）である。バスやタクシーの料金は国の交通局によって決められているが、タクシーの場合は交渉で決めることも多い。近年、中国や韓国ブランドの新車のタクシーが見られるようになったが、基本的には自家用車として使えないほど老朽化した車が公共交通に使われることが多い。そのため、整備不良による事故も多発している。

バマコはマリの現代文化、教育、政治と商業の中心地でもある。バ

アフリカ連合塔

マコ大学や、国立医科大学校、国立工科大学校、教育大学校（バマコ大学の科学技術学部）などの国立高等教育機関がバマコに位置している。

かつて「巨大な田舎」とも呼ばれていたバマコは、急速に近代化しつつある。２００２年に行われたサッカーのアフリカネーションズカップや、２００５年に開催されたフランス・アフリカ首脳会議などの国際会議を機に、国際水準のホテルや道路整備、インターネット環境などの充実が進められ、現在は観光やビジネスにとって最適な環境を提供できる都市に成長している。

また、バマコを西アフリカの中心的な都市にする計画「バマコ・オリゾン２０３０」が現在進められている。空港の拡大、大学の郊外への移転、工業地帯の移転等のための予定地が開発され、バマコの拡大と整備が進行中である。西アフリカの交通ネットワーク促進を目的に建設が始まったアフリカ・トランスロードがバマコを経由するほか、ダカールとバマコを結ぶ鉄道の近代化も進められている。バマコは今後、西アフリカの教育、ファッション、文化の中心都市となる意気込みで、様々な計画を打ち出している。

（ウスビ・サコ）

コラム1

マリ国立博物館

竹沢尚一郎

マリの国立博物館は、首都バマコの北側、大統領官邸やポワンジェー病院、国立文書館、動物園などが建ち並ぶ、マリの政治と文化の拠点の一画を占めている。開館は、フランス植民地時代の1953年であり、フランス植民地政府の高等研究機関であるフランス・ブラックアフリカ研究所（IFAN）の一部として設置された。2002年にはヨーロッパ連合の資金援助によって建物と展示手法が全面的に更新されて、現在にいたっている。

緑の多い広大な敷地に、常設展示場と企画展示場を擁する建物をはじめ、コンサートや映画会のおこなわれる大小のホール、食堂と事務棟などが別々に建てられている。また、中庭にはマリ人の手になる現代アートの作品もいくつか置かれており、ゆっくりと時間をかけて楽しむことができるよう、十分な配慮がなされている。レストランの料理は、外国人の来館者向けに、ココナツクリームやレモングラスなどを加えたエキゾチックな西洋料理であり、定食で5000セーファー前後（約1000円）とマリの物価からすれば安くはないが、外国人旅行者にとっては手ごろな価格に設定されている。

常設展示は大きく二つにわかれている。最初のコーナーは、考古遺物を中心に、マリをはじめとする西アフリカの歴史を示すコーナーである。日本でいえば縄文時代にあたる紀元前の土器をはじめ、サハラ交易の産物であるガラス器や金属器、テラコッタ製の人形やドゴン地方の銅製品などが並べておかれることで、西アフリカでもっとも豊かな歴史をもつマリの過去が理解できるように配置されている。マリの考古遺跡は、高い値段で取り引きされるテラコッタ像を取りだすための盗掘によって破壊されているケースが多いので、それへの警戒を呼び掛けることと、旅行者が誤ってそれらの品を購入することがないよう警告することも、このコーナーの目的のひとつである。

モダンと伝統、洋風と土着とがミックスした国立博物館の展示室

この考古・歴史のコーナーを抜けると、マリの複数の民族の仮面がおかれた小さなコーナーがあり、それに引きつづいて、マリの各地から集められたさまざまな布を展示する第二展示室がある。

マリの織物は幅の狭い水平式の織機によって織られるものであり、千年におよぶ歴史をもつだけに、民族ごとにさまざまな種類がある。経糸に綿糸をもちい、紺や茶色に染めた羊毛の緯糸を織り込むことで幾何学模様を浮き上がらせた、フルベ人のカーサと呼ばれる布。赤、青、黄、緑、オレンジなどの、10センチメートル四方の原色の正方形を縫い合わせたバマナンのカロカロと呼ばれる布。とくにドゴンの人びとが好む、白とインディゴ青の縞模様や市松模様が素朴な美しさをたたえた綿布。さらに、バマナンの人びとを中心にとくに南部の諸民族が好む、川底の泥からとった黒や茶の顔料で染めたボゴランの布。これらの布からなるこのコーナーは、それぞれの布の配色があざやかなだけでなく、布を丸めて高く立てたり、布を開いて天井からぶら下げるなどの工夫がなされており、きわめておしゃれな展示となっている。

　館長のサミュエル・シディベ氏はもともと考古学が専門だが、大規模な国際展示をいくつか組織したことで海外でも名高いキュレーターである。彼の代表的な仕事は、マリをはじめ、ギニアニジェール、ベナン、ナイジェリアなど、ニジェール川に面した国々が合同で企画した国際展示『ニジェール渓谷』の実施であり、そのカタログは大部な著書として出版されている。彼によれば、アフリカのミュージアムは海外の旅行者だけがおとずれる傾向があるが、それでは国民にとって真に有意義なものとはなりえない。そのために、毎週木曜日の夕方には閉館時間を延長して、コンサートや映画会等を定期的に開催することで、バマコの市民にも足しげくおとずれてもらえるよう工夫をしているとのことであった。

ミュージアムの中庭にはマリ人作家による現代アートがおかれている

　おそらく彼の嗜好なのであろう。モダンと伝統、洋風と土着、歴史とアートがほどよく混じりあった建物であり、展示である。バマコに滞在することがあれば、ぜひ足を延ばしていただきたい施設の一つである。ニジェール川に沈む夕陽とともに、バマコの思い出をより深めてくれるのは間違いない。

30

モプチ

★マリのヴェネチアと呼ばれる水の都★

マリの地図を広げたなら、モプチがそのど真ん中に位置していることがわかるだろう。首都バマコにつぐ商業都市であるモプチは、2005年の時点で人口約12万。マリ第四の都市であるだけでなく、マリの西方に位置する首都バマコと、開発が遅れている北東地域とを結びつける物資の中継地および集散地である。と同時に、ニジェール川最大の港湾と空港をもち、複数の幹線道路が集まる交通の要衝でもある。

マリの二大河川であるニジェール川とバニ川が交わる地点に位置するという地理的条件により、モプチにはマリ国内だけでなく、南方のギニア湾に面した諸国や、北方の地中海沿岸諸国からの物産も集まってくる。それに加えて、マリの畜産物と農産物の最大の生産地であるニジェール川内陸デルタが脇にひかえていることもあり、モプチにはあらゆる商品が集まると言われている。日本でいえば、さしずめ商都大阪といったところか。たしかに、港湾を中心とした商業都市であることに加え、街の猥雑な雰囲気や住民のせっかちさと抜け目のなさなど、両者のあいだには多くの共通性がある。

とはいえ、ほとんどの日本人にとってモプチがもつ意味は観光拠点としてのものであろう。マリにはユネスコの世界文化遺産が四つあるが、モプチはその中央に位置している。首都から車で7時間、バスだと12時間かけてモプチにたどり着くと、世界遺産はもうすぐ近くだ。世界遺産のひとつであるジェンネまで車で2時間、ドゴンの土地へも2時間、ガオに7時間、そしてトンブクトゥには砂の上を走って10時間。マリの世界遺産をおとずれようと思うなら、モプチを通過しないで済ませることは不可能なのだ。

もしモプチをおとずれたなら、うるさいぐらいに自分を売り込む観光ガイドに閉口させられるだろう。モプチは世界遺産のひとつであるドゴン地方への入り口であり、ここで良いガイドを見つけられるかどうかにドゴン観光の成否がかかっているといっても過言ではない。それに加えて、サハラ砂漠に面したトンブクトゥをおとずれるためにも、あるいはガオの世界遺産を見るためにも、モプチは必須の通過地点なのだ。

しかし、この街をじっくり見ていったなら、モプチには通過地点という以上の良さがあることがわかるだろう。しばしば「マリのヴェネチア」と称されるモプチには大きな港があり、いく艘もの輸送船が忙しく荷下ろしや荷揚げをしている姿が見られるはずである。山のように積み上げられたマンゴーやスイカ、強烈な匂いをたてる燻製魚などの商品とともに、忘れてはならないのはサハラ砂漠の塩山から運ばれてくる塩の板だ。長さ1メートル、幅40センチメートル、厚さ5センチメートルほどの大きさに切りそろえられた塩の板は、ラクダの背に揺られてトンブクトゥまで運ばれ、その外港で舟に移し替えられてモプチまで運ばれてくる。それをモプチの商人は小さなかたまりに割ったうえで、さらに南方の地方へと輸出していくのだ。

サハラから運ばれてきた塩の板が並べられたモプチの港

モプチにはもうひとつ忘れられない光景がある。モプチは、ニジェール川の最大の支流であるバニ川に沿って長く延びた街なので、どこからでも川を眺めることができる。夕方、陽が沈みかけたころに川辺に立ったなら、水浴びをしている子供や、食器や衣服を洗っている女たちの姿が見られるだろう。そしてその向こうには、ボゾ漁民のあやつる小舟が何艘も逆光のなかに浮かび上がっているはずである。とった魚をモプチの市場に売りにきた彼らは、いくらかの穀物と野菜を手にしてそれぞれの村へと舟に乗って戻っていくのだ。

マリ有数の商業都市として栄えているモプチであるが、その歴史はそれほど古いわけではない。砂漠の入り口に位置しているために、つねに食料の欠乏に悩まされてきたトンブクトゥに物資を運んでいく起点は、数百年、いや千年ものあいだ、より南部に位置するジェンネであった。その中間地点に位置し、ふたつの河川の交わるモプチは、葦が生い茂る湿地に漁民がもうけた漁業キャンプでしかなかった。

ところが、19世紀の末にフランス軍がマリ全土の支配を完了させると、状況は一変した。ニジェール川の上流に位置するバマコに総督府を建設したフランスは、水上交通を利用してマリの支配と開発を進めようとした。この観点からすると、ニジェール川の本流ではなく、支流のバニ川に面するジェンネはフランスの希望に添うことができなかった。そこでフランスは、ふたつの川が交わる湿地帯に10キロメートル以上にわたって堤防を築き、その上に道路を走らせ、港を建設することで、今のモプチ市の基礎を築いた。その後フランスは、マリ中部を有効支配するために軍事基地と州政府を設置し、ニジェール川の港湾を整備することで、モプチを中部の中心都市へと育てていったのだ。

開港前の1905年には900でしかなかったモプチの人口は、豊かな内陸デルタを後背地にもつこともあり、飛躍的に伸びていった。1920年には3500、1938年には5000、1952年には1万1500、1960年には1万9500と、その人口は倍々ゲームでふえていった。とりわけ、アフリカ諸国がいっせいに独立した1960年前後には、ギニア湾に面した諸国でカカオとコーヒーの生産が飛躍的に高まったことで、内陸デルタはそこへの肉と魚と穀物の供給基地として空前の発展を見た。モプチはそれらの物資の積出地として、そしてその見返りに運ばれてくる機械類やガソリンの受け入れ口として、さらに発展していったのだ。

残念なことに、2012年1月にマリ北東部を中心とするトゥアレグ人の独立運動が激化し、マリ国内が二分されるほどの内戦が勃発した。その結果、モプチは戦闘を継続するための補給基地になるのと並行して、北部や東部から避難してくる避難民を受け入れるためのキャンプがいくつも設置された。

戦闘行為はフランス軍の介入によって数ヶ月で収まり、マリ全土で一応の治安と平和の回復を見ている。しかし2014年3月の段階でも、モプチ市以東および以北への外国人の立ち入りは禁止されている。そのため、観光客がまったくいなくなり、物資の輸送も少なくなったモプチは、死んだ街のようになっているかもしれない。一刻も早く完全な平和がおとずれ、人間と物資の往来がふたたび盛んになってモプチに活気が戻ってくることを、祈るばかりだ。

（竹沢尚一郎）

31

セグ

★歴史と対話できるまち★

小学校4年生から中学校3年生までを過ごした、私にとって第二の故郷とも呼べるセグはマリ中南部、ニジェール川沿いに位置し、首都バマコから約240キロメートル離れている。マリで3番目に大きな面積の都市である。人口は約14万人であり、マリ行政区第4州（セグ州）の州都である。

セグはバマコに次ぐマリ第二の経済都市ではあるが、文化、教育も充実している。2009年にマリ二番目の国立大学であるセグ大学が設立され、教養系、文系、理系の学部の他、農学系や農業研究開発の拠点ともなることが期待されている。住民はバマナン人、ボゾ人、ソニンケ人、マリンケ人とトゥクロール人が共住しているが、人口の半数はバマナン人である。かつてバンバラ王国の拠点だったセグは、1600年頃にボゾ人によって設立されたと言われている。バマナン人に次いで2番目に多いのはボゾ人で、漁業カーストと呼ばれるソモノ人と同様に漁業を中心とした生活を営んでいる。

セグの周辺にはバランザン（*Acacia albida* または *Faiderbia albida*）という樹木が4444本以上も存在し、「シテ・デ・バランザン（Cite des Balanzans）」と呼ばれることも多い。セグは17世紀末には、マリ帝国、ソンガイ帝国の崩壊後に建国されたバンバラ王国の首都となった。ビトンことママリ・クリバリ（1712～1755）のもとで最盛期となり、ンゴロ・ジャラ（1766～1790）やダ・モンゾン・ジャラ（1790～1808）の統治下で、バンバラ王国の影響力はモプチからセネガルまで広がった。

セグを拠点とする「ニジェール開発公社」（Office du Niger）は、フランスが1920年代以降に威信をかけて建設した、西アフリカにおける最大規模の灌漑農業システムである。ニジェール開発公社プロジェクトでは、1947年に完成したマラカラ・ダム（マラカラ市に位置）も建設された。プロジェクトの目的は、宗主国フランスにワタを供給することと、地元民に食糧を供給することであった。しかし、酸性の土壌のためにワタの栽培はうまくいかず、マリ独立後は食糧生産が中心となった。現在、ニジェール開発公社はマリで消費される米の過半数を生産し、国の食糧安全保障を目標とする農業政策の主要対象プロジェクトであり続けている。近年、稲作改良プロジェクト（Operation Riz）が実施され、セグでの米生産の効率化がはかられているが、伝統的な形態で米を栽培している農民も多く、農業の近代化がまだまだ課題である。

セグはマリの中でも特殊な建築様式をもっている。ジェンネと同じく、セグも1890年頃まで泥のまちとして知られていたようである。セグでは、泥の日干しレンガを積み立てて壁構造として家屋を建て、その表面にはシアーバターを混ぜた赤土を塗る。降雨量が多いので、雨に強い壁を作るためと言われている。それでも、毎年の手入れが必要である。植民地支配の過程で破壊されたアフマドゥ王の宮殿など、厳しい自然環境と雨季により泥の維持管理が難しくなり、都市部では泥がセメントに

セグのコロニアル風建築（現市庁舎）

置き換えられた建築物は少なくない。しかし、現在でも、かつてのバンバラ王国の王であるビトン・クリバリの出身地セグ・コロには赤土の家が複数保存されている。とくに、王の第一玄関室（ビトン・ブロン、かつて七つもあったと言われているが、現在調査と復元が行われている）、川沿いのモスク、かつての王の側近だった人びとの家が残っている。これらの家には、単なる玄関室（ブロン）が存在するだけでなく、ファサードにはその家長の社会的地位が伝わる装飾もなされている。

その一方で、植民地の建築士として採用されたフランス人コルニーヨが、セグ植民地政府の公共建築を、現地の建築様式であるスーダン様式に基づいて作ったのがネオ・スーダン様式である。この様式は、現地の気候風土に最適な方法であると考えたからである。また、この様式は美的で機能的でもあった。セグにはこの様式の建築物は、知事官邸、市庁舎、図書館、学校など、約40軒が残っている。

セグの特徴の一つは毎週開かれる月曜市である。セグ州の主産業は農業、牧畜、それに漁業であるが、陶器製造でも知られている。市場には市とその周辺の村々から集まる穀物、野菜、陶器、綿布、金、革製品、果物、家畜などを市内外の多くの客が買ってゆく。セグの市は植民地以前に始まったと言われている。セグの市は、もともと農民たちが過剰に生産した農産物を陶芸品等と物々交換をすることから始まった。市場は次第に多くなったが、マリの独立と産業化によって衰退した時期があった。しかし、1960年代から市内外の人々の様々な文化の出会いの場、また農民の貨幣経済への参画の場として安定的な発展をみせている。

市場は旧市街地であるセグ・シコロのかつて存在していた場所に位置し、ソモノ地区、ソカラコノ地区と中央モスクに囲まれており、ニジェール川の港に広がっている。中央には屋根つきの市場があり、その周辺にはブティックなどの現代風のショップが立ち並んでいる。セグの市場が一番盛んになるのは農産物の収穫直後である。市場は毎週月曜日に開かれるが、日曜日の夕方から遠くから来る周辺の住民がまちに溢れ出し、売買よりお祭り感覚で参加する人が多くみうけられる。

セグはマリの現代文化のクリエイティブな拠点の一つでもある。Atelier N'、DOMO、SOROBLE centre、Centre Sinignessigui、Centre Culturel KORE 等、伝統的な文化や技術を現代のニーズに合わせて作品を創り、展示できる空間が2000年代以降に増えてきた。N'DOMO（もともとバマナン語ではイニシエーションの場）は伝統的な染め物の技術と芸術を、方向性を見失った若者に教える拠点として2000年代に設立された（代表のブバカール・ドゥンビアはアーティスト集団ボゴラン・カソバネのメンバー）。またセンターは、赤土の泥で作られ、空間デザイン面でも伝統的な建築を価値付けている。

セグでは、様々な伝統的、現代的な祭りが毎年行われ、観光地としての知名度も近年上ってきてい

泥染めのアトリエ「N'DOMO」

る。伝統的な祭りとして、ソゴボのほか、秘密結社のドンソトン、コレやコロヅゥガも知られている。現代の祭りとして、2005年を機に毎年2月初旬に行われるニジェール川フェスティバル（Festival du Niger）がある。このフェスティバルはマリの国内外で最も認知度の高い音楽フェスティバルになりつつある。セグの産業協同体が行っているこの祭りが始まって以来、多大な経済効果を上げてきた。150もの中小企業が参画し、フェア等がフェスティバル期間中に開催される。また、アフリカ諸国をはじめ、世界中のアーティストが集い、音楽や演劇等各種パフォーマンスが上演される。その他近年、フォーラムや展覧会などのイベントも行われ、マリ国内外の知識人や文化人の交流の拠点ともなっている。主催者のマム・ダフェの誘いで私もこのフェスティバルのフォーラムのメンバーとして参加している。祭りの反響で、セグを訪れる外国人旅行者の数は2004年の1500人から2008年の1万5000人に増加し、祭り自体の参加者は3万人にも上った（2015年）。

（ウスビ・サコ）

V

生活と社会

32

食事

★豊かな食文化とにぎやかな食卓★

日本で「マリに行ってきた」と言うと、深刻そうな表情で「……食事は大丈夫だった」と尋ねてくる人がいる。毎日おなかを壊しながら木の皮や雨露を口に凌いできたとでも思うのだろうか。心配して言ってくれているのだろうが、私は答えに困る。そして少しムッとしながら、マリの食の豊かさを力説する。

マリ料理は多くの日本人の口に合うだろう。まず、主食のひとつはコメだ。主食の上にソースをかけてなじませながら食べる、いわばカレーライス・スタイルに違和感はない。調理法にも共通点がある。干物や燻製魚でだしをとる。スンバラと呼ばれる「味噌」も欠かせない。スンバラは、ネレの木（和名ヒロフサマメノキ）の種子を発酵させた、大徳寺納豆に似た匂いと風味のペーストだ。スープに溶くと旨みが広がる。欧米では敬遠されがちな「ねばねば」「ぬるぬる」「もちもち」といった食感もたいへん好まれる。

マリで主食となるのは、主にコメ、ソルガム（モロコシ）、トウジンビエ、フォニオなどの穀物である。マリと一口に言っても、大都市から農村、湿潤サヴァンナから砂漠まで幅があるため、主食のチョイスは地域や季節によって多様性がある。一般

第32章
食　事

的に、農村ではトウジンビエなどの雑穀、都市ではコメがよく食べられ、南部よりも北部の方が主食におけるコメの割合が高くなる傾向がある。

マリ人一人当たりの年間のコメ消費量は都市部で70キログラム、全国平均で57キログラムだ。農村では、コメと雑穀の割合が半分ずつくらいだろうか。コメはアフリカ原産のグラベリマイネを中心に、アジアイネとかけあわせたネリカイネなどが栽培されている。マリ人はよく「やっぱりコメはガンビアカだな」「エトゥべも値段の割にいけるわよ」などと話している。どこかで聞いたことのある会話だ。日本人もよく「コシヒカリが一番だ」「うちはアキタコマチだ」などとコメ談義をする。プロの料理人でもない人たちがコメの種類を議論する国は、そう多くないのではないだろうか。

調理法も多彩だ。炊く、具と一緒に炊き込む、粥にする、蒸す、粉にして練る、団子状にしてゆがくなどがある。それぞれの調理法に特化した、ひょうたん製、木製、竹製、アルミ製などの調理器具もある。杵と臼にも、穀物を脱穀するもの、粉にするもの、調味料を砕いて配合するものなど、いくつもの大きさがある。2年やそこら暮らしただけの外国人にはなかなかすべてを使いこなせない。私が「トー」(後述)という料理を練り混ぜるのに用いる柄の長い木べらを、別の料理に使っていたときのこと。同じ長屋の奥さんたちがくすくすと笑い、「ミクはマリ人の嫁にはなれない」とからかってきた。おたまでごはんを盛るようなちぐはぐさが滑稽だったのだろう。

マリの食事の様子は文字通り「団欒」だ。大きな器を床に置き、複数人で一緒に食べる。腰かけに座ったり膝を立ててしゃがんだりして、器を円状に囲むのだ。マリ人は手足が長い人が多いのでこのフォーメーションが苦にならないのだろうが、短い私は慣れるまで難儀した。皆と同じ円周上に陣取

食事中、急にカメラを向けたらお行儀が悪いと叱られた

ると、器まで腕のリーチが足りないのだ。腰かけたお父さんの両足に挟まれた幼児と同じく、他の人より器に近づいて食べるしかなかった。

マリでは右手を使って食事をするのが一般的だ。指を使って一握り分のごはんをほぐし、適度な量のソースとからめる。掌の上半分を使って軽く握り、器の側面を伝ってさっと掬《すく》い取る。何度か握って食べやすく成形し、ひょいと口に運ぶ。所作に無駄がない。「箸使いを見れば人柄がわかる」と同様、この所作が軽やかに美しい人は見ていて気持ちがいい。雑に掬い取る人やぼろぼろとこぼす人は、どんなに顔が美しくとも興ざめする。

マリの人たちの食事風景はどこか、落語の中に出てくる江戸の食事時を思わせる。「ナガドゥムニケ（食べにおいで）」というお母さんやお姉さんの声で、小さな子供たちが集まって来る。人びとがひしめきあう器の周囲で子供は陣取り合戦を始める。父親や年長者が座につくまで食べ始めることはない。食事中、ごはんそっちのけでしゃべり続ける末っ子、それをたしなめるしっかり者の姉、ふらっと訪ねてきて食事に呼ばれるお隣のおじさん。食事中に会話はあまり交わされないが、なんだか賑々しい。ぎゅっと肩を

第32章
食事

寄せ合って一つの器から食事をとる一体感が、そう感じさせるのだろうか。食事が終われば互いに「アバルカ（ごちそうさまでした）」と言い合うのが、神と神が授けてくれた動物・作物に対する礼儀だ。

また、「熱くてこそ食事」と考えられている傾向がある。「熱々だ！」と言い合いながらも、冷めるまで待つことはしない。果敢に手を出し、ふーふーはふはふしながら食べる。たくさん食べることも良しとされる。あまり食べずに席を立つ人には、その場にいる皆が条件反射のように口を揃えて「えっ！　もういいの？」。これも、遠慮する客人や食が細っている家族・仲間に対する一種の礼儀のようなものだ。調査に行き詰まり思い悩んだ時、気温40度を超す乾季に食欲が奪われたとき、失恋して落ち込んだ時、何度このお節介な「えっ！　もういいの？」攻撃に救われたことか。この人たちに心配をかけまい、もりもり食べて元気になろう、という気持ちが湧いた。

マリでポピュラーな料理を二つ紹介しよう。最初は「トー」だ。餅と豆腐の中間のような食感の練り粥を、ソースにくぐらせて食べる。トーの原料となるのは、トウジンビエやモロコシなどの穀物を粉にしたもの。ソースは、オクラやバオバブの葉などの野菜系ソースと、トマトに魚や肉を加えた肉系ソースの2種類を用意し、好みに応じて混ぜる。まず、沸かしたお湯に穀物の粉を振り入れる。みるみる粘りと重みを増してくるので、木べらでしっかり練り混ぜる。体力勝負の作業だ。適度な粘りに練りあがったものを、おたまや小さな器で掌くらいの大きさに揃い分ける。ソースは、スンバラ、乾燥オクラ、燻製ナマズなどを入れる。どの食材も乾燥や燻製を経てうまみが凝縮されているので濃厚に仕上がる。もちもちの粥にスンバラが効いたねばねばソース。トーもソースも熱々だ。マリ人が飽きずに食べ続けるのがよくわかる。

ヘラで練ってトーを作る

次は「ティガ・デゲ」。トマトとピーナツをベースにしたコクのあるソースをごはんにかけて食べる料理だ。子供もよく好む。まず、一口大に切った肉を炒める。鶏、羊、牛など好みの肉でかまわない。そこに、大きめに切った玉ねぎ、にんじん、キャベツを加えてさらに炒める。そしてトマトピューレと水を加える。ここでスンバラや乾燥オクラ、バオバブの葉の粉末などを少々加えアクセントをつけるのもいいだろう。さらに、ピーナツを臼で砕いたものを少しずつ溶かし入れる。塩コショウで味を調整して完成だ。

「マリの食事は大丈夫だった？」と苦しそうに尋ねられて辟易する私の気持ちがわかっていただけただろうか。大丈夫どころか、おいしいのである。日本でも近い味が作れないことはない。たまには、一つの器を囲んでぎゅうぎゅうに肩を寄せ合い、手で食べるのもいいかもしれない。

（伊東未来）

33

布

★綿栽培が生んだマリ人の着道楽★

マリの人々の布へのこだわりには、いつも圧倒される。マリの都市で布を売る生地屋を見つけるのは、日本の街なかで自動販売機やコンビニを見つけるくらい簡単だ。白く輝くタイル張りの床にガラスのショーケースを備えた店舗から、ひっくり返したバケツを商品棚にする市場の売り子、美しく築いた生地の山を頭に載せた行商人まで、さまざまな形態の生地屋があふれている。彼ら・彼女らが売る布の種類、色、モチーフのバリエーションの多さにも驚かされる。マリ人、とりわけ都市部に住む人たちは、ことあるごとに「この機会に布を買おう」と財布のひもを緩める。家族・友人の結婚式、新年、支持政党の決起集会、世界女性デー、独立記念日、ラマダーン明けの祝祭、新学期。新しい布を買う「口実」になる機会を挙げていくときりがない。

マリでは、綿布の原料となるワタの栽培が古くから盛んだ。11世紀、現在のマリ中部にあたるガーナ王国に関する記録を収集したアル・バクリは、ニジェール川沿いのとある町に「綿の布を生産する広大な場所」があり、「ほとんどの民家にワタの木がある」という描写を残している。マリにおけるワタ栽培は、

1000年以上の歴史をもつ、幅の狭い織機で布を織る職人［撮影：竹沢尚一郎］

現在まで脈々と続いている。現在でも金産出に次ぐマリの主要な産業だ。２０１３年のワタ収穫量はおよそ43万トン、世界で14番目の生産量を誇る。近年では、収穫のおよそ半分が中国に輸出される。

ワタ栽培だけでなく、布生産の歴史も古い。モプチ州のとある埋葬地からは、サハラ以南アフリカで最古と推定される布が発見された。テレム（tellem）と呼ばれる人びとがつくったとされるそれらの布は、最も古いもので11世紀。発見当初、その織りの精巧さ、状態の良さ、洗練されたモチーフから、より近い時代の布だと考えられたほどのクオリティーだ。

16世紀には、サハラ砂漠南縁の都市トンブクトゥに26の機織り工房が存在し、それぞれに50～１００人程度の機織り職人がいたという記録も残されている。今から５００年前、砂漠近くの乾いた町で、１００人がずらりと並んで布を織る様子を想像してみる。それは機織り工房というよりも、製布工場と呼んでよい迫力ある光景だ。マリで織られた布は、一方ではサハラ交易の交易品として地中海世界まで運ばれ、他方では西アフリカの広い範囲で貨幣としても流通した。

ボゴラン布の服を着て踊る女性たち

マリの機織りで一般的に用いられるのは、水平ペダル式織機と呼ばれる手織機だ。西アフリカにおけるこのタイプの織機の分布は、マリ出身のマンデ系商人の交易活動範囲とほぼ一致する。その理由は、商人たちが取引で訪れる先々でこの織機を広めたというだけではない。商人たちは織機を携えて移動し、自らも布を織っていた。男性商人が布を織っていたのだから、マリでは現在でも機織りは「男の仕事」だ。

　マリの織機の綜絖《そうこう》の幅は5〜25センチ程度と非常に狭い。一方、経糸は数メートルから数十メートルにおよぶ。できあがる布は、一枚というよりも一本や一巻と数えるのが適当な細く長い帯状だ。今もいたるところでこうした工房がみられる。カラカラカラカラという乾いた音をたどっていくと、機織り工房に行き着く。機織りたちは、足の指にくくりつけた紐をクイクイと上下させて綜絖を動かし、素早く杼《ひ》をくぐらせ、緯糸を打ち込んでいく。くわえ煙草の年長の職人や、小型ラジオを織機にぶら下げて流行りの音楽に耳を傾ける若者もいる。どの職人の手も止まることなく一連の動作を小気味よく繰り返し、彼らの傍らに細長い布ができあがっていく。こうしてできた布を衣類や敷物として用いるときには、適当な長さに切り揃え、複数本を縫い合わせて長方形にする。ほどよい厚みとやわらかさの、心地よい布だ。

織りと異なり、布を染めるのは女性の仕事だ。伝統的な藍染や泥染め（ボゴラン）も、ここ数十年で急増したバゼンと呼ばれる化学染料による染色も、すべて女性に手による。「ボゴラン」は、草木で下染めした綿布に発酵させた泥を塗ることで色を付ける染色の方法だ。泥を塗り重ねる回数や放置する時間によって、赤・茶・黒など様々な色味のモチーフが浮かび上がる。この技法は、農村で母から娘へと受け継がれてきた。ボゴランは、一時は工場製のカラフルな布に押されて廃れかけたと言われている。しかし、独立以降に以前とは異なる形で復活した。「マリ独自の文化」を見直す機運のなかで、自然で土着の材料を用いた技術とマリの大地を想起させる風合いが再評価されたのだ。今では、ボゴランの巻きスカートやチュニックをおしゃれに身につけた若者もよく見かける。洋服に押されて消えかけた着物が、現代風の柄や着こなしで見直される様によく似ている。大地の色に「アフリカらしい」モチーフ。日本の着物に負けず、ボゴラン布も欧米からの観光客に大人気の土産物だ。

独立以降は、手織りと手染めだけでなく機械織りの布も大量に生産されている。その多くがワックスプリント（ろうけつ染め）の綿布だ。この布を購入するときのポピュラーな単位は「3パーニャ」。女性用の腰巻スカート（パーニャ）が3枚作れる分量の反物、というわけだ。価格は品質にもよるが、3パーニャ分で3500～5000セーファー・フラン（700～1000円）程度だ。マリの人びとは上下の柄が揃った服を好む。そのため、たいていはこの3パーニャ分でズボンとシャツ、スカートとチュニックといったセットを一式仕立てる。あなたがそれほどふくよかでなければ、残りの布で子どものためにもう一着作ることも可能だろう。カラフルで派手なモチーフのワックスプリントは、マリの人の黒い肌に、マリの強い日差しによく映える。

マリの人びとの布へのこだわりが、マリの布生産とのかかわりの古さや深さからきていることがおわかりいただけただろうか。布は人と人もつなぐ。マリでは、恋人ができた女性が相手に真っ先におねだりするのは、指輪やネックレスではなく素敵な布だ。布は好意や謝意、惜別の情など特別な感情を伝える手段にもなる。私が長期調査を終えてマリから帰国するときに友人たちが贈ってくれたのも布だった。調査助手とその奥さんが贈ってくれたのは、奥さんがもっていた藍染布で仕立てたワンピース。同じ長屋に住む女性たちが贈ってくれたのは、レトロな扇風機が規則的に配置されたポップなモチーフのワックスプリント布3パーニャ分。布そのものだけでなく、別れ際に布を贈られるという実に「マリらしい」行為が、マリの人びとに認められた証のようでうれしかった。

（伊東未来）

姉弟、揃いの布で仕立てた服で記念撮影

34

女の一生

★母として妻として女としてどっしり生きる★

「日本人女性」と一口に言っても千差万別。「マリ人女性」も同様だ。でも、もし私が出会ったマリ人女性の「典型例」を示すとしたら、これから紹介するニャムイやロブルやハワだろう。

ニャムイは、マリの古都ジェンネに暮らす20代後半のボゾの女性。私の助手をつとめるママドゥの奥さんだ。よく笑う丸い目と大きな口がチャーミング。おおらかで茶目っ気があり、生真面目な夫ママドゥとは対照的だ。ニャムイと私は、ママドゥのいないところで彼の細かい物言いを真似ては笑っていた。

そんなおおらかなニャムイにも、乗り越えるのが辛い出来事があった。数年前、20代前半の彼女は今よりずっとふくよかだった。当時の写真を見せてもらった時、そのふっくらした女性が今の細身のニャムイと重ならず驚いた。「結婚して何年も子供ができなかったの」。マリでは、子供を産み育てることが何より大切な女性の役割であり幸せであると考えられている。日本がそうでないとは言わない。ただ、家族が社会的・経済的な活動の重要な基盤であり、女性が一生に産む子供の数が6・1（HDI人間開発指数）というマリにおいて、結婚して何年も子供ができない女性への重圧は日本の比ではない。

第34章
女の一生

第二子となる男の子を抱っこするニャムイ

近年、都市部の若い層では認識の変化がみられるものの、マリでは多くの場合、子供ができない原因は女性にあるとされる。ニャムイは「子供ができやすくなる」という苦い薬を毎日飲み、よい伝統医がいると聞けば何時間もかけて乗り合いバスに乗って訪ねた。「ジン（イスラームの悪霊）と交わったから不妊の体になったんだ」と言う人もいた。「早いとこ第二夫人をもらったらどうだ」と夫に進言する人もいた。「行いが悪いのだろうか」と自分を責め、食事がのどを通らなくなった。痩せると「そんな体じゃ子供を産めないよ」と言われた。人口の約半数が15歳以下という若い国家マリでは、家の外に出れば子供、赤ちゃん、妊婦だらけだ。他の女性はあんなに簡単に子供ができているのに、と落ち込んだ。夫はそんな彼女を支えてくれたが、悪気はなくとも「子供ができないのは彼女に原因がある」と考えている。自分のことは棚に上げて、ニャムイを励ますばかりだった。

そんな重い苦労を、ニャムイは涙も流さず静かに、笑い話を織り交ぜて振り返った。その格好良さはあっぱれだった。5年の苦労の後にようやく授かったのが、現在2歳の長男だ。さぞかし大喜びだろうと思ったら、ニャムイは冷静だ。息子を溺愛するのは夫の役目、彼女は淡々と子育てをしている。第二子となる息子が生まれたとき、私も生後7日目の命名式に招待された。ママドゥがしみじみ息子の顔を見ながら、「息子は俺に似てハンサムだなあ」などと冗談を言っている。ニャムイと私をはじめ女性陣は、その発言を否定も肯定もせず、ただただ大笑いしていなすのだった。

ニャムイと同じ町内に住むロブルは、50歳くらいのジャワンベの女性。私が2年間お世話になった大家さんの第二夫人だ。怒るときは烈火のごとく、笑うときは丸い体をゆさゆさ揺らして豪快に、疲れたときは芝居がかって見えるほどぐったりと。感情表現豊かで頭の回転の速い女性だ。ロブルは32歳の娘ハワ、19歳と15歳の息子、12、11、6歳の娘、6人の子をなしている。そのうち現在の夫との子供は下の4人。上のふたりは父親が違う。ハワは父親のもとで暮らしていたが、10数年前からロブルらと一緒に暮らし始めた。子供の父親が3人ということは、現在の結婚は3回目か。ロブルに何回結婚したのか尋ねると、「1回。彼とだけよ」と壁に飾られた現在の夫の写真を指差す。そしてすまし顔で、「まぁ何て言うのかな、〝旅をしてきた〟ってわけよ」と言う。彼女のこのオープンさのおかげか、父親の違う子供は互いにこだわりなく仲が良い。

マリでは結婚をせずに子を産む女性もたびたび見られる。その後に子供の父親と結婚することもあるし、しないこともある。未婚の母がたびたび見られると言っても、世間が彼女たちに寛容というわけではない。ロブルは第一子ハワを、隣国コートジボワールで産んだ。しばらくあちらで働いた後、一人でマリに戻ってきた。過去のふたりの夫と現在の夫との出会いはどんなだったのか——日常会話の中でさりげなく尋ねたつもりだが、彼女は勘がいい。私が彼女のライフ・ヒストリーを「格好の研究対象」と考えていることに気付いたようだ。ある時、苛ついた口調で答えを一言にまとめた。「つまり、みんな私の子供！　以上！」。彼女のあけっぴろげな性格に甘え、目上の女性に立ち入って尋ねすぎた。しゅんとうなだれる私を察したのか、ロブルが付け加えた。「ま、どの男も美しかったわね」。おしゃれな女性である。

２００９年８月、マリの家族法改正案が国会で審議された。改正案には、女の一生にかかわるポイントが多く含まれていた。行政へ届け出ない伝統的・慣習的婚姻は認めず、法的結婚のみ認める、結婚可能年齢を18歳に引き上げる、婚外子にも相続権を与えるなどである。この改正案は国民の反発を招いた。「イスラームの慣習に背く」「議員が欧米におもねっているだけだ」というのが反対派の主張だった。欧米では「マリの男性が女性の権利拡大を快く思っていない」という報道が多く見られたが、そうとも言い切れない。マリ人女性のなかにも、家族法の改正に反対・困惑する人はたくさんいた。ロブルは「つまり、ハワの父親が亡くなったらハワにもお金が入るってこと？　要らないわね。彼の電話番号も知らない。どうやって亡くなったことを知るのよ」と言い捨てた。その隣で、当のハワがうんうんと頷いている。

母ロブルと娘ハワ

ロブルとハワは姉妹のように仲がいい。村々の市場で自家製の生姜ジュースを売る仕事にも一緒に取り組んでいる。ハワの腕には、1歳の息子が抱かれている。ロブルにとって末娘と5歳しか違わない初孫だ。ハワはこの赤ちゃんの父親ともうすぐ結婚予定である。相手との婚約期間は10年近くになる。「すぐに結婚をしてはどうか」という親のすすめにも、「もう少し親や弟妹のそばで好きな仕事をしていたい」と結婚を延ばしていた。その間に婚約者の子を産んだ。仕事も充実し、年の離れた可愛い弟妹の世話も楽しい。学校に1年しか通わなかったマリの田舎町に住む女性が、仕事と家族との時間を優先するために結婚延期を選択している。家族法改正時に出現した、「虐げられるアフリカ女性を救う」ために「遅れた人権意識を改善」しようとしていた人びとは、この母娘が積み重ねてきた数々の選択とその結果としての現在の日々を、どうとらえるのだろうか。

ニャムイ、ロブル、ハワ。彼女たちに共通するのは、どっしりと芯の通った心もちだ。取り巻く社会環境や生活の形は違えど、「女の一生は花のように儚《はかな》い」などというのは、マリでも日本でも幻想なのである。

（伊東未来）

コラム2

トゥアレグ女性のライフサイクルと日常生活

今村　薫

早い結婚

トゥアレグ社会は伝統的には母系制であったといわれている。首長の地位を伯父からその姉妹の息子（甥）へと母系の系譜で継承させたり、家畜や財産を母から娘へ相続させることがあったという。イスラームに改宗してからは、父系的かつ父権的な要素が強くなったが、それでも、一夫一婦制が支持されているなど、他のイスラーム世界とは異なる点も多い。以下に私が出会った女性たちを例に、現代の女性の生き方を考えてみたい。

ハジャラは、１９８８年生まれで、私が会ったときは17歳だった。しかし、すでに肉付きのよい体型をして動くのが大儀そうで、また、なかなか貫禄があった。死んだ先妻の忘れ形見のアブーという7歳の男の子を育てていたが、始終アブーを叱りつけ、また、アブーも彼女に反抗していた。

ハジャラ自身には子どもはいないのかと思っていたら、11歳のときに最初の結婚をし、13歳で女の子を産んだという。そして娘が1歳になるかならないかのうちに、夫の浮気が原因で離婚したそうだ。子どもを前夫のもとに置いて出てきたので、子どもは父方の祖父母とブッシュで家畜を飼いながら暮らしているということだった。

ハジャラは、その後、15歳のときに現在の夫（結婚当時45歳）と再婚した。夫との間には、今のところ子どもはいない。

私が、「ムスリムは4人まで妻を娶ることができるのではないか。それなのに、なぜ、あなたは、夫の浮気が原因で離婚したのか」と尋ねると、ハジャラは、「トゥアレグの伝統的なやり方は、イスラームのやり方とは異なる。妻は一人だけだ。夫が二人目の妻をとろうとすると、どのトゥアレグの女もそれが嫌で夫と別れる」と答えた。

トゥアレグの女性は、現在もたいへん早婚である。ブッシュで家畜を飼う青年ガネトゥは、21歳のときに9歳のラッラと結婚した。２０１１年には、16歳になったラッラは最初の子を出産した。

とくにブッシュで家畜を追って暮らすトゥアレグ人にとっては、結婚はそのまま生活に直結する。乳製品の加工、料理、テントの修繕などができれば、少女も立派な労働の担い手であり、夫とともにサハラの原野で生きていくことができるのである。

しかし、あまりに早い結婚は、少女の学校教育の機会を奪っている。とくに、トゥアレグの女性はさっさと離婚する場合が多く、離婚後に彼女たちがどうやって生計を立てていくのかを考えると、私は心配になってしまう。

第一夫人と第二夫人

トゥアレグの男性は、妻を一人だけ持つ場合が多いが、ときどき妻を二人以上持つ男性もいる。ウスマンはガオに暮らす実業家で、弱冠33歳だが、すでに妻を二人娶っている。しかも、彼女たちは同じ家に住んでいるのである。ウスマンは、「妻を複数持つのはいいことだ。別の女を好きになる度に、妻と離婚していたら、子どもたちはバラバラになってしまう」と言って自分を正当化している。

ウスマンの第一夫人には3人、第二夫人には2人子どもがいて、しかも、彼女たちの末子どうしは同い年である。妻どうしは、とりたてて仲が悪いとはいえないが、同じ家にいながら、互いを避けているようであった。

また、第二夫人は、彼女の父がトゥアレグ人で母がソンゴイ人である。ガオには多くのソンゴイ人が住んでおり、ウスマンの家も、運転手、料理人、ベビーシッターすべてがソンゴイ人であり、ソンゴイ語が日常的に交わされていた。

第一夫人に一夫多妻についてどう思うか尋ねると、彼女は「多妻が嫌いな女性もいる」と答えることで暗に多妻を非難していた。とくに彼女の親戚の女性たちは、ことあるごとにウスマンのことを非難していた。いわく、「トゥアレグ人は妻は一人しか持たないものだ」「妻を二人持つ彼は一族の恥だ」。

第一夫人は20歳だが、しっかり者で一家を切り盛りし、料理人の女性や子守の女性に指示を与えながら、買い物や食事の支度をおこなっていた。

一方、第二夫人は、活発で意欲的な17歳の女性である。彼女には将来の希望がある。第一夫人に子どもの世話を頼み、自分は高校へ行きたいという。そして、高校で語学とパソコンの使い方を学び、卒業後、どこかの事務所で秘書として働きたいそうだ。彼女は、「私は勉強が好き。それから、仕事もしたい」と語っていた。

前のエピソードで述べたように、結婚のせいで教育をまともに受けていない女性が多い。しかし、この第二夫人のように、子育てについてなんらかの援助を得られたら、教育や就労に再挑戦する女性も増えてくるかもしれない。

一日の暮らし

ブッシュで暮らす女性は、一日の大半をテントの周辺で過ごす。女性の仕事の中で最も力が必要なのは、乳を入れた皮袋を振ってバターを分離させる作業と、雑穀を臼でついて精白する作業である。その他、料理、洗濯、掃除、テントの修理や手入れも、その家の主婦が一人でこなす。

一方、町住みのトゥアレグ女性は、あまり働かない。とくに貴族階級や従臣階級出身の家庭では、買い物から料理、洗濯、掃除の大部分を、手伝いの女性にまかせている。そしてその家の主婦や娘たちは、数人集まっておしゃべりや昼

ミルクを撹拌してバターを分離させる女性

寝をして一日を過ごす。あるいは、女性たちが集まってティンデという太鼓や弦楽器のイムザドを演奏したり歌ったりして興じる。

職人階級の女性は働き者だ。刀などの金属製品、木工製品、装飾品の製作は男性がおこなうが、皮製品は女性が作る。それで彼女たちは、日がな一日、暇を見つけては皮の加工と細工をしている。皮のクッション、皮のアクセサリー、バッグなど昔から作っているもののほか、近年は、財布、コースター、携帯ケースなどの新製品も女性たちが考え出している。彼女たちは、皮なめし、染色、裁断、縫合、という工程を根気強く繰り返す。皮細工も、誰かの家に数人寄り集まっておこなう。

トゥアレグの女性は頻繁に母親や姉妹、従姉妹の家を行き来し、血縁で固まっているという印象を受けた。

35

王の詩と農の音楽

★グリオの村の技芸のありよう★

首都バマコよりおよそ100キロメートル南西に行ったところにケラという村がある。ニジェール川の左岸にあるこの村の入り口一帯には田が広がっており、水面に浮かぶ青々とした稲の葉が美しい。村に入って道なりに少し歩くと目の前にパンヤノキの巨木が現れ、その向こう側には日干しレンガ造りの家々が続いているのが見える。

一見して周辺の農村と変わらないこの村は、しばしば「グリオの村」と形容されてきた。グリオとは、現地の言葉でジェリと呼ばれる内婚世襲の語り部・楽師である。グリオの村というとグリオばかりが住んでいるように思えるかもしれないが、グリオの家系の者はおよそ2000人の人口のうち2〜3割程度であり、村に四つある地区の一つを占めているにすぎない。グリオの村としての名声の理由は、単に人数が多いということよりも、その技芸、特に口頭伝承にある。ケラのグリオは、カミソコやジャワラなどの姓をもつ者もいるが、何より有名なのはジャバテ姓の者たちである。

ケラのジャバテを有名にしてきたのは、村の北東約6キロメートルに位置する町カンガバで開かれるカマブロンティと呼

カマブロン

ばれる儀式である。7年に一度開かれるこの儀式では、聖なる小屋カマブロンの屋根の茅（ティ）が葺き替えられる。5日間開かれる儀式の最中には、古マリ帝国の初代の王であるスンジャータ・ケイタらの叙事詩「マンサジギ（王たちの集い）」がカマブロンの室内において朗誦される。ケラのジャバテがンゴニ（牛皮を張った木の共振胴と7本のナイロン弦からなる小型の弦楽器）とギターの調べにのせて語り、歌うのである。

カマブロンティは植民地期以前より多くの研究者から注目を集めてきた。それらの研究には、マンデ世界の創造神話に注目したものや、植民地期の行政単位であるカントンにおける政治的統合を強調したもの、年齢組の組織化を通じた社会の再創造を指摘するものなどがある。カマブロンの室内に入ることはケラのジャバテとカンガバのケイタにしか許されておらず、外部者は屋外からであっても録音・撮影はおろかノートを取ることさえ固く禁じられている。それゆえ、いまだにその実態は解明されたとは言い難く、外部者にとっては謎めいたイベントであり続けている。カマブロンティは2009年にユネスコの無形文化遺産に登録されており、直近では2012年に開催されている。

カマブロンティにおけるマンサジギにみられるように、ケラのグリオは口頭伝承の「正統な」保持者としての顔をもつ。このことから国内外のグリオがその技芸を学びにきている。筆者が村に滞在しているときにも、国内の都市セグやコートジボワールの首都アビジャンからきている若い遊学者の姿を見かけた。「口頭伝承の学校」は、かつてはケラの他にもマリ西部のキタや、カミソコ姓のグリオで有名なバマコ近郊のキリナにもあったとされる。しかし、オランダ・ライデン大学のヤン・ヤンセンによると、移住や訓練不足、近代化の影響からキタとキリナの語り部はいなくなり、「学校」はマリではケラだけになったという。こうした状況からも、ケラのグリオの技芸のもつ重要性は高まっているといえるだろう。

右のような特殊な一面をもつケラのグリオだが、普段は他の村人とさほど変わらない暮らしを営んでいる。マンサジギにおいて中心的な役割を担うクマティギ（言葉の主）にセイドゥ・ジャバテという男がいる。雨季の除草期に、村の歴史について話を聞くために彼の家に通ったことがあったが、毎日朝早くから日暮れ時までトウモロコシ畑に出ており、なかなか捕まらなかった。夜に行ってみても、今日は畑仕事で疲れているのでまた今度にしてくれといわれ、申し訳ない気持ちになったのと同時にその勤勉さに感心したことを覚えている。熟練したグリオであってもその多くは他の村人と同様農民なのであり、生業の基盤は農耕にあるといえる。

ケラのグリオのフォリ（音楽）のなかで普段もっともよく演じられるものにセネフォリ（農の音楽）がある。「王の詩」マンサジギでの楽器演奏は、言葉の主による語りとその合間に入る歌の伴奏としての側面が強く、弦楽器しか用いられない。それとは対照的にセネフォリで用いられる楽器は打楽器が中心である。ワイングラス型の木の胴にヤギの皮を張った片面太鼓のジェンベ、円筒型の金属または木の胴に牛皮を張った両面太鼓のドゥンドゥン、女性が歌いながら手のひらの中で叩く金属製のべルであるカリヤンなどがそうである。それらの打楽器が刻むリズムが農作業をする人の身体を直に突き動かすのである。

ある朝、女性たちがシアーバターの不純物を取り除く作業をしている横でセネフォリが演じられているのを目にした。少年が叩くドゥンドゥンの文字通りドゥンドゥンと鳴る低音と、女たちが叩くカリヤンのキンコキンコという甲高い高音が響いていた。その間をやはりカリヤンを叩く女たちのよく通る、そして力強い歌声の旋律が上に下にと滑らかに泳いでいた。女たちが歌うその前では、別の女たちが大きな桶の中に入ったこげ茶色に濁った粘り気のある液体をこねていた。この液体は、シアーバターノキの胚を乾燥させた後、機械を用いてすり潰したものにさらに水を加えたものである。セネフォリの演奏と女たちが腰を折りながら叩きつけるようにこねる身体の動き、それから液体が立てるボコッボコッという音が見事に同調しているように感じられた。

イネの刈り取り中にセネフォリを演奏するグリオ

実は、セネフォリは結婚式など一見「農」とは関係のない出来事においても頻繁に演じられている。セネフォリはケラのグリオの音楽の基本といえるもので、子どもなどの初学者が周囲の者を模倣することではじめに覚えるのもこのリズムである。まだ5歳にも満たないような子どもがおもちゃの太鼓を叩いているのを聞くと、まずセネフォリのリズムである。「王の詩」で有名なケラのグリオだが、その技芸の根底には生業の基盤である「農」のリズムが流れているといえるだろう。

（今中亮介）

36

さまざまな「トン」

★受け継がれる組織と組織原理★

トンとは、マリンケやバマナンなどの言葉で組織や集団のことをいう。トンと呼ばれるものの範囲は広く、あえて包括的な定義を試みるとするならば、「何らかの共通の目的や成員性をもった組織や集団」といった漠然としたものにならざるをえない。親族や村などの非自発的な結合原理をもつ集団に対してトンの語が用いられることは稀であり、狭義にはヴォランタリー・アソシエーション（自発的結社）であるといえる。

１９９２年の「民主化」による集会・結社の自由や、１９９９年の「地方分権化」による末端の行政体における住民組織登録の開始により、マリでは都市、農村の別を問わず、１９９０年代以降住民組織が急増したといわれるが、それらの多くもまたトンの名で呼ばれている。例えば近年、ＮＧＯの指導を受けるなどしてマイクロクレジットのための女性組織が発足されるようになったが、それらの一部は「テゲレニトン（支援のトン）」と呼ばれている。

これらの近年になって組織されたトンとは別に、古くから農村部に根付いているものもある。農耕（セネ）を行う「セネトン」や狩人（ドンソ）たちが集う「ドンソトン」がそうである。

子どものセネトンによる稲の脱穀

セネトンは共同労働として田畑の除草や収穫などを行う組織であり、ドンソトンは集団猟や村の自衛などを行う組織である。これらは多くの場合村ごとに組織されており、現在でも農村部に行けば見ることができる。

こうした農村部のトンはしばしば国家によって利用されてきた。1960年の独立より政権を握ったモディボ・ケイタの社会主義政権は、集団農場における共同労働を推進するために、伝統的なトンをモデルにした「マリトン」と呼ばれる組織を各村に設置した。村のすべての若者の参加を義務づけた「マリトン」であったが、そのほとんどが定着しないまま、1968年のケイタ政権崩壊とともに消滅してしまった。

1968年に軍事クーデターによりモディボ・ケイタに代わって国家元首となったムーサ・トラオレも、後年、多面的な農村開発のために伝統的なトンに着目し、「村のトン」を設

第36章
さまざまな「トン」

置した。しかし、「村のトン」の多くも１９９１年のトラオレ政権崩壊とともに姿を消した。これら政治主導のトンに共通するのは、既存のトンを基にしたのではなく、それとは別に新たに設置されたこと、そして政権の崩壊とともに消滅したことである。それとは対照的に、古くからある既存のトンは村の人びとによって脈々と受け継がれてきた。

私が調査を行っているマリ南西部の農村においても、ケイタ政権時には「マリトン」があったようだが、やはり定着しなかった。「村のトン」の存在は知られておらず、発足すらされていなかったものと思われる。一方で、セネトンとドンソトンは独立以前から現在まで形を変えながらも存続している。

ドンソトンは、かつては集団猟も行っていたそうだが、大型動物が少なくなった現在は村の見回りや紛争の調停を稀に行うぐらいで、日常的な活動は行っていない。一方のセネトンは年間を通して活動している。村には複数のセネトンがあるが、なかでも子どもを成員とするものは活発である。彼らは、雨季の始まりとともにトウモロコシやラッカセイの畑を耕起し、雑草が繁茂するころになると除草を行う。そして乾季になり、実りが確認されると収穫を行う。この作業には稲田も含まれ、その場合には脱穀も行う。乾季の中盤から終盤にかけては、家屋の建材となる日干しレンガを作る。それらの活動が一段落すると宴を開き、共同労働の対価として得られた資金のすべてを一夜にして消尽する。こうした農事暦に沿った活動の基本は、50年以上も昔のそれと変わらない。

活動に加えて組織原理も継承されている。トンという語には組織や集団の他に規則という意味もあるが、その意味が示す通り、セネトンでは一定の規則が遵守されている。共同労働への不参加、集会での私語などには容赦なく罰金が科され、払えなければ除名される。成員間の平等が徹底されており、たとえ組織の長であろうと同様に罰せられる。また、決定事項は全員参加の集会において話し合われ、合意される。これらの特徴はかつても今も変わらない。集会に足を運べば、10歳にも満たない子どもたちが真剣に議論を交わし、ときに罰金をかけ合う姿を目にすることができる。

こうしたトンの組織原理は、政府主導のトンや近年発足された新しいトンにおいても参照されている。定着はしなかったものの、ケイタ政権は上記のような特徴をもつトンを「アフリカ的民主主義」の象徴として再評価し、「マリトン」の運営に適用しようとした。また、マイクロクレジットのための女性組織「テゲレニトン」の調査村における活動を見ると、罰金の課金、成員間の平等の徹底、話し合いによる決定など、明確にセネトンの運営方法を継承していることがわかる。

さまざまなトンから参照されてきたセネトンだが、今後もこれまでと同様に存続しえるかはわからない。ここ数年の間に急速に広まっている農薬や農業機械の普及は、共同労働の必要性を確実に減じさせている。隣国ギニアの村に滞在したとき、マリの調査村では既婚女性のセネトンが行っている稲田の除草が除草剤の普及によりまったくなされなくなっていることを知り衝撃を受けたが、マリでも同様のことは起こりうるだろう。家屋の建材もしかりで、調査村では日干しレンガを用いないセメントの家屋がちらほらと建ち始めている。ドンソトンにおいてすでにその端緒が見え始めているように、セネトンもそう遠くない将来になくなるかもしれない。しかし、その組織原理は「トン」の名とともに他の組織に受け継がれていくことで、しぶとく残り続けるのではないだろうか。

（今中亮介）

37

歴史伝承

★文字なしで千年を語り継ぐ★

マリの社会のなかでは、歴史の語り方について二つのタイプがある。一つは文字をもちいて過去を語るタイプの社会であり、マリでは北方の、サハラ砂漠やそれに接した地方に居住するトゥアレグ、ソニンケ、フルベ、ソンガイなどの集団が相当する。彼らは古くからイスラームを受け入れたか、その強い影響下にあったので、アラビア文字の使用に親しんでいる。そのため、彼らのもとではタリフと呼ばれるアラビア語の歴史書や各一族の由緒をしるした記録が存在しており、それを先祖から受け継いできたのである。

なかでも有名なのが、トンブクトゥの古文書である。トンブクトゥは古くから学問の都として知られており、熱帯アフリカ最古の大学とされる14世紀建立のサンコーレ・モスクなどを拠点として、多くの知識人を輩出してきた。なかでもよく知られているのが、17世紀に活躍したトゥアレグ人のアフマド・バーバーであり、彼は1591年にモロッコ軍がガオ帝国を破ってトンブクトゥを支配したときに、モロッコに連行されている。しかし彼はその学識により、当時の北アフリカでも随一の知識人としてただちに認められたのだった。現在のトンブクトゥには彼の名を冠した資料館が建てられているほか、モロッコ軍による支配の直後に書かれ、同時代の西アフリカの歴史を学ぶ上で必読の書である『タリフ・アル・フェターシュ』と『タリフ・アル・スーダン』の2冊の歴史書が書かれたのも、やはりこのトンブクトゥであった。

アフマド・バーバー資料館にはあまりに多くの古文書が収められているので、その分類や内容の紹介はいまだほとんど着手されていない。それに加えて、トンブクトゥには私設の文書館も複数あれば、施設がないまま各家族に保管されている文書もたくさんあるといわれる。それらの調査と保管、そしてそのデータを広く発信していくことは、今後の課題として残されているのだ。

一方、文字になじんできたこれらの社会と異なり、サハラ砂漠から離れた南部の地域に居住してきたバマナン、ドゴン、マリンケなどの集団は、20世紀の半ばまでイスラーム化の影響をあまり受けてこなかった。そのため、彼らは文字をもちいて過去を伝えることがほぼ皆無であった。とはいっても、これらの社会にも豊かな過去があるので、過去の出来事を記憶におさめ、語り継いでいくための手法が開発された。これらの社会で、過去に生じた重要な出来事や政治体制の変化などを今日まで伝えてきたのは、マンデ系のことばでジェリ、マリの公用語であるフランス語でグリオと呼ばれる伝承語りである。

現在の国名であるマリの名前は、13世紀にニジェール川の上流地帯を本拠として建国され、14世紀に最盛期を迎えたマリ帝国に由来する。この国家は、当時世界最大とされた金の産地の近くに立地したこともあり、西は現在のセネガンビアの大西洋岸から、東は現在のニジェールの西部まで、空前の版図を広げて大帝国を建国した。この帝国の王は、1324年にメッカをおとずれ、金を湯水のように使ったと記録されるカンクー・ムーサ王をはじめ、イスラームを深く受け入れていた。しかし、その彼らについては、バクダッドやエジプトで書かれた文字資料が残されているだけで、西アフリカには彼らについて書かれた資料は継承されてこなかった。この時代のマリ帝国については、グリオたちが語り継いできた歴史伝承が存在するだけなのだ。

グリオの語りの中でももっともよく知られているのが、1230年頃にマリ帝国の前身となる小王国を建国したスンジャータ・ケイタの物語である。その名が示すように、王家はケイタの一族であり、その武勲を語り継ぐグリオは、首都バマコの南西に位置するキリナ村のカミソゴと、ケラ村のジャバテの二つのクランであった。

この二つのクランの語りはかなりのヴァリエーションを含んでいるが、共通するのは以下の事績である。スンジャータは幼少のころ足が悪く、ひとりで立ち上がることもできないほど病弱であり、母親の違う兄弟からいじめられていた。当時のマリの土地を支配していたのは、異民族ススの鍛冶師の王であるスマングル・カンテであり、マリの人びとは彼の圧政に苦しんでいた。やがて成長したスンジャータに、杖を頼りに立ち上がると、他の兄弟をしのぐほどの武勇をもつ存在であることが明らかに

グリオは弦楽器コラをかき鳴らしながら、千年におよぶマリの歴史を語り継いできた［出 所：Mage, E., *Voyage dans le Soudan occidental*, Hachette, 1877, p.33］

なった。その武勇のゆえに他の兄弟から迫害されたスンジャータは、東方に位置するメマの土地に逃れ、その王に助けられて故郷に戻る。帰郷した彼は、偉大な呪術師であるスマングル王を、そのもとに嫁いでいた妹が与えてくれた秘密の知識により呪術で倒して、のちにマリ帝国となる強大な国家の基礎を築いたのである。

奇妙なことに、カミソゴとジャバテのグリオが約8世紀にわたって語り継いできた伝承は、スンジャータの建国の物語が主であり、それ以降のマリ帝国の王の勲功にかかわる語りは存在しない。中東や北アフリカで書かれたアラビア語の史料に登場する、最盛期の王であるカンクー・ムーサ王や、イブン・バットゥーターが１３６４年にマリ帝国をおとずれた時に謁見したスレイマン王についての語りは、グリオの語りのなかにはまったく存在しないのである。

こうした事実は、マリの過去に関心をもつ研究者に謎をかけてきた。おそらくその理由は、口伝えで過去の事績を語り継いできた歴代のグリオにとって、イスラームの教えを受け入れ、アラビア文字をもちいて政治をおこない、アラビア語の資料によって記述されてきたカンクー・ムーサをはじめとする後世の王は、自分たちとは異質な存在とみなされてきたのだろう。長くイスラームへの改宗を拒んできたマリンケの人びとにとって、メッカ巡礼をおこなうほどにイスラームに傾斜していた後世の王たちは、記憶されるべき存在であるどころか、むしろ無縁な「他者」でしかなかったのだろう。伝承とともに真正な文化を守り伝えることを使命としていたグリオたちは、おそらくこれらの王については語らないことで、先祖崇拝や村内外の連帯組織であるトンを核とする非イスラーム的な自分たちの宗教と価値体系を守りつづけようと努めていたのである。

（竹沢尚一郎）

コラム3

アマドゥ・ハンパテ・バー

黒アフリカを代表するイスラーム知識人

嶋田義仁

ハンパテ・バー（1900頃～1991）は、黒アフリカを代表するムスリム思想家である。その活動は、歴史、民族学、小説、と多岐にわたる。マリのドゴン地域のバンジャガラで育ったが、晩年はコートジボワールのアビジャンに住み、大統領ウフェ・ボワニの顧問の役割もはたした。その名は、フルベ・バー一族の、姓（父の名）はハンパテ、名はアマドゥ、を意味する。

黒アフリカの知識人には二つの流れがある。ひとつは、アフリカを植民地化したヨーロッパの文化とキリスト教の影響下成長した知識人。その代表は、セネガルの初代大統領で20年間にわたって大統領職にあったレオポール・サンゴール（1906～2001）。カトリック教徒となり、パリ大学で文学博士を得たサンゴールは、詩人として黒人文化の価値を主張するネグリチュード運動の旗手となり、アフリカ人初のアカデミー・フランセーズ（フランス学士院）会員ともなった。

しかしサハラ砂漠南縁に東西にのびるサヘル・スーダン地域は、ふるくからのイスラーム文明地域でもあった。なかでも、西アフリカ最長河川のニジェール川が東西に貫流するマリ国はその中心地で、ガーナ帝国、マリ帝国、ソンガイ帝国、マーシナ帝国、トゥクロール帝国などの巨大イスラーム帝国が栄え、トンブクトゥ、ジェンネという交易とイスラーム学術で北アフリカや中東まで名の知られた都市も栄えた。

この伝統の中から、何人ものイスラーム知識人が誕生した。その代表がハンパテ・バーである。バーはフランスの高等教育をうけていない。セネガルにあった植民地学校に推薦されたが、

アマドゥ・ハンパテ・バー

バーはこれを拒否した。しかしフランス研究者（グリオールやモノー）にその才能を見出され、ダカールにあったIFAN（黒アフリカ・フランス研究院）の研究員となった。

口頭伝承史研究

バーの名をたからしめたのは、『マーシナのフルベ帝国』（1955）である。マーシナ帝国は、18～19世紀の西アフリカの内陸地帯を席巻した「フルベ族の聖戦」によって、ニジェール川内陸デルタ地域に成立した19世紀の王国である。建国者はシェイク・アマドゥ。その歴史を、バーは口頭伝承を掘りおこし収集し、フランス人生物学者のダジェの協力のもと、二人の共著としてこの書を仕上げた。

この書は、アフリカ歴史研究における画期的な功績であった。無文字文化が基層にあるアフリカには、歴史を伝える文献資料はわずかしかない。しかしバーの書は、口頭伝承の収集という、新しい歴史学研究の方法があることを明らかにすることになった。その影響下、ギニア人歴史家のニャヌ（1932～）も、13世紀マリ帝国の建国物語『スンジャータ』（1960）を出版した。グリオと呼ばれる専業楽師たちが歌い継いだマリ帝国の歴史語りを採集して書きあげたのである。ニャヌ弱冠20代の作品である。

口頭伝承は文字資料の不足をおぎなうだけではない。それはアフリカ人によるアフリカの歴史であり、歴史を作り上げたアフリカ人の心性にも深く立ち入りながら論じられる歴史であった。『マーシナのフルベ帝国』は読む者の心をつかむ名調子で語られ、同時に歴史をつくった主人公たちのおそれとおののきと決断が、わがくにの『平家物語』風の宇宙論的ビジョンをバックに語られる。

ティジャニーヤ派イスラームと牧畜民の思想家

ハンパテ・バーの思想的背景には、トゥクロール帝国系のティジャニーヤ派のイスラーム思想と、牧畜民フルベ族の思想がある。

トゥクロール帝国建国の端緒はセネガル川沿いにすすめられていたフランスによる植民地化への抵抗だった。建国者アルハジ・ウマールはその脅威の前にたちあがったが、フランス軍の軍事力をさとった。そこで、内陸のマリに移り、マリ全土をおおう強大なトゥクロール帝国を建設した。しかしその過程で既存のマーシナ帝国を滅ぼす。トゥクロール帝国も19世紀末にはフランスの軍門に下った。

しかしその残党がマリのここかしこに残った。その中にチェルノ・ボカールという、トゥクロール王家末裔のティジャニーヤ派宗教者がいた。少年時代に彼の下で学んだハンパテ・バーは、ボカール師から人生を決定する影響をうけた。それが彼の自伝的小説 *Amkoullel, l'enfant peul*（『アンクェル、フルベの少年』）に詳しく描かれている。しかしハンパテ・バーは、牧畜民フルベの遊牧人生に根差したイニシエーション思想と、マーシナ帝国建設に至るフルベの国家建設運動にも深い関心を抱いた。それゆえに、『マーシナのフルベ帝国』が書かれた。しかしその後すぐ、彼は、師ボカールの生と思想について論じ、フルベのイニシエーション研究もおこなった。

イニシエーションとは、少年が成人となるための成人儀礼である。男性の場合割礼をおこない、その傷が癒えるまでの1ヶ月間、原野の中で共同生活をおこない、その間、フルベとして生きるための様々な思想的身体的訓練をうける。

フルベ牧畜民は牧畜民の常として農耕民のような儀礼や神話でいろどられた宗教文化をもたない。しかし倫理的な人生観や宇宙論的な世界観がある。それについての詳しい研究はいまだなされていない。しかし、核になるのは遊牧的な移動をこととする人生である。故郷なき民族の人生と言ってもよい。フルベ口承文芸研究の開拓者故江口一久は、わたしにあるとき、「フルベは1万年先のことまで考えて生きている」と語ったことがあるが、そういう表現に納得する気持ちがわたしの中にもあった。そういう人生に対する覚悟のようなものがフルベのイニシエーションでは求められる。

それゆえ、『マーシナのフルベ帝国』は単なる歴史書ではない。それは、イスラーム教徒でありかつ牧畜民であるという自己の生き方を、マーシナ帝国建国者の行動とその思想の中に探ろうとした研究であったと考えてよい。バーは複数の自伝小説を試みた。それはしかし既に終わった自己の来歴を語るものではなく、そこには現在にまで、そして未来にまで続く自己の探求物語がある。それはかつてゲーテが『ヴィルヘルム・マイステルの修業時代、遍歴時代』でこころみたような自己形成探求と似ている。それがハンパテ・バーの場合、イスラーム的かつ牧畜民的な、終わりなき自己探求であった。それは同時にアフリカ人の自己探求への導きともなる。それゆえ、ハンパテ・バーは激動の時代を生きるアフリカ人にとっての人生の指導者として尊敬されるまでになった。

38

学校教育

★小学校の増加と教員の問題★

「私は学校の先生になりたいの。だって、学校の先生は、（未来の）お医者さんや弁護士さんや大統領も教育して育てるのだから」。

クリコロ州ジョイラ県のある小学校の5、6年生に将来なりたい職業についてインタビューをした時のことであった。「大統領になりたい」、「大臣になりたい」、「医者になりたい」、「弁護士になりたい」、「サッカー選手になりたい」などなど、威勢よく答えていた子どもたちのなかで、控えめな女の子がはにかむように冒頭の回答をした。国づくりの基本が人づくりにあるとすれば、この女の子の回答が示唆するとおり、国や社会の発展に学校の教員が果たすべき役割は非常に重要だ。就業の選択肢が限られている若者にとっても、学校の教員になることは、「大統領」や「大臣」に比べると地味ではあるがより現実的な選択肢の一つだ。

しかし、近年その教員人気は下落傾向にあるという。2000年以降、初等教育へのアクセスが急速に拡大してきたマリでは、教育の質、特に教員の質の低下の問題が顕在化しており、教員に対する好ましからぬ世間の印象が教員の人気低落に影響を及ぼしているのかもしれない。マリの学校教育を扱う本章では、特に初等教育における現状と課題を教員の問題を通して紹介したい。

1990年代から「万人のための教育」という初等教育の完全普及を目指す国際的なスローガンの下、マリにおいても政府、援助団体、国際NGO、地域社会など多くの関係機関や組織が協力して、初等教育へのアクセス向上に向けて様々な取り組みを行ってきた。その結果、過去十数年間で小学校の数は急激に増加し、就学児童の数も年々高い割合で増加してきている。ユネスコの「EFAグローバルモニタリングレポート2013」によると、マリの初等教育における児童の総就学率は、1999年の53％から2011年には82％にまで達した。

朝日を浴びながら列をなし、ときどき友達とじゃれ合い、楽しそうに登校する子どもたち。慣れないフランス語のアルファベットを繰り返し書いたり発音したりして悪戦苦闘する子どもたち。先生に当ててもらえるよう必死になって手を挙げアピールする子どもたち。放課後の校庭で日が暮れるまでサッカーに没頭する子どもたち……。おそらく世界のどこにでもあるような小学校の風景だが、学校がなければ、おそらく朝から家事を手伝ったり、家畜の面倒を見たり、畑に行って農作業を手伝ったり、市場や乗り合いバスの停車場で食料や日用品を売り歩いたり、家族を支えるために働くことを余儀なくされていたであろう子どもたちである。

多くの子どもたちが学校に通えるようになったという事実だけをみれば喜ばしいことかもしれない。だが、急ごしらえの学校普及によるひずみも深刻だ。たとえば、小学校はできたものの、教室や教員の数が十分ではなく、一クラスあたりの児童が通常の倍、多いときは100人ほどの子どもが教室に

子どもたちの目は輝いている

詰め込まれて授業を行っているところもある。日中の温度が40度を超えるのが当たり前のマリでは、教室の温度もサウナ並みに暑くなる。特に強風の日は砂埃が教室に入ってくるため窓も開けられない。もちろんクーラーなどは皆無で、ほとんどの学校が電化されていないので扇風機すら使えない。机や椅子、教科書や文具も人数分は確保されず、数人で共有して使用せざるを得ない。トイレや飲料水の確保など学校に不可欠なインフラも整っていない。学校給食が提供されないため、自宅が学校から遠い子どもは空腹のまま午後まで過ごすか、午前中で帰宅し、午後は学校に戻ってこない。子どもたちにとって学校における学習環境は快適とは程遠い苛酷なものなのである。学習環境の劣悪さだけではない。教員の質の問題はより深刻かもしれない。

学校の現場を視察すると、しばしば目を覆いたくなる現実に遭遇する。地方のとある学校でのこと。低学年に1から20までの数字をフランス語で暗唱し、数字のアルファベット表記を学ぶ授業を行っていたが、先生が黒板に示したお手本が間違いだらけだった。書かれていた文字もお世辞にもきれいとは言えない。本来小学生で身に付けているべき学力を先生が備えているのかどうかも実に怪しいのである。

教員としての能力不足もさることながら、モチベーションや勤務態度に問題がある教員も多い。授業を行っているはずの時間に子どもたちを教室にほったらかしたまま、自分たちは隣接する宿舎でお茶をしながらくつろぐ教員もいた。私用で村を離れたまま数日戻ってこないといった必要以上の欠勤に加えて、待遇改善を訴える教員組合によるストライキが常態化し、本来実施すべき年間授業時間数の3分の2にも満たないという調査報告もある。

さらに、ある地域では教員による高学年（5、6年生）の女子児童に対する性的虐待の問題を非難する保護者もいた。世間体を気にして公にならないケースも多いらしいが、こういった教員に対する不信が女子児童の中退や未就学の原因になっているとの指摘もある。

このような教員の質の低下の問題の根源には、アクセスの改善に伴って大幅に増加した契約教員の制度がある。現在のマリ小学校教員の半数以上は契約教員であり、正規教員よりも短い養成期間（数ヶ月から半年）で速成される。教員として十分な能力に達することなく資格を得て、学校に配置されることが多い。給与基準は正規教員の半分程度かそれ以下で、その他の待遇も正規に比べると格段に悪い。マリ政府に必要な教員数の大半を正規教員として雇用できるだけの財政力があればよいのだが、貧しいマリでは予算も限られている。また教員給与など経常的に発生する支出は国外からの援助資金を充てることもできない。政府としては限られた予算で教員数の大幅な増加に対応するための苦肉の策なのである。

悪い教員の事例ばかり取り上げたが、恵まれない条件の中でもモチベーションを維持して真摯に取り組む立派な教員ももちろん多くいる。無給のボランティアで出身地の学校で教えている若者がいたり、地域住民から宿舎や食料などの支援を受けている教員が子どもや親たちのことを思い、あえてストライキに参加せずに授業を継続することでコミュニティとの厚い信頼関係を築いている者もいる。給与や待遇面で政府ができることは限られているが、このように保護者や地域住民が協力することで現状が改善される可能性は大いにある。

先生がそれぞれの教科で教える知識以上に、子どもたちは先生の素行、態度、言動からも多くのことを学ぶ。立派な先生の存在が子どもたちに良い影響を与え、冒頭の女の子のように、立派な先生になって国や社会のために役立つ立派な人材を育てたいという夢を語る子どもが多く現れてほしいものだ。

（尾上公一）

39

建築物

★有機性と多様性★

マリには多様な建築文化が見られる。その特徴は、建築材料、工法と地域性にある。歴史的に、外部要因の影響を強く受けると同時に、マリからも様々な地域へと独特の建築様式を広めていった。中でも最も広範囲に影響を及ぼしたのは、つぎのコラムで取り上げるスーダン建築様式である。近年、首都バマコを中心に新規建築に対する規制や建築基準、法規などが整備されつつある。マリ建築士協会（Ordre des architectes du Mali）が設立され、建設業に従事する人々はこの協会に登録した上で活動している。

マリの伝統的住居は、大きく二つに分類することができる。一つは、農村部で形成されてきた民族独自の画地の形態、もう一つは、都市部で形成されてきた都市型の画地の形態である。しかし、マリは多民族国家であり、画地内の部屋の配置等は各民族の生活習慣等によって異なってくる。

農村部の画地

マリでは、民族によって住居（画地）の構成や部屋の配置等に差は見られるが、画地を構成する部屋の形態は類似しているものが多い。サハラ砂漠以南からサヘル・サヴァンナ地帯で見られる建築物の形態には円形と四角形が多い。伝統的住居の形態は大きく三つで、ドーム型、コーン型、四方形に分類され、そのうちドーム型とコーン型は農村部で、四方形は歴史の古い都市部で多く見られる。これに遊牧民の簡易住居やテント等が加わる。

マリの住居

マリの農村部で見られる画地の住居は、屋根が藁葺きで丸みを帯びたものが多いが、都市周辺の村では四角い住居が多く見られる。画地を囲む塀は日干レンガか、地域によっては藁壁が使われているところもある。壁は日干レンガを泥のモルタルなどによって固定し、さらに表面に泥を塗り重ねて作られ、雨期明けには表面を塗り直すことがある。

農村の画地の空間構成には共通する点がある。一般的には、拡大家族が必要とする「寝る空間」「調理する空間」「穀物を保管する空間」「夜間の畜舎として使用する空間」「食事をする空間」「団欒と手工芸作業を行う空間」などとして利用され、中庭を中心に配置されている。これらの構成要素の内容や画地内での配置は民族によって異なる。

いくつか具体的に見ていこう。バマナン人の家屋には、円形のタイプと方形のタイプとの二つの型があるが、その構造は同じである。屋根は円錐状に、あるいは角錐状に組んだ木の上に、サヴァンナに生えている禾本《かほん》科の草を葺く。壁は日干レンガを積み上げ、土やウシの糞で塗り固める。窓はなく、出入口は一つだけ作り、木製の開き戸を付ける。一部屋の広さは15~20平方メートルぐらいである。こうした部屋を持つ建物が、中庭を囲んで10棟前後集まり、画地が形成されている。画地には、井戸が必ず掘られ、大きな木が植えられている。野菜を栽培する家庭菜園があり、台所や水浴びができるシャワーのついた便所が中庭内に散在している。また、バマナン人の場合、画地の入口は一つで、その付近には最低でも1棟の接待用の部屋が設けられている。入口からの部屋の配置によってそこで寝る居住者の身分が表される。中庭の奥には主人部屋があり、その周りに妻たちの部屋、息子たちの部屋、主人の兄弟とその世帯の部屋が並んでいる。

都市部の画地

首都がバマコに定められて以来、バマコに居住する諸民族は、それぞれ独自の居住地区を形成し、農業、商業、漁業といった個々の生業に従事していた。植民地時代には、フランスのコロニアル様式の住宅やオフィスビル等が建設された。植民地政府やフランス人家庭で働く農村出身者のための居住地が新たに開発され、1画地は20×20メートルで4画地を1街区として土地区画整理が行われた。

こんにちバマコで見られる中庭型在来住宅は、敷地の条件により制限されない限り、四角い形であ

バマコの建物

中庭の様子（バマコ）

る。中庭を持つという点で、農村部や歴史的都市部で見られる伝統的住居と共通しており、また住空間構成要素や壁の材料等にも伝統的住居からの影響が見られるものの、都市化や空間利用法の違いによって、伝統的住居には見られない空間（部屋）や、伝統的住居にはあった空間（部屋）の消失が見られる。

　バマコの中庭型在来住宅は、高さ1・5～2メートルほどの土の日干レンガまたはセメントブロックの塀で囲まれていることが多い。画地には中庭があり、中庭には木と井戸がある。塀に沿って平屋の寝室棟、台所、トイレ、倉庫が並んでいる。寝室棟には寝室が複数並んでおり、寝室の手前には前室が設けられている場合もあって、寝室と中庭の間の緩衝空間としての役割を果たしている。マリの農村部の住居では、台所やトイレ等も含めて、すべての部屋が中庭に直接面していることが多いが、スーダン様式の住居では寝室と中庭の間に緩衝空間が設けられる。このように、農村と都市では寝室と中庭の関係が異なっていることが見てとれる。バマコにはこの両方のタイプの住宅が見られる。

　バマコのように外部からの流入人口が多い都市では、伝統的な中庭を中心とする住宅に、血縁関係のない複数世帯が居住することも多いが、就寝以外のすべての生活行動を中庭で行う生活様式は変わらない。

中庭は共同生活に対処できる柔軟な空間としての役割を果たしている。居住者は、中庭で行動するときに調理用具などの道具をマーカー的に置くことにより、必要な場所を確保する。また、生活行動の行われる時間帯と場所が世帯間で柔軟に調整されている。このように、マリの住宅における中庭は、かつての拡大家族、また現在の都市部に見られる複数世帯の居住を可能にしていることが特徴である。

マリの建築を語るには、住居を通して見ることが重要である。伝統的にマリでは、共同で使われる建物はあったものの、儀式用のもの、宮殿、モスクを除いては公共建築が非常に少ない。また、集落や都市が住居の集合体と市場によって構成されてきたため、住居のあり方が非常に重要である。現在のマリの住居では、中庭や玄関室のような緩衝的役割を担う空間のいずれかまたは両方を残しながら、部屋の増改築が家族のライフステージに合わせて行われている。一夫多妻制が認められているマリの家族のライフステージは、夫婦の結婚に始まる創成期、第一夫人の子供たちの自立と第二夫人の婚姻の成長期、第二夫人の子供たちの自立と第三夫人や第四夫人の婚姻の安定期、子供たちの独立後の解体期に分けられる。家族の増減に従い、固定の「かまど」の数が増減される。マリでは、世帯とは「同じかまどの飯を食べる者」の集まりを指す。

近代化が進んでいない農村部では、本来の家族形態と居住形態が残る一方、都市部では、拡大家族の解体、つまり核家族化が進みつつあり、複数の非血縁世帯の集合居住が主流になっている。その中でも農村出身者が多く居住している都市においては、農村の居住形態の影響を残していることから、マリの家族のあり方が根本的には変わっていないことが見てとれる。

（ウスビ・サコ）

スーダン様式の建築

マリで最もよく知られている歴史的都市トンブクトゥとジェンネで発展してきた建築様式はスーダン様式と呼ばれている。この様式が都市型建築様式として普及したのは14世紀頃である。また、イスラーム建築様式とスーダン様式とは多くの点（四角い中庭の存在、空間の配置の仕方等）で類似している。スーダン様式は西スーダンに居住している様々な民族の住居の影響を受け継いで発展してきた。

マリ帝国のカンクー・ムーサ王は14世紀にメッカ巡礼をし、その帰りにアンダルシア地方から詩人であり建築家でもあるアブー・イシャク・エス・サーヘリを招いて、ガオやトンブクトゥ等でモスクを建設したとされている。

スーダン様式の画地では、隣接する画地との間に壁または部屋が設けられており、すべての画地は道路に面している。四角い形態になっていて、四角い中庭の周りに四角い平屋の住戸が配置されている。壁は、草や米の籾等（地域によって異なる）を混ぜて発酵させた日干しレンガを泥のモルタルによって固定する。泥でできた屋根を支えるのは、ヤシの木を小梁としたものと藁のゴザである。画地の構成要素としては、入口付近に外部と画地内をつなぐ玄関室があり、この玄関の横に主人室、妻たちや他の構成員の部屋、倉庫、台所等が設けられている。倉庫や台所は中庭に直接面しているが、部屋と中庭の間にはベランダが設けられている。また、屋上をテラスとする場合があり、屋根が厚く作られ、道路に面した部分に土作りの手すりが設けられる。

世界文化遺産に登録されている古都ジェンネの旧市街には、その中心にスーダン様式の大モスクがそびえ立っている。ヤシ材と日干しレン

コラム4　ウスビ・サコ

ガで作られ、泥で塗り固められたモスクは日干しレンガ製の建築物としては世界最大規模である。1280年頃に、イスラームに改宗したジェンネ王コイ・コンボロが当時の宮殿を壊し、跡地に壮麗なモスクを建てたのが起源とされている。屋根が100本の柱で支えられている大モスクは、奥行き75メートル、高さ20メートルで、1000人の信徒を収容できる。ミナレット（尖塔）には「生命と創造」の象徴として、ダチョウの卵が据えられている。泥でできているため、毎年2〜5月の間に、雨季に備えて表面の泥が塗り直される。

この塗り直しは一大風物詩にもなっており、この巨大建築物の建設、修復などに従事する者や泥の建築技術をもっている職能集団の人たちがジェンネには多く住んでいる。彼らはバリ（BARI＝BARE）、大工組織と呼ばれ、周辺の村々へも影響力を及ぼし、マリ各地で建設活動を行っている。建設活動は、宗教活動や漁業などと並んでジェンネの伝統産業として位置づけることができ、強い連帯感で結ばれた組織を形成して、大工間の調整、建築費用の調整、職業の伝統的な継承と監督、大工の生活全般を含めて、大工の伝統的な地位を守っている。

スーダン様式の建築（ジェンネ）

これらの居住空間の建設・維持管理は、家庭ごとの担当大工が行ってきた。口承文化の担い手となっている世襲制のグリオ（ジェリ）と同様に、ジェンネでは同じ大工が各家族の居住空間や建築物を代々担当し、双方の世代が代わっても、関係は変わらない。ただし、大工側は指名世襲制のようなところもあり、必ずしも血縁関係があるとは限らない。また、担当大工が何

中庭の様子（ジェンネ）

らかの理由で工事を担当できない場合、別の大工を探し指名するが、工事の監督責任を担うこともある。

これまでジェンネの大工たちの活動は、建築主と大工の信頼関係、大工間の信頼関係に基づいて行われてきた。ところが近年、近代的な学校教育を受けた若い世代による発注形態の合理化（以前のような口約束ではなく、見積や契約を書面で行う）、新しい建築技術や建築材料の導入によって、建築行為に対する考え方、価値観が変容しつつある。さらに、国際資金援助によって行われているジェンネの古民家の修復事業が、従来のかかりつけ関係ではなく、別途の契約ベースで行われていることなどは、ジェンネの伝統的建築界に衝撃を与えた。若い大工たちは伝統的な大工組織に所属しながらも、仕事の仕方は既存の共同体形式とは異なっている。

40

金鉱と呪い

★邪術と死のある風景★

２００８年10月30日、わたしの調査地である金鉱の村マショゴの村長ドー・コネが息を引き取った。１９３６年生まれ、享年72歳。当時、金鉱経営権をもつ村長であった。何の前触れもないあまりに突然の出来事であった。当時日本に一時帰国していたわたしの耳に死の知らせが入ったのは、その1ヶ月後だった。ドーは、わたしを3年近く受け入れてくれた後見人であり、わたしのトー（父親）だった。知らせを受け、1ヶ月経ってから、再調査のため金鉱の村マショゴに帰村した。入村するとすぐに、ドーの愛息であり、わたしの「弟」にあたるムサに事の経緯を尋ねた。要約すれば、ドーは金鉱の利権を巡る呪詛合戦に敗れ、当時の郡長ナンバガ・クリバリとその取り巻きたちに呪い殺されたという。10月30日に死去した翌日、ミセニ郡の役所ではナンバガ郡長を中心に取り巻きが集まり、金鉱の利権問題で敵対するドーが亡くなったことを祝して密かに祝宴が開かれたという。

息子のムサはさらに詳しく経緯を語ってくれた。２００８年10月中旬のある日のこと、ドーが村の道端で売られていた肉を食べると腹痛が始まり、腹部が膨張した。折しもその日、ムサは、村から170キロメートルほど離れたマリ第二の都市シカソに乗り合いタクシーで向かう予定だったが、父の異変を心配し、体調が回復するまでシカソ行きを取りやめた。だが、ドーはムサを金鉱から遠く離れたシカソに向かわせ、半年は帰村せぬよう言い含めた。なぜなら、ドーは金鉱の利権を巡るもめごとで自分の命が狙われていたことを知っていたし、そのときまさに体に異変を感じていたからであり、だからこそ利権騒動によるこの呪詛の攻撃から愛息ムサを守りたかったからだ。

金坑夫たち

結局、シカソに向かったムサは、父の病気がじきに好転するとその時は思い込んでいた。父はかつていくども危機的な病気を乗り越えたり邪術の攻撃を跳ね返したりしてきたからだ。たしかにドーは、村長として金鉱経営に辣腕をふるいつづけていた。それに、神秘的力を帯びるのに十分な過去の人生史上の伝説がドーの周囲に不思議な彩りを与えていたから、呪詛で病気になっても回復するはずだと誰もが思っていた。その伝説とは概略すると次のようだ。

若き日のドーは、1960年代から1980年まで、コートジボワール中西部に乾季の間だけ出稼ぎ移民をしていた。世渡りの才に長けていたので経済的に成り上がっただけでなく、人望も厚かった彼は、1980年に結婚してすぐ、村人からの嫉妬により呪詛をかけられた。そのため両手足の指はすべて溶けた。だが、対抗呪術で応戦した結果、病気の進行は止まった。両手足の失った指には邪術の攻撃の痕跡がとどめられたのだった。

以上の伝説だけでなく、以前からもめごとにおいては賢明さと柔軟さを示し、人望の厚さにおいて郡内の村々にその名が知れ渡り、指導性において様々な新しい制度を先取りしていたドーが、金鉱を巡る呪詛の攻撃によって世を去るなどとは誰も考えていなかった。しかし結局、ムサがシカソに到着して数日後、ドーはまたたく間に病状が悪化し、10月30日に絶命した。唯一の救いは、村を離れて少年兵になったとの噂のあった次男ユスフが村に戻ったこと、そして逝去した同日に娘ジャタがはじめての子どもを出産したことが知らされてから、彼がこの世を去ったことであった。

他方、逝去の知らせが、ミセニ郡郡長とその取り巻きの元に届いたとき、不謹慎なことに郡長から側近の役人までが雀躍して感謝の供犠を捧げ、祝宴を開いたのを多くの村人たちが目撃していた。その噂はまたたく間に近隣村に伝わった。なぜなら、郡長やその側近とドーとは、お互い金鉱の立坑税の利権をめぐって呪詛をかけあっていたことを郡内の誰もが知っていたからである。

この立坑税は莫大な利権をもたらしていた。２００４年の金塊発見当時、人口６００人強であったマショゴ村には、金鉱発見の噂を聞きつけた坑夫たちが西アフリカ諸国より10万人以上も集まっていたからだ。一つの立坑を掘るための税金が５０００セーファー・フランも必要であったため、金鉱経営権獲得は莫大な利権をもたらしていた。そして、郡長たちは利権を巡る呪詛合戦の果てにかろうじて勝利し、ドーが命を失った。では、そもそも呪詛合戦はどこからはじまったのか。その引き金となった金鉱の村の年長者全員による供犠を具体的に見ていこう。

バゴエ川の自然国境での砂金洗い

前年2007年2月26日、11時頃、わたしは金鉱の利権を巡る呪詛の場面に立ち会っていた。金鉱の村の居住集団長（ダアラ）たちは、「水の人々」すなわち「もっとも強い力をもつ」金鉱の森の精霊たる「水の精霊」に対して感謝のための供犠をおこなった。金鉱の坑夫たちに頼まれ、彼らが無事故で安全に、そして大量に金が採れるように祈って供犠をおこなったのだ。坑夫たちも供犠を喜んでいた。

だが、金鉱の森の精霊に祈りながらも、供犠の一連のプロセスが進行するにつれ、雲行きが怪しくなり、しまいには「身勝手な」な郡長や取り巻きの役人を対象とする呪詛に変わっていった。役人ばかりではない。数年間にわたってなにがしかの利権を貪ってきた環境省、鉱山省の官僚、警察、憲兵そして軍隊などが暗に呪詛の対象とされていた。「もめごと」ばかりもたらすよそ者の敵対者を呪う一方で、金鉱に大挙して押し寄せた立坑税を払ってくれる坑夫たちを祝福するという対照的な集合的行為を村人たちはおこなった。「マショゴ村の金鉱を掠めとろうとした」郡の役人たちはこうして呪われた。

だが、だからこそ郡の役人たちも同じように、金鉱の利権を手に入れるためにそれ以上の呪詛で対抗しようとした。そして長い一連のできごとの結末の一つとして、郡の呪詛の力が勝って、村長の息の根を止めた。郡長たちは自分たちの呪詛が実現することを強く望んでいた。だから、村長の悲劇的結末を聞いた彼らは、実現した呪詛の効力に対して感謝の祝宴を開いた。呪詛の結果への願望が強かったから、それだけいっそう帰結として生まれた悲劇が神秘的な必然性の光彩を放ったわけだ。

この例は、莫大な利益をもたらす金鉱の支配をめぐる経済的社会的な対立が、呪詛の応酬というかたちで現実化している姿を示している。呪詛や呪いは、過去のものであったと思われるかもしれない。しかし、利害をともなうさまざまな機会にそれは出現することがあるのである。

（溝口大助）

VI

アートと文化

41

音 楽

★音楽がマリをつくる★

「音楽が国をつくる」などと言うと、夢見がちで陳腐なフレーズに聞こえるかもしれない。しかしマリという国、マリの人々にとっての音楽について考えるとき、この言葉がしっくりくる。

フランス植民地支配からのマリの独立は、1960年のことである。マリと隣接諸国を隔てる国境線は不自然にまっすぐだ。植民地支配のために、緯度や経度に沿って定規で分割されたのだ。マリの人々は、言語、生業、住む土地の気候も異なる一帯にひかれたこの直線を、独立国家の国境として引き継いだ。植民地支配から独立したマリ政府がなによりもまずおこなわなければならなかったのは、この国境線に囲まれた土地を「マリ」に、そこに住む多様な帰属意識をもった人々を「マリ人」につくりあげることだった。

経済の不安定、インフラの偏り、政治の混乱、きのうまで存在しなかった「マリ人」――こうした容易ではない状況下での国づくりを助けたのは、音楽だった。マリでは、どこに行こうと音楽が聞こえる。南は熱帯の跳ねるリズム、北は砂漠のたゆたう旋律。そのあいだに、グラデーションのようにさまざまな

サリフ・ケイタ［提供：AFP＝時事］

音楽がある。独立後、政府は国づくりのための文化政策を推進し、州内で選抜されたダンス・チームやバンドが地方色・民族色の強いパフォーマンスを競う、全国規模の文化祭を2年ごとに開催した。こうした全国規模の文化祭を通して、音楽の志向をひとつに統合するのではなく、多様性がもたらす「マリ文化」の豊かさを示そうとしたのだ。優れたミュージシャンを集めた国立バンドも大活躍し、独立直後の混乱にあるマリ人を鼓舞した。

マリをつくったのは、国家が中心になって推し進めた音楽に限らない。首都バマコやヨーロッパを中心に独自に活動を展開してきたサリフ・ケイタは、当時も今も、マリ人にとって生ける伝説、「マリ音楽の王」である。彼の音楽だけでなく、彼が背負う物語も人々を惹きつけてやまない。

サリフ・ケイタ（１９４９〜）は、マリ南部クリコロ州のジョリバ村で生まれた。黒人の両親から生まれてきたサリフの肌は白かった。先天的にメラニン色素が欠乏しているアルビノだったのだ。かつてアルビノの子が生まれることは不吉の予兆とされていたため、サリフの親は彼を捨てた。サリフは自力で生きていくしかなかっ

アリ・ファルカ・トゥーレ

た。10代で村を出て首都に向かったサリフはミュージシャンとなった。マリのマンデ系有名ミュージシャンのほぼ全員が、音楽と口頭伝承をなりわいとするグリオの家系出身だ。しかしサリフは、グリオを「かかえていた」側、つまり貴族の家系の末裔であった。貴族の家系の人間が音楽を生業に選択するなど、当時の感覚で言えばありえない大スキャンダルだ。黒と白という肌の色の逆転、貴族とグリオという選ぶべき道の逆転。これだけでも大きな物語だが、加えて彼にはミュージシャンとしての優れた才能があり、並々ならぬ気概があった。いくつかの有名バンドを経るうちに、マリ国内にとどまらず、西アフリカ諸国やヨーロッパでも人気を博すようになる。マリの人に話を聞けば、若かりし40年前のサリフとライバルたちとの痺れるような競演や、彼の尊大であるかと思えば少年のようにはにかむこともある人間的な魅力、ヨーロッパでの成功など、まるですべてを直に見てきたかのように語る。サリフ・ケイタはミュージシャンという職業を超えて、マリ人の誇りであり、「マリ文化」の大使であり、「我々の音楽」の創造者だ。

　マリの南部のミュージシャンがサリフなら、北部の代表はアリ・ファルカ・トゥーレ（1939〜2006）だろう。北部トンブクトゥ州出身の彼も、マリの文化的豊かさを内外に示した偉大なミュージシャンのひとりだ。ギターをブルージーに爪弾きながら、ソンガイ、フルベ、バマナン、タマシェクなど複数の言語で歌う。国外では「アフリカのジョン・リー・フッカー」「砂漠のブルース」と称され、コラ奏者トゥマニ・ジャバテとの共作ではグラミー賞を受賞した。生前のアリ・ファルカ・トゥーレは、いかにもサヴァンナの村に暮らすおじさんという風貌や話しぶりだ。特に海外からもその才能を「発見」された後半生は、首都での生活や海外での仕事も多かった。伝統的な服装にいかにもブルース・マンらしいハットという組み合わせの妙も洒脱だ。それでも彼の風貌と音楽は、つねに砂漠近くの北部の村の乾いた空気を感じさせる。サリフ・ケイタの音楽が、どんなにスターとして華々しい生活を送ろうとも最新鋭のスタジオでレコーディングしようとも、どこまでも「マンデらしい」ように、アリ・ファルカ・トゥーレの音楽もどこまでも「北部らしい」。洗練と土着の風土の混淆が絶妙なのだ。

　女性歌手も安定した活躍をしている。明るさと哀愁が混在する声のウム・サンガレ、メランコリックな声のロキア・トラオレ、風通しの良いアルト声のファトゥマタ・ジャワラ、貫録ある風貌で少女のようにか細く高い声を出すナ・ハワ・ドゥンビアなど、挙げるときりがない。彼女たちの音楽がラジオやテレビから流れると、だぼだぼのジーンズを腰で履きラップを好む若者も、杖をついて歩く老人も、洗濯を干しているおばさんも、同じように耳を傾ける。音に合わせて体を揺らす。世代や民族、言語で生活のかたちや音楽の志向が異なろうとも、核となる「マリの音楽」はマリの人々のなかに確かに共通に想像されている。音楽が国をつくり、国民が音楽を愛しつづけているマリの様子が、ときどき無性にうらやましい。

（伊東未来）

ティナリウェン

コラム5　伊東未来

マリがどこにあるのか、そもそも国名であるということすら知らなくても、ティナリウェン（Tinariwen）を知っている音楽ファンは多い。欧米の有名ミュージシャンたちが彼らのファンであることを公言し、世界各地の野外ロックフェスティバルで数千の聴衆を熱狂させるバンドだ。

一方で、マリ国内では彼らの音楽や名前はめったに聞かない。彼らを知っているマリ人の方が珍しいだろう。ティナリウェンのメンバーは全員トゥアレグである。全員トゥアレグから成るバンドなのだからこの表現は滑稽に聞こえるだろうが、あえて言う。彼らは「あまりにトゥアレグな」バンドだ。つまり、サハラ砂漠周辺諸国が植民地支配から独立して以降の、トゥアレグの政治的・社会的な状況を鏡のように反映したバンドなのだ。

ティナリウェン結成の経緯はこうだ。マリ出身のトゥアレグ人青年たちが、トゥアレグ独立運動の混乱から逃れるために暮らしていたアルジェリアの難民キャンプで音楽活動を始めた。トゥアレグ人の伝統的な旋律やリズムに、中東、北アフリカ、欧米などのポップやロックを取り入れた音楽を、仲間たちと披露しはじめる。周囲の人々はこの青年たちを「ケル・ティナリウェン（砂漠の人々）」と呼ぶようになり、これが現在のバンド名につながる。

難民キャンプで結成されたというだけでも、「あまりにトゥアレグな」経歴だが、バンドとしてさらに変則的な経歴をもつ。メンバーは1980年と85年に、カダフィー大佐（当時）がおこなったリビア在住トゥアレグ人に対する招集に応じて、リビアでの軍事訓練に参加しているのだ。この軍事訓練は、トゥアレグ人の若者に軍事訓練をほどこすことで、サハラ以南アフリカへの権力拡大を図ろうというカダフィーの目論見からおこなわれたものだった。

　1989年、ティナリウェンはマリ北東部のテッサリトに戻る。「マリ」とは言っても、国土の北半分を占める砂漠のど真ん中。また、「戻った」とは言っても、幼い頃に混乱から逃れるため去ったきりの地だった。1990年にトゥアレグ人が再び独立を目指す軍事行動をはじめると、メンバーも戦闘員として参加した。1991年にトゥアレグとマリ政府とのあいだで和平合意が結ばれ、ティナリウェンは戦闘活動をやめる。ここでようやく彼らは、現在のかたちである「フルタイムの音楽バンド」になったのだ。

　その後、彼らはマリやアフリカ諸国を中心にレコーディングやライブ活動をおこなうようになる。1998年にはフランスの音楽関係者に「発見」され、より世界的な活動を展開するようになる。2011年8月発表のアルバム『タッシリ』ではグラミー賞を受賞し、一部のワールドミュージック・ファンだけでなく、より広くその名が知られるようになった。

　2011年以降、ティナリウェンが暮らすマリ北部は、トゥアレグ独立運動派とテロリストによる混乱の場となる。2013年1月、マリの有名ミュージシャンたちが集結してマリの平和を願う曲を共同制作・発表した。ティナリウェンはそこに参加していない。ティナリウェ

『タッシリ［Tassili］』（Anti、2011年）

ンが参加しないことに、とりわけ彼らの知名度が高い海外から疑問や憶測が出た。「たとえテロリストの手によってでも、マリ北部が独立することをメンバーは望んでいるのではないか」「マリ南部のミュージシャンと歩調を合わせたくないのではないか」。

　ナンセンスな憶測だ。２０１２年末には、メンバーの一人が反政府テロリスト集団アンサルディーンに捕らえられている。当時アンサルディーンの支配下にあったマリ北部で禁止されている音楽を演奏し、トゥアレグ人の文化を讃える行為をおこなったというのが、逮捕の理由だった。テロリストによる北部独立を望んでいる人たちが、命を危険にさらしてまで演奏をするだろうか。独立闘争、難民化、軍事訓練、和平合意、世界各地でのライブ、グラミー賞、テロリストによる支配——取り巻く情勢がどんなに変化しようとも、やはり彼らは「あまりにトゥアレグな」バンドだ。彼らの音楽は、マリよりもトゥアレグに、国家よりも砂漠に帰属しているのだ。

コラム6

ナ・ハワ・ドゥンビア

伊東未来

数年前、マリで初めてナ・ハワ・ドゥンビア（Na Hawa Doumbia）の名前を知った。長距離バスの車掌さんが、携帯電話に保存している彼女の曲を延々と流していたからだ。車内に大音量で流れるBGMに、乗客の誰も文句を言わない。年齢性別問わず、機嫌よく口ずさんだりしている。すこし鼻にかかった声。圧をかけて細く高く朗々と歌うが、時折、声変わり直前の少年のようにほんのり掠れたり揺らいだりする。日本の天才少女歌手が民謡を唄いあげる感じに似ているな、と思いながら聞いていた。隣の乗客に歌手の名前を尋ねると、「ナ・ハワ・ドゥンビア。これ（その時流れていたMalaïa）は娘と一緒に歌ってるんだよ」との答え。「娘がいるの？若い女性が歌ってるのかと思った」と驚くと、まわりでこのやり取りを聞いていた他の乗客たちがどっと笑った。後に知ったことだが、ナ・ハワ・ドゥンビアは1970年代から活躍する歌手であり、マリで知らぬ者のないワスル音楽の大御所だった。北島三郎を聞いて「この若いの、なかなか上手いね」などと言うようなものだったのだ。

ナ・ハワ・ドゥンビアはワスル地方の中心地ブグニにほど近い村で育った。ワスルは現在のマリ南西部・ギニア北東部・コートジボワール北西部をまたぐ歴史的な地域の呼称だ。ワスル地方は彼女だけでなく、同じくマリ人に絶大な支持を得ている歌手ウム・サンガレ、サリ・シディベ、クンバ・シディベなどを輩出している。いずれも張りのある声をもつ女性歌手たちだ。新年や国民の祝日などに放送される特別音楽番組では、男性バンドと多数のダンサーを従えて堂々とトリで登場する。高級ホテルのプールサイドで、煌《きら》びやかな衣装を着てジャラジャラとアクセサリーをつけ、あるべき若い娘の慎ましさについて歌ったりする。その滑稽にも映る矛盾を指摘するのは野暮というものだ。彼女たちはそういったものを軽く飛び越えて、圧倒のステージングでマリの老若男女を盛り上げるプロのパフォーマーなのだから。

今日ではワスル出身者が創る音楽は「ワスル音楽」という一種のジャンルと認識されている。もともとはポップ音楽というよりも、男性が演奏する弦楽器（カメレン・ンゴニ）や木琴（バラ）などの伴奏で女性が歌う、伝統的な民謡だった。大西洋奴隷貿易によってこの地の音楽がアメリカに渡り、アメリカン・ブルースの起源になったとも言われている。１９８０年代以降は伴奏にドラムやシンセサイザーの音が加わることも増え、素朴な民謡としてだけでなく、老若男女に好まれるポップ音楽に進化した。ワスル・ミュージックの歌詞の内容は幅広い。浮気性な青年、嫁ぎ先の家族への気持ち、ワスルの素朴な風景など、日常に密着した出来事や情景が、時にアコースティックに、時に賑々しく歌われる。

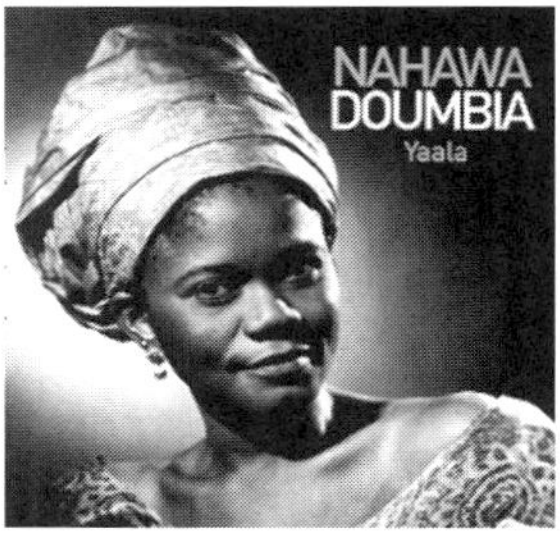

ナ・ハワ・ドゥンビア

ナ・ハワ・ドゥンビアは12歳ころから歌い始めたという。彼女の名が一気に有名になったのは１９８０年のことだった。彼女が歌手として所属していたバンドが、マリ政府主催の青年芸術文化ビエンナーレで最優秀賞を獲得したのだ。この時、マリ国営ラジオ放送局の関係者にＲＦＩ（フランスの国際ラジオ放送）主催のオーディションへの参加を勧められ、こちらでも最優秀賞を受賞する。これをきっかけにマリ国内での人気が出ただけでなく、フランスでもＣＤ等を発表するようになる。マリでは、テレビでもラジオでも街角でも彼女の歌が流れ続けている。絵に描いたような民謡少女のサクセスストーリーだ。

彼女の声は、どんなに成功してベテランの年齢に達しようとも、いつまでも素朴で張りがあり、時々ほのかに掠れる。マリでモテる声だ。少なくとも私の周りのモテるマリ人女性は、しっとりした声や可憐な声ではなく、遠くまで通る張りがありながらも少しハスキーな声の持ち主だった。この風合いの変わらなさに、彼女が30年以上にわたって第一線で活躍する国民的歌手であり続ける秘訣があるのだろう。

42

映　画

★知られざる秀作映画の数々★

サハラ以南のアフリカでつくられる「ブラック・アフリカ映画」の製作をリードしてきたのは、マリ、セネガル、コートジボワールなどのフランス語圏にぞくする西アフリカ諸国であった。1960年の「アフリカ独立」から、これら西アフリカ諸国の映画人の多くは、ソ連などの社会主義国や旧宗主国フランスの映画学校（イデック）で映画製作の技術を学んだ後、帰国して製作にはいった。マリでは1962年に映画局（OCINAM）が創設され、その後に国立映画製作センター（CNPC）がマリの映画製作の担い手になった。

スレイマン・シセ（1940〜）、シェイク・ウマル・シソコ（1945〜）などが、これらの世代を代表する存在である。シセの場合はモスクワへ留学して映写技術や映画製作を学び、60年代末に帰国し、まず短編映画『生涯の五日間』を製作したあと、『バーラ（仕事）』（1978）を発表した。これはマリの首都バマコの工場経営者と闘う労働者を描いた作品で、アフリカ社会での階級対立を描いたものだった。この作品で世界の映画界の注目を浴び、ナント三大陸映画祭で大賞やロカルノ映画祭で最優秀撮影賞を獲得している。前後して『デン・ムソ（若い娘』（1975）では家庭内の親子の葛藤を描いたが、公開時のトラブルで投獄の憂き目にあう。『フィニェ（風）』（1982）は軍事政権下におけるリセ学生の反抗の姿を描いた。これら長編三部作で、シセは現代アフリカ社会が抱える困難な現実を植民地主義などに責任を転嫁することを避け、自分たちの問題として直視することを主張した。

『イエレン（ひかり）』（1987）はカンヌ映画祭で国際批評家賞を受賞した作品であるが、神話時代のアフリカを舞台に、コモ結社の秘儀を漏らした息子を父親が追及するといった親子の対立を描いた作品である。マリの主要民族バマナンの神話をもとにして、バマナンの象形文字を使ったイメージ表現を駆使して、アフリカの固有文化にたいする畏敬を呼び起こす作品と評価されている。

シェイク・ウマル・シソコは、首都バマコの下町でゴミ清掃にあけくれる少年を描いた『ニャマントン』（1987）、女子割礼を拒んで村落の伝統に反抗する女性の問題を扱った『フィンザン』（1992）を発表した。その後『独裁者ギンバ』（1995）では、昔話の形式をとり、王国で独裁を揮う暴君の息子に対し民衆の怒りが爆発する。現実のマリで進展しつつあった民主化運動を背景にした風刺的な作品であった。シソコはその後、短編映画『サヘルからのシナリオ』（2000）などの作品を発表している。

『ひかり』（スレイマン・シセ監督、1987年）［VHS発売元：シネセゾン／東北新社、販売元：キングレコード］

マリの隣国ブルキナファソの首都ワガドゥグで、1969年と1970年の2回、アフリカ映画週

野外映画のポスター

間が開催された。その後、この事業は１９７２年からフェスパコ（ワガドゥグ全アフリカ映画祭）という名称に受け継がれた。この映画祭において上記のスレイマン・シセの『バーラ』（第６回）や、『フィニェ』（第８回）がグランプリに輝いている。そのほか、シソコ監督の『独裁者ギンバ』が第14回のグランプリを受賞した。

ほかの監督では、マンベイ・クリバリの『セグのしぐさ』が第11回同映画祭で最優秀短編賞を獲得している。アダマ・ドラボ（１９４８～２００９）の『タフェ・ファンガ（スカートの力）』は農村における女性の役割を描いた作品で、１９９７年の同映画祭で審査員特別賞を受賞した。また、ラジ・ジャキテと二人で監督した『ファンタン・ファンガ（乞食の力）』（２００２）は、アフリカ各地で迫害を受けているアルビノ（先天性白皮症）の問題に焦点をあてている。

なお、これらのマリ映画にかんして日本における紹介に貢献したのが故白石顕二であった。１９８５年の第１回東京国際映画祭ではマリ映画から『フィニェ』が選ばれ上映された。同映画祭は４、５年に一度開催されたが、事務局長をつとめてきた白石が２００５年に惜しくも世を去った。その後、彼の遺志をついだ有志がシネマアフリカを設立し、映画祭・上映会を開催している。

マリ人監督ではなく、隣国のブルキナファソのダニ・クヤテ監督が製作した『ケイタ』は、マリ王国の創始者スンジャータ・ケイタの物語と現代都市の風俗を交錯した作品である。また、イギリスのBBCが製作した『サリフ・ケイタ物語』（1990）は、マリ出身の世界的なミュージシャンであるサリフ・ケイタの伝記的な紹介をしたもので、日本でもDVDが発売された。

かつて、アフリカ映画はかずかずの秀作を世に出しているにもかかわらず、アフリカ人の観客にはとどかなかったといわれていた。マリ国内の映画事情も、ハリウッド映画やインド映画、さらにカンフー映画などが中心で、アフリカ映画は商業的に成功が見込めず敬遠されてきた。じっさい私もパリの映画館で、日本では見ることができないすぐれた作品を観たことがある。しかし、今日のマリではテレビやビデオの普及で事情が変わってきた。私も村の下宿先でTV放映されたマリ映画を見たことがあるし、街のビデオショップでダビングされたマリ映画のソフトも数本手に入れている。こうして、やっとマリ映画も人びとの身近な存在になったといえる。

最後に、厳密にはマリ映画といえないが、フランスの映像作家ジャン・ルーシュ（1917～2004）の仕事も忘れることはできない。ルーシュはアフリカで映画を撮った最初の映画人のひとりであり、夢と現実、労働と宗教、フィクションとルポルタージュが交錯する『狂気の主人』や『ジャガー』などの映画を撮った。また、ドゴンの儀礼のドキュメンタリー映画『シギの祭り』（1969）はよく知られている。それと並行して、ルーシュは大学に民族誌映画の講座を開いて多くの学生を育成したほか、パリのイデックでアフリカ映画人の育成に尽力した。マリ出身のマンチャ・ジャワラは映像人類学的手法で撮った『ルーシュ・イン・リバース』（1995）で、ルーシュをインフォーマントとして彼のアフリカとのかかわり、アフリカ人に対する心情などに迫っている。

（赤阪　賢）

43

独立後のマリの美術

★政治の軛《くびき》から解き放たれて★

1960年、マリは隣国セネガルとの連邦を解消したあとマリ共和国として独立した。独立後のマリの美術の展開を概観するうえで、ある一人のアーティストの航跡をたどることが有益な手がかりを与えてくれる。今日のマリを代表するアーティストの一人、アブドゥライ・コナテである。

コナテは1953年、ニジェール川に面した地方都市ディレに生まれた。長じて首都バマコの国立芸術学校に進んで絵を学び、さらにキューバのハバナに渡って6年間腕を磨いた。帰国後は、バマコ国立博物館のスタッフとして働きながら、作品を制作し続けた。

美術を学ぶためにキューバにというのは、マリがかつてフランスの植民地であったことを思うといささか奇妙に映る。しかし、ここに独立後のマリの特殊な事情がある。マリでは独立後、モディボ・ケイタ大統領のもとで社会主義路線が敷かれ、その後1968年にムーサ・トラオレのクーデターによって軍事独裁政権が誕生したが、1991年までは基本的に親社会主義政権が続いた。この間、個人の政治活動の自由は原則として認められず、芸術表現の自由も著しく制限されつづけてきた。コナテが社会主義国のキューバへと旅立った背景には、そうした政治的な事情があったのである。

１９９０年の11月、私は初めて足を踏み入れたバマコで、何の手づるもないままに国立博物館を訪ねたことがある。軍事政権が崩壊するわずか5ヶ月ほど前である。そのとき偶然応対してくれたのがコナテであった。見ず知らずの私の求めに応じて彼は、その翌日から2日間、どこからか調達してきた古ぼけた車でバマコじゅうを案内してくれた。その際に会った何人かのアーティストたちの作品を私は今でもよく覚えている。もちろんコナテの自宅兼アトリエにも足を運んだ。彼らの絵はいずれも小品で、キャンバスに油彩で描かれた、沈んだ色調の半抽象の作品であった。

美術学校の校長室で執務中のコナテ

ところがそのすぐあとの１９９２年、バマコの国立博物館で行われたコナテの個展に出品された作品は以前の作風とはすっかり変わっていた。そのうちのひとつを紹介しよう。壁に5メートル四方ほどもある赤と黒の木綿の布が垂らしてある。その前に直径1メートル半、高さ30センチほどの赤土が円形に盛られていて、そこには卵の殻が２００個近くもうずめられている。その中心点の真上約1メートルには、直径40センチほどの大きな石が天井からロープで吊るされている。タイトルは「アフリカの力」。吊るされた石が真下の赤土に半ば埋もれた卵を圧迫する力。一方、赤土からはその圧力に抗して２００もの卵の殻が必死に頭をもたげようとしている

アブドゥライ・コナテ「アフリカの力」(1990年、布、石、ロープ、砂、卵殻/世田谷美術館蔵)

ように見える。こちらはか弱いが、懸命に生命を発現しようとする力だ。

あらためて背後の壁に掛けられた綿布を見ると、右半分には黒地に赤、黄、緑、三色が三日月の形にあしらわれている。三つの色はマリの国旗の色だ。ときに理不尽な巨大な権力と、それを撥ね退けてみずからの生を全うしようとする名もなき民草たちの不屈の力。さまざまな政治的な力が働き、絡み合っている場が現代のアフリカであり、マリだということらしい。このときの個展では、政治的な批判を織り込んだインスタレーションの大作が出品作の大半を占めた。ちなみに、コナテはこのあと、同じように布を使ったインスタレーションの作品を次々に発表し、国際的な名声を確立していく。1996年には第2回ダカール・ビエンナーレでグラン・プリを獲得し、翌1997年にはヴェネツィア・ビエンナーレにも招かれた。

こうした半抽象の絵画からインスタレーション

へというコナテの鮮やかな方向転換は、独立後のマリの近現代美術の歴史とほぼ重なっている。独立後のマリの美術に影響を与えたのは隣国セネガルの美術であった。セネガルでは1960年の独立以来、文人大統領レオポール・サンゴールの指揮下にネグリチュードの思想が鼓吹され、文学、美術、演劇、映画など文化芸術のさまざまな分野でネグリチュードを体した表現が活発に試みられた。ネグリチュードとは、カリブ海のマルティニーク出身のエメ・セゼールやサンゴールらが唱道した、黒人文明の再興を目指す一種の精神運動である。とりわけサンゴールは、アフリカの精神的な伝統を基に西洋の近代文明を同化することを主張した。それは、美術においては、アフリカの神話や伝説に題材を探り、そこに登場する仮面や神像をモティーフにしてキュビスムの手法で描く半抽象の絵画という形をとることが多かった。

1960年代から1970年代、サンゴールが政権にあった20年間、ダカールの国立美術学校の卒業生を主とするアーティストたちは、当局の手厚い保護を受けてそうした絵を数多く描いた。やがて彼らはエコール・ド・ダカールの名で呼ばれ、西アフリカ一帯の美術にネグリチュードの風を吹き込んでいった。当然のことながら、隣国のマリにもエコール・ド・ダカールの息吹は伝わってきた。

独立後に活躍したコナテをはじめとするマリのアーティストが生み出した絵の相当数が半抽象の様式で描かれている背後には、このような経緯があったのである。もっとも、そんな中、エコール・ド・ダカールの動向を自分なりに咀嚼し、マリの伝統に根差して独自の造形を切り拓いたアーティストもいた。その筆頭として、アーティスト集団のグループ・ボゴラン・カソバネを挙げることができる。ボゴランとはマリに古くから伝わる泥染めである。西アフリカでは、布に書き込まれた記号にはしばしば過去の出来事や父祖伝来の教訓が込められており、布は単なる実用品としての布ではない。彼らは、そのボゴラン染めの手法を踏まえて、現代マリの社会や風俗を表現したのである。

このような独立後のマリの美術界の状況は、コナテの例が示すように、1991年の政治的自由化を受けて一変する。この変化に追い風となったのは、1989年にパリで行われた「マジシャン・ドゥ・ラ・テール」展であった。これを契機に、1990年代にアフリカの同時代美術への関心が一気に高まっていったのだ。そして、マリの同時代美術に限っていえば、こうした新しい流れを内外に決定的に印象づけたのは1994年に創設されたバマコ写真ビエンナーレである。1990年代に入って、第2次大戦直後からバマコにスタジオを開いて肖像写真を撮り続けていたセイドゥ・ケイタ（1921〜2001）がパリで注目を集めていたが、1994年の第1回のビエンナーレではバマコの若者の風俗に焦点を当てる写真家マリク・シディベが新たに脚光を浴び、その後国際的に知られていく。このビエンナーレは、アフリカ人アーティストによる写真芸術の祭典として、今では不動の地位を確立している。さらに2007年には、シディベはヴェネツィア・ビエンナーレでアフリカ人として初めて終身金獅子賞を受賞するという栄誉に輝いた。

写真だけではない。現在のマリでは、多彩な媒体を通して意欲的な表現に挑む若いアーティストが現れてきている。アフリカとヨーロッパを往き来しながら刺激的な作品を発表している1979年生まれのビデオ・アーティスト、バカリ・ジャロはその代表的なひとりであろう。一方、マリオネットやガラス絵、砂絵、ボゴラン染めなどの伝統的な造形についても静かに見直しが進んでいる。21世紀のマリの美術が繚乱の季節を迎えるのは時間の問題といってよいだろう。

（川口幸也）

コラム7

生活に根差した造形たち

川口幸也

世界じゅうのどこの国でも、造形美術には大きく分けて二つの流れがある。一つは、美術学校で専門の教育を受けたアーティストたちによる造形である。もう一方は、専門教育とは無縁のいわゆる職人たちの手になる造形で、民衆芸術とか民衆造形と呼ばれることもある。後者には、マリでいえば、チワラ仮面やカナガ仮面といった、バンバラ（バマナン）やドゴンの人たちの仮面、神像も含まれる。ただ、ここではそれらを除いた造形を採りあげたい。

すでに前章でも触れたように、マリの民衆造形といえば、まずはボゴラン染めがある。これは、ニジェール川の川底から採取したごく微細な砂を使って綿布を染める泥染めである。澄み切ったサンド・ベージュの布は、装飾品から衣類まで幅広い用途に用いられ、旅行者向けのお土産としても知られている。

また、隣国のセネガルほどではないが、首都バマコを中心にガラス絵や砂絵も描かれている。ガラス絵は、前もって紙に描かれた絵柄にしたがって、ガラス板の表ではなく裏に絵を描く。そしてできあがった絵は、ガラスを裏返して表から見る。絵の題材は、都市や農村の日々の暮らしの情景、あるいはヤシの木にカヌーなど、いかにもアフリカを思わせるものが多い。透明な色あいと身近な題材とがあいまって、何とも素朴な味わいを漂わせるガラス絵だが、もとは19世紀の末にマグリブ商人によって旧フランス領西アフリカにもたらされた。その後、植民地当局から禁じられたカラーリトグラフに代わって庶民の人気を集め、20世紀の後半に至るまで、生活に欠かせない装飾品として人々に愛された。ガラス絵は今なお、庶民の日常を彩るアクセントとして、また旅行客の土産品として根強い人気を保っている。

一方の砂絵は、綿布や板の上に細かな砂を貼り付けて絵を描く。砂漠の砂はベージュ、海辺の砂は白、溶岩性の砂は黒、という具合に砂には固有の色がある。それら多彩な砂を、あらかじめ下絵が描かれ、糊付けがされた綿布や板に振りかけて、余分な砂は払いのける。絵の題材はガラス絵とほぼ同じ、身の回りの生活に取材した内容が大半を占める。落ち着いた色調を持ち味とする砂絵は、土産品として街なかのあちこちで売られている。

マリではもう一つ、忘れてはならないのがマリオネットである。マリオネットといっても、高さ50センチほどの、糸で操る操り人形もあれば、動物や人を象ったほぼ等身大の細工の中に人間が入って芝居を演じるものもある。後者は、マリオネットというよりも一種の仮面といった方が適切かもしれない。素材は主に木とろうけつ染めの模様のついた綿布、作り手の職人は多くの場合代々世襲だ。形状はやや日本の獅子舞の獅子を思わせる。マリオネットは、祖先の霊との交流、そして若者の通過儀礼という二つの儀礼と深く関わっている。有名な作家のヤヤ・クリバリの話によると、バマコから北東に約300キロ、ニジェール川沿いにある小さな町マルカラで、毎年3月初旬にマリオネットの大きなお祭りがあり、そこには全国のマリオネットが集まってく

全身を覆うマリオネット

マリオネットをつくるヤヤ・クリバリ

るのだという。マリオネットは、今日もマリの人々の生活に深く根を張っているのだ。

１９９０年代以降、アフリカの同時代美術は世界的な関心を集めてきた。そんな中、こうした造形もはじめのうちは話題になったが、やがてしだいに忘れられていった。それは、美術館をはじめとする欧米のアートワールドからないがしろにされた結果だといえるのかもしれない。けれども、視点を変えて民衆造形の立場に立てば、欧米中心のアートワールドの片隅で生き延びることを潔しとせず、以前と同じようにただのガラス絵、ただのマリオネットとして自由に堂々と生きることを選んだ結果だと見ることもできる。アートであろうとなかろうと、これらの造形は、人々の暮らしに根をおろしながら、今後も末長く生き残っていくだろう。

44

仮面

★パフォーマンス・アートとしての仮面★

マリは仮面の宝庫だといっても過言ではない。バマナンの人びとがつくる、アンチロープをかたどったきわめて抽象的なチワラの仮面。ドゴンの人びとがつくる、鳥をあらわすとも、神の使いであるトカゲをあらわすともされる、二つの十字を組み合わせたカナガの仮面。セヌフォの人びとがもちいる、赤と青に塗り分けられたらい鳥をあらわす仮面。ボボの人びとの、輪のように曲がった角が見事なアンチロープの仮面。これらの仮面は、世界中のどの民族学博物館に行っても見ることができるだけでなく、アフリカの品々をあつかうギャラリーや古美術商でも人気のある作品である。おそらくあなたも、そのうちのいくつかを目にしたことがあるはずだ。

西洋や日本ではこれらの仮面はなによりも眺められるものであり、美的鑑賞の対象とされてきた。実際、フランスをはじめとするヨーロッパの国々では、これらの品々は20世紀のはじめ以来「プリミティブ・アート」とか「黒人芸術」とか呼ばれて、高い評価を受けてきた。できるだけ対象を忠実に再現しようとする西洋の伝統とは異なり、これらの作品は高度に構築的であり、写実的というより抽象的であり、流れるようなリズムをもっている。ヨーロッパの具象的な絵画に飽き足らない思いをしていたピカソやヴラマンクなどの若い画家は、そこに絵画の革新のための手掛かりを見出して、キュビスムと呼ばれる革新運動を起こしたのだった。

とはいっても、もし私たちがこれらの品々を美的鑑賞の対象とだけ見なしたなら、大きな間違いである。それらはなにより、踊られ、歌われ、演技されるものであるからだ。仮面とはなによりもまず、パフォーマンス・アートなのである。

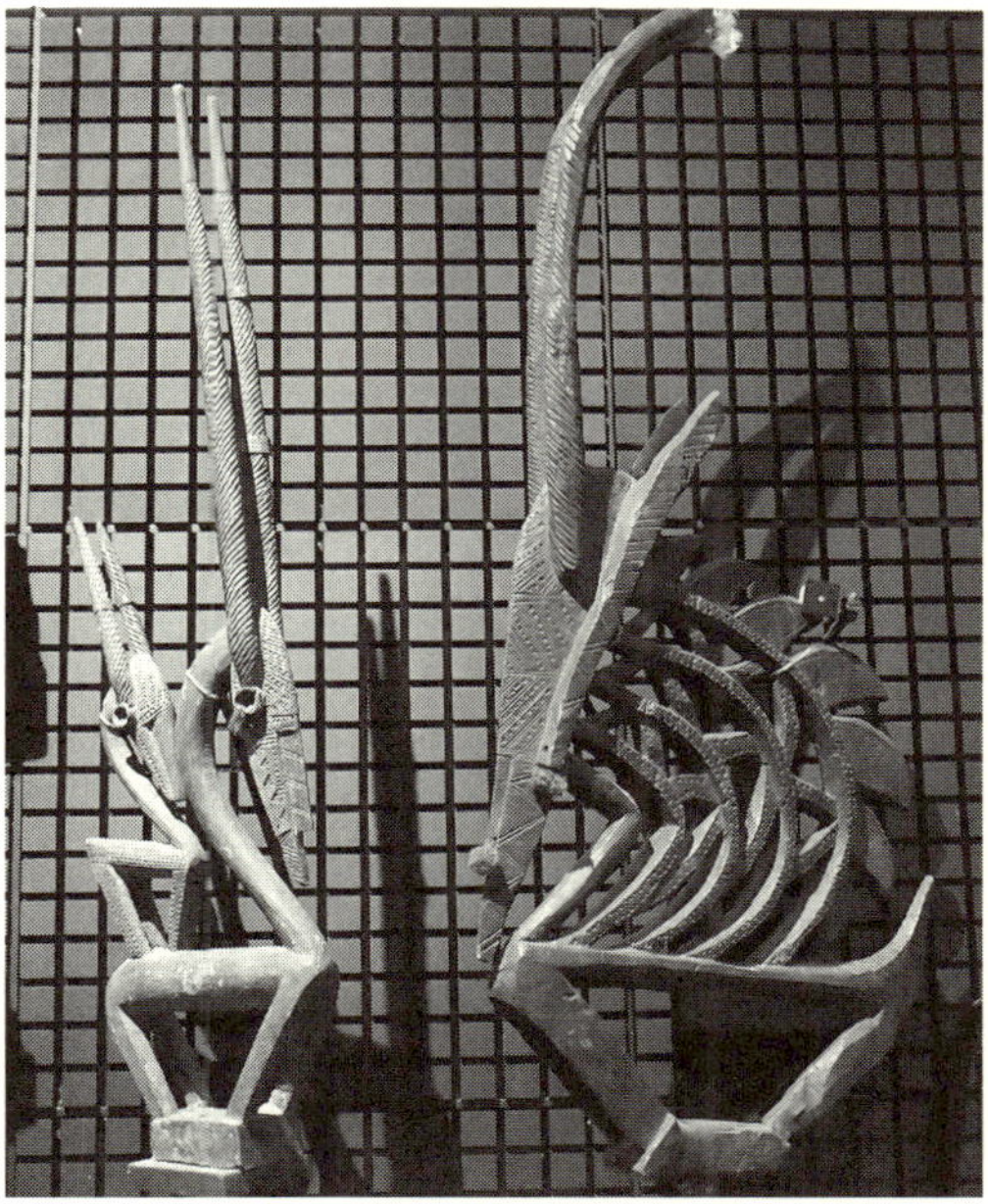

雌雄一対のチワラの仮面（左が雌）

仮面がパフォーマンス・アートであるのは、それらが複雑な意味をもち、宗教儀礼でもちいられるものだからである。多くの場合、仮面をかぶって儀礼的に踊るのは男の仕事とされ、女性と子供はそこから排除されている。というのも、仮面を操作するには仮面の秘密を知ることが必要なのだが、その知識は秘密結社の占有物であり、男だけに伝えられることになっているためだ。

たとえばバマナン社会にはいくつか

の秘密結社があるが、それぞれが固有の名前と仮面と秘密の知識をもっている。もっとも一般的なのはコモと呼ばれる結社であり、これには（例外的なことだが）子供から加わることができる。彼らはイニシエーションを経ることで、仮面の秘密を与えられ、正式なメンバーとして迎えられるのである。彼らは毎年の種まきの前に、仮面をかぶって豊穣を祈願する儀礼をおこなうし、病気の治癒や幸運を祈って仮面の祭儀を執行するだろう。とはいっても、イニシエーションにはいくつもの段階があるので、その秘密が最終的に明かされるのは数十年後、彼らが老年に達したときだ。

一方、ドゴン社会では、仮面の結社は成人式を経た男だけに開かれている。男は20歳前後に割礼の儀礼を受けるが、これは反社会的な存在としての子供を、社会の務めを果たす大人にするための儀礼である。割礼の手術を受けた若者たちは、一定のあいだ村から離れ、藪のなかに設けられた小屋で仲間とともに生活をする。そのときに、年長者が彼らに対してドゴンの神話や宇宙論とともに、仮面の秘密を授けるのである。それ以降、彼らは仮面の儀礼に参加することや、仮面の制作に携わること、そして仮面をかぶって踊ることが許されるようになるのだ。

ドゴン社会では仮面の種類は数十ある。家々が建ち並ぶさまをあらわす高い家の仮面。サルやヒョウ、ライオン、カモシカなどの動物をあらわす仮面。そして、ドゴンの近隣の民族であるフルベやモシ、ボゾなどの人びとの特徴をつかまえた仮面（なかには植民地行政官や人類学者の仮面もある）。ひとことで言うなら、仮面はドゴンの人びとが認識する世界の総体を縮約して示すものなのだ。

仮面の儀礼がおこなわれるのは、葬式のあとにおこなわれる喪明けの儀礼のときである。仮面結社のメンバーが亡くなると、残された家族は喪に服しながら、莫大な出費をともなう喪明けの儀礼の準備をする（亡くなったのが年少者の場合には、数人まとめて儀礼をおこなうので、出費はともなわない）。喪明けの儀礼には、周囲の村々からも仮面の踊り手を呼び費用がかさむので、数年かけて準備をするのだ。

喪明けの儀礼が近づくと、夜ごとブーン、ブーンというブル・ローラーという一種の楽器の音が鳴り響く。村はずれに住む仮面たちが、準備のためにささやき交わす声だとされている。儀礼の当日になると、男たちは村はずれの仮面の置いてある洞窟に向かい、そこで仮面をかぶり、赤い繊維でつくった衣装を身につける。そのときから彼らは普通の人間ではなくなり、仮面に一体化する。彼らの喋ることばは日常言語ではなく、仮面のことばである。

五感を刺激する象徴が総動員される仮面の祭りはなによりパフォーマンス・アートである

夕闇が近づくと、太鼓をたたく男たちに先導されながら、数十もの仮面が一体になって村の広場にやってくる。女性や子供も仮面の踊りを見ることができるので、村中総出で仮面の儀礼に加わるのだ。

最初は静かに舞っていた仮面たちも、太鼓のリズムが速くなると、それにあわせて激しさを増す。うねるような太鼓のリズムに、踊り手たちの熱気が混じり、それに汗のにおいや砂埃が加わっていく。たくさんのヒエのビールや食事が用意され、仮面の踊り手だけでなく、まわりにいるすべての人間に振る舞われる。

あたりがしだいに暗くなっても、仮面の踊りはつづけられる。そこにいるすべての人間が、ビールに酔わされ、仮面の踊りに見とれ、太鼓の音とリズムに我を忘れるだろう。生きている人間がこれだけ満足しているのだから、仮面の儀礼が捧げられた死者も満足するに違いない。そのように満足した死者は、現世への未練を断ち切り、死者の住まうあの世へと旅立っていくに違いない。それが仮面の儀礼のもつ宗教的な目的であり、意味である。

仮面の儀礼は、偶像崇拝を禁止するイスラームの教えに反するため、イスラーム化が進んだ集団のあいだではすたれていく傾向がある。実際、マリのなかでも、早くからイスラームを受け入れたソニンケやフルベのもとでは仮面は存在していない。古くから仮面の儀礼をおこなってきたドゴンの人びとも、乾燥化によって農業が困難になった１９９０年代以降、急速にイスラーム化が進んでいる。それでも彼らは、宗教儀礼としてではなく、先祖から引き継いできた文化として、仮面の踊りを踊りつづけているのだ。

（竹沢尚一郎）

45

イスラーム

★千年におよぶ歴史と伝統★

今日イスラームは、国民の90％を占めるマリのもっとも有力な宗教である。歴史をふり返ると、マリは中世期以来西アフリカ全体のイスラーム文化の中心地だったといってよい。だが信徒の数が社会の大多数を占めるようになるまでには、実は紆余曲折の経過があった。ここではその歴史をとおして、マリのイスラームの特徴を描き出してみよう。

西暦7世紀初めにアラビア半島に出現したイスラームは、一気に北アフリカまで軍事的に進出したが、サハラ以南に向かっては西暦8世紀頃から交易をとおしてゆっくりと浸透していった。サハラ越え交易によってイスラーム世界と接触したサヘル地帯には、その前後から国家が出現しはじめる。アラブの歴史記録に最初に登場するのは、現在のマリとモーリタニアの国境付近に成立したガーナ王国とマリ東部に成立したガオ王国である。つづく13世紀から16世紀には、マリ帝国、ソンガイ帝国の支配下でイスラーム文化の最盛期を迎える。国家の上層部は当時の世界文明としてイスラームを積極的に受容し、マリはイスラーム世界の周辺部に位置を占めるようになる。

そのころのイスラームの主な担い手は、イスラームに改宗し

日干しレンガ製建造物としては世界最大級のジェンネのモスク［撮影：竹沢尚一郎］

た現地の黒人商人集団だった。彼らはトンブクトゥやジェンネなどの交易都市を拠点に、ずっと南の森林地帯にある金産地にまで交易網を広げていった。だが社会全体としてみれば、この時代のイスラーム普及には限界があった。というのも、人口の大部分は交易に関係のない農民だったし、その農民の上に立つ国家にとっても、権力の根拠づけとなる農民社会の宗教的伝統を大きく変えることはできなかったからだ。そこで、王や首長などの権力層とイスラームを担う商人層は、お互いに距離を保ちながら交易の利益を分け合う仕組みを作っていった。つまり、王や首長は通行税や貢ぎ物と引き替えにムスリム商人の交易都市に自治権を与えてその宗教に干渉せず、反対にムスリム商人は馬、武器などの軍事物資や権力を象徴する贅沢品などを提供して首長層の権力を支えると同時に、在来の宗教には口出ししないという共存のパターンである。

このような在来宗教との共存は、ムスリムにとって政治的、経済的に実利があるというだけでなく、武力によるイスラーム化を嫌う平和主義の学問伝統を生み出した。これは中世期マリのイスラームの大きな貢献として記憶されるべきことだろう。争いを好まない平和主義の学問伝統は、交易網にのってセネガル、コートジボワール、ガーナ、ナイジェリアにまで伝播し、16世紀頃までの西アフリカにおけるイスラームのスタンダードになった。

だがこの平和主義の伝統は、フルベ人のイスラーム国家建設運動によって大きく揺さぶられることになる。18世紀から19世紀にかけて、セネガルからナイジェリアに至る各地で、牛牧畜を生業とするフルベ人が次々と武力によるジハードを起こし、多くのイスラーム国家を作り上げたのである。その背景には同時期に中東でおこっていたイスラーム改革運動もあったが、より直接的な誘因としては社会経済的な変化があった。その頃の西アフリカは大西洋交易の進展で経済成長のただ中にあり、各地の都市住民を中心に活発な畜肉と皮革の市場が成長しつつあった。それまで牧畜民は農民社会の周辺的存在にすぎなかったが、これによって大きな経済力を持つことになった。こうした状況を利して彼らが新しい政治経済体制を作ろうとしたとき、ジハードによる国家形成というイスラームの論理が利用された。事実、フルベ人の国家建設を指導したのは例外なくイスラーム学者だったのである。

マリでは、19世紀初めにシェイク・アマドゥが率いるジハードによって内陸デルタのマーシナ地方に「ディーナ」（アラビア語で「宗教」）という国家が成立した。ディーナではイスラーム法に則って全住民から十分の一税が徴収され、さまざまな民族出身のイスラーム学者の評議会が政策決定にあたるなど、まったく新しい合理的な統治が目指された。だがそのディーナも約半世紀後に、セネガルから波及してトゥクロール帝国を建国したアルハジ・ウマールの大規模なジハードに飲み込まれてしまう。二度にわたるジハードは社会を勝者と敗者に二分するという過酷な結果をともなったが、同時にそれは中世期以来のムスリムと非ムスリムの区分を取り払う大きな効果ももったのである。

だが19世紀のイスラーム国家は、20世紀初頭にフランスによる征服で解体されてしまう。もっとも植民地当局は、その後もジハード運動を警戒しながら在来の社会の開化のためにはイスラームの普及が一定の役に立つと考えていた。ところがフランスの予想をはるかに超えて、植民地化はイスラームの普及を大きく促進する結果になった。というのも、資本主義経済の浸透とともに伝統的な農村が解体され、都市部に向けて労働者が流出し、かつ交通手段の発達によって社会的流動性が増大する中で、農民社会から遊離した大衆という新しい社会層が出現し、それがイスラームの新たな受け皿となったからである。イスラームはずっと、社会の一部の階層に限定された宗教だった。だが植民地化はそれを大衆の宗教にしたのである。その動きは独立後も一貫して続き、その結果現在では、国民の大部分がイスラーム教徒になるまでに至ったのである。

このようにマリのイスラームは歴史的に大きな変転を経験してきているが、今日の人々の意識の上では、マリの伝統として一貫した流れをなしているようだ。華麗なメッカ巡礼をおこなったマリ帝国の大王カンクー・ムーサ、理想的なムスリムの帝王として語り継がれるソンガイ帝国のアスキア・ムハンマド王、数多くの学者と聖者を輩出した学問都市トンブクトゥ、繁栄する交易都市ジェンネなど、中世期のイスラームの遺産とならんで、19世紀の偉大なジハード指導者シェイク・アマドゥとアルハジ・ウマール、フランスに抵抗したアルマミ・サモリ（サモリ・トゥーレ）の名前は、今日のマリのムスリムにとって大きな誇りなのである。

興味深いことに、1991年に軍事独裁政権が無血クーデターで倒れて民主制に移行してから現在まで、マリではイスラーム勢力を背景にした党派的な政党が結成されたことはない。2012年におこったトゥアレグ人の分離独立運動にイスラーム過激派が合流したときには、ほとんどすべてのマリ人はイスラームの政治的利用に激しく反発した。フランス式の政教分離が憲法で規定されているとはいえ、それ以上にマリのムスリムたちは、長く重層化したイスラームの歴史をとおして、政治、経済、宗教の間に微妙なバランスを保つ市民的センスを培ってきたのではないだろうか。

（坂井信三）

46

コーラン学校

★イスラームと地域の基盤★

人口の8割以上がムスリムのマリでは、コーラン学校は身近な存在だ。マリでもっとも大規模でもっとも有名なコーラン学校は、16世紀頃にトンブクトゥに設立されたサンコーレ大学であろう。大モスクに併設されたこの学校では、コーランの読み書きや解釈だけでなく、地理、歴史、アラビア語文法、薬学、天体学など、様々な分野が学ばれていた。この頃から19世紀初頭にかけて、トンブクトゥやジェンネ、ガオ、ハムダライなど、政治・宗教の中心的都市では、数多くのコーラン学校が開設された。19世紀末から一帯を支配下に置いたフランス植民地政府は、イスラームの実践や連帯が反植民地運動に繋がることを懸念していた。その一方で、文字の読み書きができるコーラン学校の教師や修了者は、しばしば「コミュニケーションがとりやすい現地人」として重宝され、住民と植民地政府の仲介役を担うこともあった。

５００年以上のコーラン学校の歴史があるものの、現在のようにマリ全国であまねくコーラン学校が見られるようになったのは、ムスリムの割合が増加した20世紀に入ってからだと言われている。２０１3年のマリ教育省の発表によると、国内の

高等コーラン学校の授業風景

コーラン学校は３６５８校、教師は４６５２人、生徒はおよそ11万人。もっとも多くコーラン学校に通うのは子供たちだ。５～14歳の人口はおよそ２２０万人なので、単純計算するとマリの子供の20人に1人がコーラン学校に通っていることになる。このコーラン学校数はあくまで公式のもので、実際の数はより大きいと考えられる。マリで「コーラン学校」と総称される場は、様々な規模や形態があるからだ。たとえば、子供が時間のあるときに親戚のおじさんの家へ行き、そこでコーランの読み書きを学ぶ場合もある。農業や漁業のかたわら教えているため届け出てはいないものの、継続的に一定の生徒数をかかえる者もいる。一生をかけて各地の高名な教師を何人も渡り歩く遊学者もいる。

　マリのコーラン学校には、大きく分けて基礎と高等の二つのレベルがある。ひとつは、主に6、7歳から10代半ばの子供たちがコーランの読み書きを学ぶ基礎学校である。現在40代かそれ以上の年齢の人に尋ねると、彼らの親たちは、子供たちをいわゆる普通の（公用語のフランス語で複数科目を教える）学校に通わせるよりも、基礎コーラン学校に通わせることを好んだという。1990年代に入りマリ政府が学校教育の安定を緊急かつ重要な課題として以降は、どちらか一方ではなく、小・中学校に通いつつコーラン学校でも学ぶ、という形が好まれている。学校から家へ帰ってバタバタと軽食を済ませ、友達と連れだってコーラン学校へ向かう子供たちの様子は、塾や習い事に忙しい日本の子供の姿と重なる。

基礎的なコーラン学校は、修了までに4～7年ていどかかるという。私は以前、マリの中でもコーラン学校が多い宗教都市ジェンネで暮らしていた。アラビア語が読めない私は、しばしば子供たちから「コーラン学校自慢」を受けた。子供たちが得意げにコーランの一節をアラビア語で書いてみせ、声をそろえて読み上げるのだ。その文言はどういう意味かと尋ねると、子どもたちは一転してきまりの悪そうな表情になり、「まだ教わってないの」「大きくなったら習うの」と言いながら散っていく。基礎の段階では、コーランをアラビア語で正しく読む・書く・詠むことに重点が置かれるので、とりわけ小さな子供は、必ずしも文言の意味を理解していないのだ。

基礎コーラン学校から高等コーラン学校に進む子供はそれほど多くない。生徒の年齢も幅広い。将来コーラン学校の教師になりたい少年、すでに子供たちにコーランの読み書きを教えている大人、教師よりも年上の老年の生徒もいる。生涯勉強というわけだ。ここでは、コーランの解釈講義や預言者ムハンマドの言行録の講読などを通じた、イスラームにまつわる深い知識と理解が探求される。

ここで、ジェンネのある基礎コーラン学校の様子をのぞいてみよう。教師の家の10畳ほどの玄関間が教室として使われる。固い土間になっている他の部屋と異なり、ここには細かい砂が柔らかく敷き詰めてある。直に座っても痛くないように工夫されているのだ。20人ほどの小さな子供がくっつき合って賑々しく座っている。教師も同じように砂の上に座り、生徒を指導していく。今日は50歳の教師と40代の弟の2人態勢だ。高等コーラン学校ではコーランや書物も用いるが、基礎コーラン学校の教材は、教師の頭の中に入っているコーランと生徒の木板と竹ペンのみである。生徒が練習帳として用いる20センチ×40センチくらいの木板は、表面を滑らかにしてあるのでインクで書いても水で洗い流してまた書ける。教師は一人ひとりの進度に合わせて、木板にお手本を書いたり、正確に読めているか確認したり、おしゃべりばかりしている子供を自分の隣に移動させたりと慌ただしい。自宅の玄関間で開講しているため、時々夕飯の買い出しに行く奥さんが通り過ぎたり、父親と遊びたい赤ちゃんが教師の膝の上に這ってきたりする。なんともゆるやかでアットホームな雰囲気だが、教師の熱心さとアッラーへの愛情は真摯だ。教師が木板のインクを洗い流した水を甕に移し替えている。なぜそのようにするのか尋ねると、「アッラーの言葉を流した大事な水だからね」と教えてくれた。

コーラン学校に向かう兄弟。手にしているのが木板の練習帳

　今日は水曜日。コーラン学校の多くは木曜日が休校日なので、前休日にあたる。この日の帰り際、子供たちが教師にちょこんと頭を下げながら小銭を手渡していく。

親から託されてきた1週間分の「授業料」だ。とはいっても、コーラン学校の教師は自発的にコーランの読み書きを教えているので、授業料の徴収はおこなわない。決まった金額も支払いの義務もない。子供たちが渡すのは授業への対価ではなく、あくまでお礼の表れだ。その小銭を見ていると、日本円にして50円や100円ていど。生徒数や現地の物価を考えても、決して大きい金額ではない。これだけで生活するのは容易ではなく、多くのコーラン学校の教師が畑を耕したり牧畜をしたりして生計を立てている。

マリではたびたび、「カラモゴ」や「アルファ」という通称や尊称で呼ばれる人を見かける。カラモゴ（kàràmɔgɔ）もアルファ（alfa）も、それぞれバマナン語とソンガイ語で「先生」という意味だ。人々はコーラン学校の教師を、敬意と親しみをもってこう呼ぶ。教師をしていなくても、物知りで落ち着いた人物が家族や仲間からこうあだ名されることもある。自分がお世話になったカラモゴと同じ名前を子供につける親も多い。コーラン学校は単にコーランについての知識を身につける場だけでなく、地域教育の基盤のひとつであり、世代や民族を超えた紐帯となっている。

（伊東未来）

VII

政治と経済

47

独立後の経済

★慢性的な停滞といくつかの希望★

マリの経済は農業と牧畜に大きく依存している。それらは国民総生産の44％を占め、生産人口のじつに80％を吸収している。その他の食料供給の手段としては、漁業と採集、そしてマンゴーなどの果樹栽培がある。

1960年にマリがフランスから独立すると、モディボ・ケイタにひきいられた政治的支配層は社会主義経済を採用した。最初の5ヵ年計画が立てられ、人的投資の重要性が強調されると同時に、1961年から1965年にかけて8％の経済成長がめざされた。1963年には、旧フランス植民地の7ヵ国で統一通貨を維持するための西アフリカ通貨同盟から離脱して、独自のマリ・フランが創設された。それによって、「国家が通貨をコントロールすることで輸出を振興し、発展に向けて独自の政策を遂行することが可能に」なるとされた。この論理に沿って政府は、「工業化と設備投資を重視し、マリ国民が自国の生産物を消費するよう、選択を制限することで消費を抑制し」ようとしたのである。

当時のマリ経済はきわめて脆弱であり、とりわけ旧宗主国であるフランスは社会主義路線に対して警戒を強めていた。そのため、マリ・フランの将来は日の目を見るより明らかであった。経済状況は日に日に悪化し、1968年11月19日のムーサ・トラオレによるクーデターへとつながったのである。それに加えて、国家による生産物の流通の独占は、生産活動には向かうことがなかったので、経済状況の改善にはつながらなかったことを述べておくべきだろう。それは農民の反発を招き、食料供給の困難を招来させただけであった。

その一方で、モディボ・ケイタの政府が採用した社会主義政策は、生産の領域では顕著な成功をおさめることができた。自転車製造、靴製造、セメント生産、皮加工、水力発電の国営化などの領域であり、それは短期間ではあったとはいえ、一種のブームを招きよせたのである。

1968年のクーデターの後、新政府は社会主義経済から自由主義経済への転換を推奨しながらも、「自主的で計画的な国民経済」の掛け声のもとで、旧政権以来の5ヵ年計画を継続した。経済活動に最大限の自由と柔軟性を与えたにもかかわらず、この改革は意図した成果をあげることができなかった。その理由は、とりわけ悪名高い「経済活動のオペレーターとしての国家」という考え方、つまり国営企業等を通じての経済への国家の関与にあったのである。

80年代にくり返された経済政策の失敗と、70年代後半から80年代前半にかけてあいついだ干ばつ等による経済的危機により、マリは国際通貨基金（IMF）と世界銀行による構造調整を受け入れることを余儀なくされた。社会主義政策の遺産である国営企業がすべて民営化されて、多くの失業者が生み出された。と同時に、住民の利害や生活水準を考慮するのではなく、国際基準に合わせておこなわれた賃下げと賃金の固定化によって、貧窮者数の増大と貧困の蔓延化が生じたのである。

国民生活が困窮化したことは、深刻な政情不安をもたらした。その結果、1991年に生じたクーデターによって、マリは民主化と多党制へと踏み出し、経済改革と政治改革を並行して推進することになったのである。「より良く、より小さな国家」をめざした政府は民間企業の発展を優先させたが、それらはしばしば組織力の欠如と実行力の不足に直面した。その結果は、2001年から2006年にかけて一定の改善がなされたとはいえ、マリ人の多くが貧困にあえいでいるという事実である。2006年の段階で、貧困層の割合は、都市部で47・4％、農村部で57・6％に達していた。国連の2011年の人間開発指数によれば、マリは世界187ヵ国のうちで175番目に位置づけられるほど貧しい国である。

この20年間のマリの経済の最大の特徴は、金の生産がもたらした利益の増大である。実際、金はマリの総生産の25％、輸出高の75％を占めているほどである。金の生産は、アフリカ諸国のなかでも南アフリカとガーナにつぐ第3位を占めている。しかし、それに付加価値をつけるための努力は依然として低調なままである（マリの輸出相手国の1位と2位は南アフリカとスイスであり、付加価値をつけるための努力が欠如していることを示している。竹沢注）。

金につぐ輸出産品はワタであり、総生産の15％、輸出高の15％を占めている。ワタの生産は、1997〜98年の危機の後は比較的順調であり、2000年代にはアフリカ大陸で最大の生産国になるなど、一貫して高い伸びを示している。しかもこれは、マリの人口の大半を占める農民層の生活水準の向上に大きく寄与してきたのである。しかしながら、もし先進諸国における（とりわけアメリカ合衆国における）ワタ栽培農民に対する補助金制度がなかったなら、マリのワタはさらに競争力をもち、より上位の位置を占めることができていたはずである。

２０１２年のマリの総輸出高は22億ユーロであり（約３０００億円）、前年に比べて30％の成長を示している。その成長の大部分は、１３６％の増加を示したワタと、27・３％の伸びを示した金のおかげである。

全輸出品目のうち、金とワタにつぐ3番目の位置を占めているのは家畜である。肉の加工はマリの主要産業として、さらに発展する可能性を秘めている。しかし、家畜の多くが正規の輸出証明書を得ることなく密輸出されているために、その利益の多くが国家に納められることなく失われてしまっている（牛や羊の飼育者は家畜を追い草を食べさせながら移動をつづけ、国境を容易にこえて消費地まで直接行っているためである）。

石油の生産はいまだ幻影の段階にとどまっている。２０００年代の初めに多くの企業体に認可が与えられたが、２０１４年の時点で活動を開始した油田はひとつも存在しない。その発展を阻害しているのは、マリが内陸国であるために輸送コストがかかること、企業の投資能力と技術能力に限界があること、そしてマリの北部地域における治安が悪化していること、などの理由である。

マリの経済は、２０１１年以降の3年間にきわめて悪化している。２０１１年に大規模な食料危機が生じたが、その原因は、北部地域における内戦の勃発とその過程で生じたクーデターにあった。国内の経済活動は完全に停滞を余儀なくされ、貧困者の割合は、２０１１年の41・７％から２０１２年には47・７％へと悪化した。つまり、食料危機と社会危機と軍事的危機が同時に生じたのである。にもかかわらず、教育や保健衛生、社会保障などの社会的部門への投資は、それまでと変わらず維持されている。

長期的な見通しについては、内閣府の長期予想と分析の専門家たちはつぎのように語っている。「第1次産業、第2次産業、第3次産業のそれぞれがもつ資源にもとづいた富の着実な実現こそは、マリの社会と経済の中長期的な発展のための最大の政治的優先事項である」。これはきわめて正当な見解である。

（イスマエル・ファマンタ）

48

行政組織と地方分権

★三つの共和制と地方分権の進展★

マリで現在推進されている地方分権とは、1999年の地方分権特別委員会によって、「国家が他の法的実体に対して、法の定める規定に沿って財政上・管理上の権限を与えるためのシステム」として定義されている。それは、地域が抱える諸問題に対し、住民にもっとも近いところで対処できるよう地方機関に法的権限を与えるものである。この改革によって、植民地期以来つづいていた中央集権的な地域分割が廃止された。地域の自立を推進するために、複数の村からなるコミューン（地方行政区）が住民の意向を踏まえつつ制定されたのである。

地方分権を進めるためには、以下の3条件を満たすことが前提となる。①各コミューンが、経済的自立と問題の解決能力をそなえた法人格として承認されること。②法のさだめる条件によって選出された、国家とは異なる権威システムが存在すること。③地方公共団体の発展に必要な資源の動員と管理を可能にする財政的自立。

このような条件に向かう現在の地方分権制が、植民地期の中央集権的な制度から、どのようにして発展してきたか。マリの行政組織の改革を、段階を追ってたどっていこう。

【仏領スーダン】１９１１年１月１日に仏領西アフリカ総督府が公布した政令により、仏領スーダン（現マリ）での混成自治体の建設が決定された。１９１９年１月に最初の自治体がバマコとカイに設置され、１９２０年１月にはモプチに設置された。セグとシカソの混成自治体は、それぞれ１９５３年と１９５４年に設置された。これらの混成自治体は、植民地行政府の長である総督が任命する行政官＝市長によって統治され、８名の有資格メンバー（うち４名はフランス人、４名は現地臣民）からなる特別委員会によって補佐された。

１９５６年には同政令によって、バマコ、カイ、セグ、モプチの４都市が独立自治体になった。ようやく市議会議員が全有資格者による選挙によって選出されるようになり、市長は市議会によって互選された。１９５８年には半独立自治体の設置が定められ、キタ、カチ、クリコロ、クチャラ、サン、トンブクトゥ、ガオの７都市が制定された。これらの都市では、市長は地方長官の任命する公務員であり、有資格者の選挙による市議会によって補佐されていた。これに対し、これらの都市以外の農村部では、選挙がおこなわれることもなければ、地方議会も存在しなかったのである。

マリの独立がさだめられた１９６０年６月７日の法により、共和国の領土は、州（レジオン）、県（セルクル）、市町村（アロンディスマン）、コミューン（行政区）、村、遊牧民集合体、に分割されることとなった。バマコ、カイ、シカソ、セグ、ガオの五つの州は、いまだ国会が開設されていなかったので、政府が任命する総督によって統治された。

【第一共和政】この時期を特徴づけているのは、きわめて地方分権的な言説と、植民地以来の中央集権的な実務とのあいだの乖離である。この時期の政治の課題は、なにより国家の統一を維持することにあった。1966年3月の法は、マリ共和国の地方行政の仕組みを制定した。植民地期に設置された各種自治体はすべておなじ法的資格をもつこととなり、選挙で選ばれた市議会が市長と複数の助役を互選した。市議会は各行政区で生じる諸問題に対処し、地域の諸問題に対してその見解を公表した。他方、憲法で規定されていたにもかかわらず、農村部ではコミューンは設置されなかった。州の次元では選挙を通じて議会が選出されることはなく、行政職が多数を占める特別委員会がその代わりをつとめていた。

【第二共和政】 1968年11月19日のクーデターののち、選挙によって選出される市議会は廃止された。行政機関によって任命される委員会がこれに代わることとなり、その長が市長の任に就いた。1977年7月12日の行政命令により、マリ共和国の領土は、州、県、市町村、コミューン、村、遊牧民集団、およびバマコ特別区からなるとされた。州、県、市町村はヒエラルキー的な行政組織であり、コミューンは国家の管轄下にある下位機関であると同時に、財政上の自立性を有する法人格として位置づけられた。

バマコは特別州とされ、六つのコミューンからなる特別な法的地位を有する公共団体として定められた。この制度は農村にもコミューンを設置するものと規定していたが、1991年にいたるまで一つのコミューンも設置されなかった。その後、ガオ州はガオとトンブクトゥの二つの州に分割され、1982年にはブグニのコミューンが設置された。

【第三共和政】１９９2年におこなわれた多党制による民主的な選挙を経て、マリの行政組織と地方分権制は現在の姿となった。国会は１９９2年2月11日に９３－００８法を制定し、マリの国土を、バマコ特別州、州、県、コミューンの４タイプへと再編成した。各コミューンでは選挙によって議員が選出され、これが市長と助役を互選することとなった。

地方分権の概念を確立し、その政策を進めていくために、１９９３年に地方分権特別委員会が内務省内に設置された。これはのちに内務省内の地方公共団体局となり、地方分権と地方公共団体の活動強化という任務を帯びることとなった。国土は八つの州に再編成され、バマコ特別州と７０３のコミューンが設置された。このうちの６８４はまったく新しく設置されたコミューンである。この作業には55億セーファー・フランが必要であったが、その95％以上が、ヨーロッパ連合や世界銀行、ＩＭＦ、フランスや日本などの援助国からの資金援助によってまかなわれていた。

今日では、行政の各レベルで、市議会、県議会、州議会というように選挙によって選ばれた機関があり、さらに国家から派遣された長官が1名存在する。この長官の任務とその選出方法は、１９９５年5月30日の９５－２１０Ｐ－ＲＭ法によって規定されている。

２００５年に設立された地方公共団体高等評議会は、こうした地方分権の最終段階をしるしづけるものである。マリの他の政治的制度である大統領制や政府、国会等々とおなじように、この高等評議会の任務は憲法によってさだめられている。それは、「地域的および地方的な発展と、環境保護、そして各地域における市民生活の一層の向上のためのあらゆる政策を研究すると同時に、その見解を公表する」ためのものである。

（ムーサ・コネ）

49

開発とNGO

★開発のための枠組みとチェック体制★

２０１２年の統計によれば、マリの総輸出高は26億１０３８万ドルで、そのうち金が75％、ワタが15％を占めている。一方、総輸入高は34億６２６５万ドルで、８億５０００万ドルの輸入超過になっている。輸入品目のうち最大のものは石油類で15％、ついで機械類の９％、電気機器、自動車の順になっている。独立以来一貫して貿易収支は赤字であるが、海外の出稼ぎ者からの送金が公的なものだけに限っても約４億ドルあるので、かなりの部分は相殺されている。今後はこの海外からの送金をどう成長セクターにとり込んでいくかが、マリの経済発展にとって重要な課題であろう。

マリは対外的に、西アフリカ経済共同体（ＣＥＤＥＡＯ）や西アフリカ通貨連盟（ＵＥＭＯＡ）といった地域経済の枠組みに属している。マリはこのＣＥＤＥＡＯやＵＥＭＯＡを通じてヨーロッパ連合とのあいだで経済協力協定（ＡＰＥ）をむすんでおり、さまざまな取り組みがなされている。

一方、世界貿易機関（ＷＴＯ）においてマリは、先進国で実施されているワタ栽培農家に対する助成金制度を廃止するよう求めるべく、西アフリカのブルキナファソやベナン、チャドとともに４Ｃグループに属している。ＷＴＯは同時に発展途上国に対し、貿易拡大のための財政支援をおこなっている。

国内経済の観点からいうと、マリの経済活動の多くはインフォーマルセクターに属している。２007～08年の経済協力開発機構（ＯＥＣＤ）の西アフリカレポートによれば、最大の労働人口を吸収しているのはこのインフォーマルセクターであり、この年度にバマコを含めた西アフリカの大都市の労働人口の65～80％を占めるまでになっていた。国内総生産のなかでインフォーマルセクターが占める割合は、同報告によればマリでは61・６％に達している。

マリの工業部門は農産物の加工にとどまっており、とりわけ汚職と不正行為によって発展が大きく阻害されている。２００６年には工場の数は４０６、稼働中の工場は３４３あり、そのうちの70％がバマコに集中していた。しかしながら、地域産業を支援し「保護する」政策の不在と汚職によって、マリの工場の多くは短命である。また近年では、ＢＲＩＣｓと呼ばれるブラジル、ロシア、インド、中国、南アフリカからの投資がさかんにおこなわれるようになっており、とくに建設業における中国の進出は目を見張るものがある。

経済援助の領域ではあいかわらずフランスが特別な地位を占めているとはいえ、マリは他の諸国や組織とも友好関係を維持している。世界銀行、国際通貨基金（ＩＭＦ）、ヨーロッパ連合、中国、日本、ロシア（ロシアとの関係は過去にはきわめて重要であった）、アメリカ合衆国、オランダなどである。こうした多様な協力関係は、１９６８年に第二共和政が誕生していらい維持してきた非同盟外交を受けつぐものである。

第49章
開発とNGO

たとえば世界銀行はマリに対して20の開発プロジェクトを支援しており、その総額は3600億セーファーに達し、2012年にはそのうちの40%が投入されている（『飛躍新聞』2012年11月26日号）。その対象は、農村開発、エネルギー、運輸と交通、制度改革、地方分権などの分野である。一方、IMFはマリとのあいだで新たな協力協定に調印しており、2013年には9億2000万ドルの資金投与をおこなった。この資金は、貧困解消（とりわけ北部地区のそれ）、公共投資、投資環境の改善、汚職追放のための措置などの分野に投下されている。

汚職はマリのいたるところにみられ、経済発展を阻害する第一の要因になっている。これを追放するために、マリ政府はカナダ政府の支援を受けて「中央監査院」と付属機関を設置した。にもかかわらず、その害悪は依然として巨大なものがある。中央監査院の2006年のレポートによれば、この年までの5年間で1020億セーファーの損失が確認されている（約220億円）。2012年のレポートでは、国庫に納められるべきであった不正行為は500億セーファーに達し、そのうちの120億セーファーはまったくの詐取である。

国際透明性機構の報告によれば、2011年度にマリは汚職の度合いにおいて、世界182ヵ国のうちの118番目に位置づけられている。汚職はとりわけマリのような経済的困難にある国家においては、国民生活の全体に負の影響を与えている。それは、若者の失業率の改善を困難にし（CIAのワールド・ファクト・ブックによれば若年失業率は30%）、子供への教育とワクチン投与を阻害し、多くの女性が井戸を手に入れることを不可能にしているのである。

NGOの活動は1970年代には数団体にとどまっていた。その多くはキリスト教系団体であり、もっぱら被災者や難民に対する救援活動に従事していた。80年代になると、とりわけ構造調整プログラムとそれがもたらした社会的困難の増大（高等教育修了者の就職難、国営企業の民営化とそれにともなう企業労働者の人員削減、早期退職など）に合わせて、その活動はより活発になっていった。１９９１年にはその数は１９１に増加し、そのうちの半数は国内ＮＧＯであった。今日、その数はさらに増加している。

ＮＧＯの活動は開発と支援のほぼ全領域におよんでいる。小規模融資をおこなうマイクロファイナンス、農業、牧畜、コミュニケーション（とりわけコミュニティ・ラジオ）、保健衛生、地方分権、姉妹都市活動などである。それらの活動はマリ全土できわめて顕著であり、しかも地域社会にもっとも近いところで活動がおこなわれている。そのため、それらの活動は地域社会の発展に大きく寄与することができているのである。

しかしながら、ＮＧＯと中央政府が語ることばは必ずしも同一ではない。政府は、ＮＧＯがしばしば政府の方針と異なって「独自に」活動をするといって非難しているし、ＮＧＯは、政府の活動があまりに鈍重で官僚主義的だと非難しているのである。

経済の観点からいえば、ＮＧＯの活動の多くはマリの主要産品である金とワタ栽培に向けられている。それらのＮＧＯの合い言葉は「もうひとつのマリは可能だ」であり、現在進行しているのとは別なグローバル化を実現するべく、ワタ栽培農家に対する先進諸国の助成金制度の廃止や、そのためにマリ政府が国際機関への訴えを起こすことを求めて活動しているのである。

金の採掘方法と資金の流れの不透明さを理由として、２０１２年に「採掘収入の適正化と情報公開プログラム（PAGIRM）」が開始された。それは、アフリカ各地で活動をしているスウェーデンに本部をおくNGOであるジャコニア（Djakonia）の支部であるマリ・ジャコニアと提携した「サヘル開発基金」のイニシアチブでおこなわれたものであり、その目的は、カイ州とシカソ州の「五つの町村における採掘収入に関する情報公開と民主化を求めるためのプロジェクト」として定義されている。

（イスマエル・ファマンタ）

コラム8

知恵者マリ人

村上一枝

マリ人との付き合いが20年を超えた。観光に訪れて数年後、マリの北部、現在まさに政情危険地域の場所にほぼ1年間星を着て寝た。穏やかなマリと言われていた国が、まさかまさかのマリとなってしまった。心が痛む状況である。私は現在「カラ＝西アフリカ農村自立協力会」の代表を務めている。農民が自立に向かう努力を支援するという果てることのないような、大きな目的をかざした小組織の団体である。このために我々はいかなるスタンスで村人と付き合うか？　大きな課題である。

当初は開発の専門家でもない私は村に住み込み、どこの世界にもいる怠け者や、騙したり威張ったりする人たち、やさしく親切な人と毎日を過ごした。村では表面的に人々は仲良く暮らしているが、個々に話を聞くと、「あの家族とは階級が違うから結婚が許されない」と、秘めた階級差別があるようだ。その慣習を乗り越えて結婚した人も多い。

一夫多妻の社会で夫が妻を多数持つことについて27人の女性の心の内を調査した時、夫に嫉妬する、とはっきり言ったのは1人だけだった。夫が多数の妻を持つ女性はそれを誇っている。しかし、嫉妬と誇りを両面持った女性の気持ちを計り知ることはできない。多妻の家庭で妻として夫に奉仕するのは週3・5日だという。妻たちの行動は分担を決めて家族（大家族）の食事当番や洗濯当番に日がな一日没頭している。これらも妻同士が話し合って決め、第一夫人が総取り締まりであり、第二、三、四夫人は「姉さん」と敬っている。これで表面的にはうまくいっているようだ。第一夫人は親同士が決め、それ以後の妻は夫の甲斐性と好みでもらっている。だから第一夫人と第四夫人とは親子ほどの年齢差がある場合も多い。女性たちは不平も言わず、耐えて、耐えての人生と思う。2年間東洋人として初めて村に住み込んで知った彼女らは、非常に賢く勤勉で環境（開発の進行）に即対応し、受け入れる力が強く、成果も確実に表れてくる。女性特有の順応性の問題でもあろうが、収入獲得の手段に対する魅力であることは確かだ。

しかし問題は彼らの能力が秘められたまま、十分に発揮する機会も方法もない・知らないことである。これは教育を受けていなかったことや、古くからの慣習のためではないかと思う。ほとんどの村で多くの女性は文字を知らない。確実な記憶がすべてである。しかし当会の活動に参加して真摯に努力した結果、素晴らしい芽が出始めている。これは知識を手に入れ、意識が変わり収入を得て自信を得た結果であろう。妻が収入を得ると夫は妻を敬い、家庭内暴力がおさまり、穏やかになっている。若い女性の出稼ぎが9割減少した村もあり、女性の地位も向上したのは確かである。

はるか20年前、ある村の女性センターで、適正技術の指導をしていた時に刺繍のデザインで木を描いたことがある。できあがったものは、1本の木に2、3センチずつ違う色が使われていた。オレンジ色だったり赤や黄色だったりと色とりどりであった。これを見た村の超エリート青年は「こんな色の木はない、これは変だ」と批判した。彼の教養が邪魔したのである。私は彼女の固定観念にとらわれない感覚が嬉しかった。

また、バマコ市から1010キロメートル離れたサハラ砂漠の村で砂に頬を撫でられながら縫い物を教えていた時、まち針が必要になったら、それを見た女性が「チョット待って」と言ってタヒッジャルト（砂漠に生える木の名前）の棘をとって「村上、これがいいんじゃない？」と言う。イヤー、何かがなくてもチャント目的は達成できるものだと、彼女の知恵に感心した。

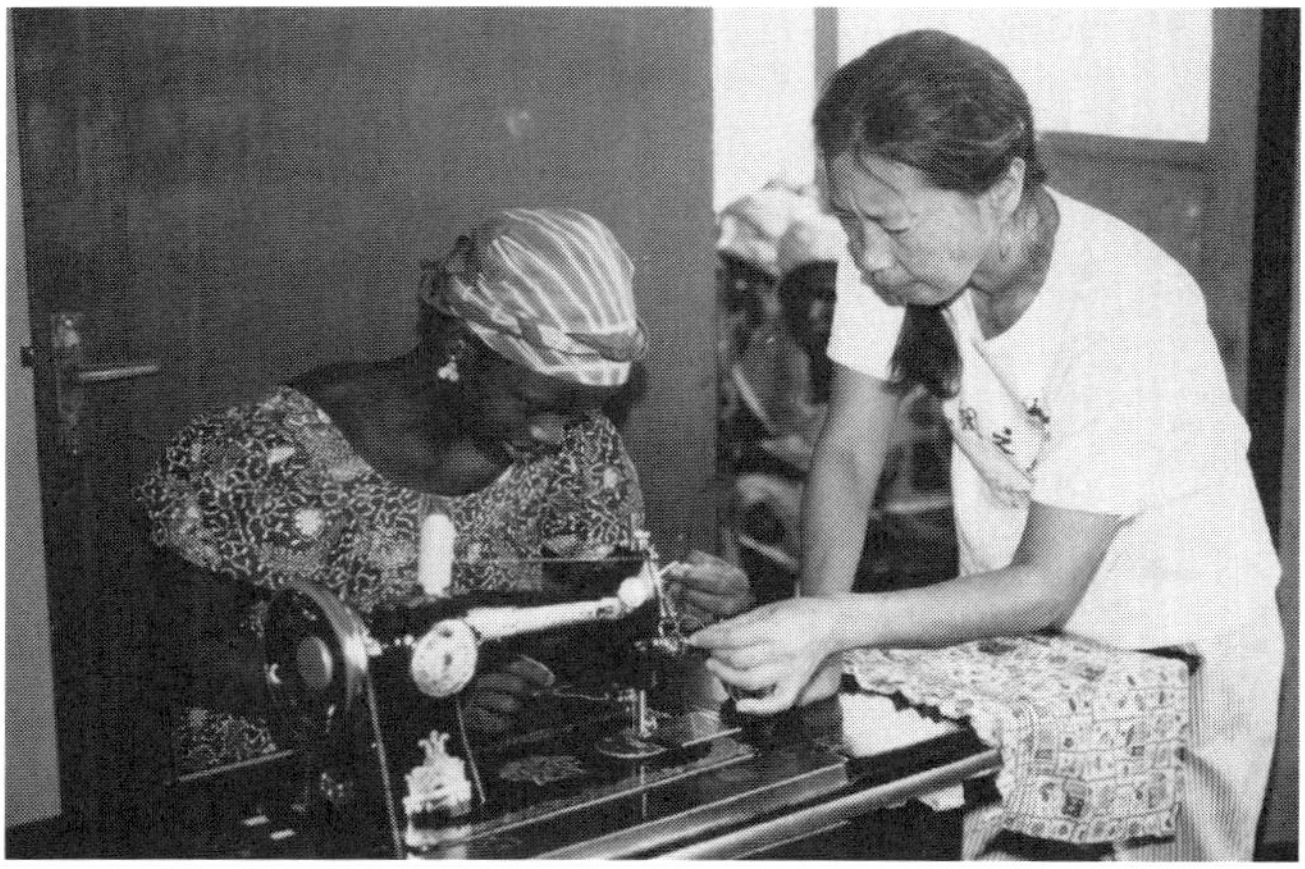

ミシンの使い方を指導する筆者［撮影：飯塚明夫］

砂の中での生活は私には苦労な毎日であったが、女性たちは「ここは私の生まれた場所」と言い、逃げることなく自然とうまく付き合って生きている。この孤立した村で市《いち》の立つ日には、テクテクと歩いて売れるかどうかわからない物を運んでいく。トイレがない場所では砂丘の窪みをトイレ代わりにし、そこではバケツ一杯の水で体も洗う（これは余談であるが、私もある朝、トイレのために砂の窪地に行ったら、真最中に象の一家が現れ驚いたことがあった）。煮炊きの釜の底の外側に土を塗り、直火に当っても焦げない工夫をする。たわしがなくても砂をたわし代わりにピカピカに磨き上げる。こげたゴハンは残り火に置いたままゆっくり時間をかけ綺麗にはがし取り、砂糖をまぶして子供のおやつにする。村の人たちの日常から受けるカルチャーショックは、日々心と時間を必要以上に費やす我々に、反省を促すことが多い。

50

農　業

★サヴァンナ農業、アフリカイネ、樹木畑★

マリの農業は、生態学環境の違いに応じ、様々に展開している。まず、乾燥度の違いに応じて三つの農業地域にわけられる。サハラの農業、サーヘル地帯の農業、スーダン地帯の農業である。

サハラとニジェール川の灌漑農業

サハラでも農業が小規模おこなわれている。サハラの植生はとぼしく、砂丘や岩石だらけの荒野もひろがるが、疎林や灌木が散在するサハラもある。ニジェールとの国境地帯には、アドラール山地があり、山腹には谷が幾筋も刻まれている（最大はティレムシ谷）。山地では雨がふりやすく、谷筋には湧水池や掘られた井戸があり、牧草地もある。それゆえラクダ遊牧民トゥアレグが谷筋中心に遊牧し、豆や大麦、野菜類を栽培する小規模の灌漑農耕もおこなわれてきた。

ニジェール川もサハラをえぐるように湾曲して流れている。その流域はアフリカ原産のグラベリマイネの栽培地である。野生イネからはじまり、浮イネ、赤米、黒米など、様々な種類の栽培イネがある。ニジェール川の水をポンプで汲み上げるなどしてイネや小麦の灌漑栽培もおこなわれている。しかし、稲作の基本はニジェール川の氾濫による自然灌漑だ。

サヴァンナ農業

しかしマリ農業の中心は、サーヘル・スーダン地帯でおこなわれるサヴァンナ農業だ。その主役は、トウジンビエ、ソルガムという穀物の栽培と綿花、豆、それにラッカセイの生産だ。

マリで最も多く生産されている農作物は、乾燥に強いトウジンビエである。トウジンビエ（英語でミレット、フランス語でプチ・ミルという）はトウモロコシとよく似た作物であるが、茎の先に、蒲の穂状の40〜50センチメートルの長さの穂をつける。生産量は1ヘクタールあたり400〜600キログラムと少なく、穀粒は小鳥の餌となる雑穀の実のように小さい。これを粉にしてから様々に料理して食べる。主食になるのは蒸し料理である。ふわふわして頼りないが、味わいがある。トウジンビエはソニンケやドゴンが分布する年間降雨量300〜600ミリのサーヘル地帯でおもに耕作されている。

ソルガムもモロコシとよく似た作物であるが、トウモロコシの穂の部分が、穀粒が鈴なりの大きな房となる。持てばずしりと重い。単位生産量は1ヘクタールあたり900〜1000キログラムある。サヴァンナ農業の主役である。品種に、赤ソルガムと白ソルガムがある。白ソルガムは単位収量が大きい。赤ソルガムは収量は少ないが、山地など土質のわるい土地でも育ち、ソルガム酒の原料となる。生産の中心地は、サーヘルより雨量の多い年間降雨量600〜1400ミリほどのスーダン地帯である。ソルガム栽培の主役はマリの主要民族バンバラ（バマナン）である。ソルガムの主食（トー）は、ソルガム粉を沸騰した熱湯のなかにぶちこみ、勢いよくかきまぜ練りあげてソバガキ状態にする。それをちぎって食べる。

マリ北西部のセネガル川流域のカイ地方ではラッカセイも多く栽培される。ラッカセイは植民地政府によって栽培が推進された換金作物であり、その油は料理の必須材料であり、練った粉を丸めた団子は、2〜3個食べるだけで腹いっぱいになる。

綿花はマリの代表的輸出農産物だ。マリ西南部スーダン気候帯を中心に、植民地時代に栽培が奨励された。現代でも半国営の会社が綿花栽培を管理している。スーダン地帯に綿花栽培が広がったのは、湿潤な土壌が綿花栽培に適していたことの他、サーヘル地帯に比べて家畜飼育が少なかったことも一

トウジンビエ

トウジンビエの脱穀

因だ。サヴァンナ地帯の農民には現金収入の手段としての家畜が少なかったので、綿花栽培がうけいれられやすかった。バンバラやセヌフォがその耕作の中心民族である。

トウモロコシ栽培も近年ふえている。栽培と収穫が容易だからである。ただしトウモロコシ栽培には、湿潤で有機質に富んだ土壌が望ましく、連作による土壌疲弊も大きい。

豆類も、ラッカセイ以外に、ボアンヅ、バンバラ豆など多種多様な豆が生産されている。

バオバブの木も忘れてならない。バオバブは年間降雨量が400ミリから1000ミリあるスーダン帯の指標樹木であり、巨木となる。その葉は重要食料であり、葉は抹茶のように粉末化されて売られている。

野菜なら、スイカがマリの名産だ。楕円形でラクビーボールより一回りおおきいスイカが生産されている。野生のスイカもある。その他に、ニジェール川流域では湿潤土壌を利用して、ニンジン、トマト、インゲンマメ、カボチャ、サツマイモ、タマネギ、ニンニク、トウガラシなど、多種類の野菜も栽培されている。

果樹も、マンゴー、パパイヤ、オレンジ、ライムなどがある。

スーダン帯を南下すると年降雨量が1300ミリ以上に上り、ギニア性気候（一年に2回の乾季と2回の雨季がある）に近づく。マリ南西部のコートジボワールとの国境地域である。主作物がトウモロコシと根菜類中心になり、サツマイモやマニオック、バナナ、タロイモ生産が多くなる。中心都市はブグニやシカソでバンバラやセヌフォが多く分布する。

野焼きと樹木畑農業

マリ農業の方法的特徴に、野焼きとアグロ・フォレストリーがある。野焼きは、荒野に火を放って、茂った雑草や小灌木を焼き払う。同時に害虫も焼き殺す。焼けた草木灰は土地の肥料になる。そのあとは農耕地にしてもよいし、放牧地にしてもよい。乾季には、サヴァンナのあちこちで火の手があがる。しかし現在は、この野焼きが砂漠化をひきおこすということで禁止されてしまった。

アグロ・フォレストリーとは、有用樹が生育した畑で耕作する農業である。アグロ・フォレストリーがマリでは著しく発達している。それゆえマリの集落は、こんもりした森におおわれている。集落周囲の農地に有用樹木をうえているからだ。カリテ、スンバラ、アルビダ、マンゴー、ヤシなどである。なかでも注目したいのは、マメ科のアカシア・アルビダである。

アルビダ〔バンバラ〔バマナン〕語でバランザン〕は不思議な木だ。根粒細菌が根に付着したマメ科の木であるから、空中窒素を固定できる。この木を畑にうえると窒素肥料が畑に供給される。枝葉にも窒素がつまっている。窒素はたんぱく質の原料だ。乾季になると、家畜の群れが刈り入れ後の畑にはいり、作物の切株やアルビダの葉を食べ、糞を畑にばらまく。それゆえ、畑に土壌疲弊がなく、毎年耕作可能な常畑となる。土壌浸食がはげしく、連作困難なアフリカの農地で、これはめずらしい。しかもこの木は、農作物の生育期間には葉を茂らさない。だから、茂った葉が太陽光をさえぎり、農作物の生育を抑制することはない。そのかわり、葉は農作物の収穫が終わった乾季に茂る。

セグから北の内陸デルタ右岸にアルビダ畑が多い。かつてバンバラ王国があったセグは、バランザンの町を称している。わたしも、畑に入って巨木のアルビダをなでさすり、巨木を抱いて、この畑が農業王国の存在を支えたのかという思いを深くしたことがある。

カリテとスンバラの木も多い。カリテは、英語ではシアーバターの木としてしられ、油脂分の多い実をならせ、その実から植物性バターをつくる。それは食材にもなるし、油、石鹸にもなる。カリテ製の飴色の立方体の石鹸が市《いち》で売られているが、なかなか美しい。

スンバラの実も油脂分とたんぱく質が多い。これは実を煮て練って発酵させ、指でちぎって丸めて干して保存し、料理の味付けにする。大豆でつくる味噌とよく似ている。味は味噌よりすっぱい。

（嶋田義仁）

カリテの実

加工されたスンバラ

51

牧畜

―― ★サハラ牧畜民トゥアレグとサーヘル牧畜民フルベ★ ――

マリには西アフリカの二大牧畜民がいる。トゥアレグとフルベである。トゥアレグはサハラのラクダ遊牧民で、おもにラクダとヤギを飼う。フルベはサーヘル・スーダンのウシ牧畜民でおもにウシを飼うが、ヒツジとヤギも飼う。

マリの家畜生産は、1998年ころまでは国民総生産の13％、輸出額の50％も占めた。過去形でいうのは、その後マリでは金鉱採掘が復活しその伸びがおおきく、金がマリの主要輸出品になったからである。

サハラの牧畜

雨のほとんど降らないサハラにどうして牧畜民がいるのか。それはまず、サハラでも地域によって灌木が生えていたり、草原があったり、井戸を掘れば湧水がえられる地も存在するからだ。特にサハラの中央には山岳や高原がある。山地はサハラのなかでも雨が降りやすい。マリの場合、アルジェリアとの国境にアドラール山地があり、そこにはティレムシという大きな谷が刻まれている。谷は水をあつめやすく、井戸を掘れば水がえられやすい。そんな谷の水や植物を利用しながら、サハラ遊牧民は生活している。

遊牧というのも、牧草や水の少ない乾燥地で家畜飼育を可能にさせるすぐれた技術だ。家畜がある土地の牧草を食べ尽くしたら別の場所に移る。そうすれば、少ない資源を移動によって有効利用できるからだ。

家畜も乾燥に適応している。家畜は湿潤気候にむしろ弱い。様々な病原菌や病原虫がおり、よい牧草も少ないからだ。とりわけ、ラクダやヤギは乾燥に強い。ラクダは一月間水を飲まず食べずでも生きられる。ラクダの体は水や栄養をたくわえられるようにできているからだ。とくにラクダのコブには脂肪がつまっていてエネルギーの貯蔵庫になっている。

ラクダにはヒトコブラクダとフタコブラクダがある。フタコブラクダはユーラシアの北方の乾燥地中心に分布し、駄馬のように脚も胴もふとくごついが、サハラのラクダはスマートなヒトコブラクダだ。

ラクダの世話をするトゥアレグ青年

ラクダとヤギは、草本の草だけでなく木の枝葉を食べる。このような家畜をブロイザーという。ラクダの背が高く首が長いのは、高い木の葉を食べるからだ。ヤギは木にのぼってまでして木の葉を食べる。これもサハラを生きる知恵だ。というのは、サハラとサーヘルには乾燥にもかかわらず、アカシア系の樹木が多いからである。おそろしく長く鋭い棘がはえた樹木であるが、その枝葉をラクダは食べる。ヤギはしばしば砂漠化の元凶とみなされてきたが、それは事実に反する。ヤギは樹木の実も食べるので、その実は糞とともに排出され、その実から若芽が成長するからだ。家畜と植物は相互に支えあって共生している。

ラクダが産出する多量の乳は、ラクダ牧畜民の重要な食料となる。ラクダ牧畜民の若い女性は、太っていることが美人の条件とされているので、大量の乳をのまされる。ラクダの肉も食べられるが、日常食用にするのはヤギである。ラクダの役割はむしろ荷を遠くまではこぶ輸送手段であり、騎士を乗せる騎乗用家畜であった。現在でも長い刀をつるした騎士がさっそうとラクダに乗っている。しかし非常食としてラクダ肉は不可欠だ。

サヴァンナの牧畜

ウシは、サハラより降雨量の多いサーヘル・スーダン地帯で多く飼育されている。ウシは牧草（主にイネ科植物）を食べる。草本性植物を食べる家畜をグレイザーと呼ぶ。ヒツジもグレイザーである。牧草には消化困難なセルロースが多量にふくまれる。しかしそれを餌として有効利用することになったのが、偶蹄類であるウシ科の動物だ。セルロースを消化するためにウシ科の動物には四つの胃があり、胃にいれた食物をもう一度口に戻し反芻までする。しかしウシを飼育するには大量の牧草と大量の水が必要である。そのため、ウシは砂漠的な乾燥地ではなく、より降雨量が多く牧草豊かな乾燥地で飼育される。そのうえでウシの移動が必要だ。

一人の牧童でも30～70頭のウシの群れを率いて移動している。サーヘルは農業地帯でもあるから、牧畜民は農耕民とも接触し、ウシの群れが畑に侵入して農作物を食べてしまうこともある。そのために牧畜民と農耕民の争いが引き起こされたりする。しかし、ウシの群れが刈り入れ後の畑で刈り残しの茎や切り株を食べ、農作物の肥料となる大量の糞をまき散らすという、牧畜と農耕の季節的共存関係もみられる。

ウシの主な飼育地域はサーヘル地域である。その南の雨が多いサヴァンナ地域にはかつては疎林が広がり、家畜に眠り病を伝染するツェツェバエが分布していた。しかしサヴァンナの疎林がかなり伐採された今、ツェツェバエは減り、この地域での牧畜も可能になった。しかしツェツェバエが突然大流行することもある。それゆえこの地域では、ツェツェバエ退治の殺虫剤が定期的に散布され、家畜への予防注射も義務だ。

ウシの川渡り（ルンバル）

ウシは乳も肉も利用できるが、食料としては乳利用が中心だ。乳は、熱帯のアフリカでは、朝しぼっても9時頃には発酵してヨーグルト化してしまうが、毎日生産できる。それゆえ、乳は日常の基本食だ。

ウシは一頭でも肉の量は300キログラムほどになる。これだけの肉は家族5人で毎日1キログラム食べたとしても消費し尽くすには300日かかる。ウシは自家用に食べるには大きすぎる。住民が日常気楽に食べる肉はヤギ肉である。黒アフリカにおいてヒツジはイスラームの祭日である羊祭りやラマダーン明けの祭りで食べるために確保しておく儀礼用家畜であり、ヒツジ肉を日常的に食べることは稀だ。

家畜の品種

家畜の品種にもふれておこう。ウシはゼブ種とトーラン種に分かれる。ゼブは背にラクダと同じようにコブがあるウシで、牧畜民に飼育される。骨格が頑強なウシで、大きな角がある場合が多い。去勢されていない雄の種牛は身体も角もひときわ大きく、ウシの群れのボスだ。ウシの群れに近づくと、この雄ウシがのっそりとみがまえる。ゼブは乳生産量も多く、フルベの女たちは発酵してヨーグルト化した乳を売り歩く。ゼブウシには、フルベの飼育するゼブと、モールの飼育するゼブとがあり、後者が大型である。

他方、トーラン種はゼブの到来以前からアフリカにいたゼブより小型のウシで、おもに南部の農民に少数飼育されていた。乳生産量はすくなく、肉牛として利用される。舎飼いされることが多く、その肉はたいへんやわらかい。トーランはゼブとくらべて眠り病に強い。それゆえ、トーランとゼブを交配し、眠り病に強くかつ大型で乳生産量の多い新種をつくるこころみもなされている。

ヒツジにもサーヘル型とギニア型がある。ギニア型は湿潤なサヴァンナで飼育される眠り病に強い種である。サーヘル型は乾燥したサーヘル地域に分布し、肉用ヒツジと羊毛用ヒツジがある。熱帯のアフリカで飼育されるヒツジには毛がほとんどない。それゆえ羊毛を採取できない。しかし、内陸デルタの左岸にあたるマーシナ地方には、羊毛を採集できるヒツジがいて、その毛で毛織のガウンや壁をおおう壁かけ布を作っている。これは熱帯アフリカにおける希少種である。

ヤギにもサーヘル型と眠り病に強いギニア型がある。サーヘル型は小型種であるが乳量が多い。そのうえよくうごきまわり、ヒツジの群れをひきいて勝手に放牧に出て、勝手に帰ってくる。他方、ギニア型は肉用の大型種で、柵小屋でじっとしている場合が多い。マリでは農耕民もヤギとヒツジを中心に小型家畜をよく飼育している。

雄ウシやウマ、ロバをつかっての荷車利用もよくおこなわれている。最も速く走るのはやはり馬車で、ロバ車やウシ車はのろい。ロバ車に数時間乗ったことがあるが、次々と馬車においぬかれてゆく。しかしそのかわり、ロバ車は女性や子供でも操ることができる。馬車を操るのは成人男性だけである。

のんびり移動する牛車

走行速度のはやい馬車

（嶋田義仁）

52

稲作

★3000年以上の歴史をもつマリの稲作★

日本ではあまり知られていないが、マリの人びとの多くが一日に一度は食べる主食といえば米である。大きな鍋に米とたくさんの水を入れて火にかけ、十分に煮たったところで余分な水分をとり、余熱で炊き上げる。別の鍋で肉か魚を、トマトと玉ねぎ、トウガラシなどとともに煮こんだスープを用意し、炊きあがったご飯の上からかける。これを洗面器ほどの大きな器に入れて、男女別に家族そろって食べるのである。とはいっても、米を中心にした食習慣はこの100年ほどのあいだにもたらされたものであり、マリの人びとが過去に食べていたのは、トウジンビエやソルガムなどの穀物であった。このような食習慣の一大変化がもたらされた理由は、フランスによる植民地化とその政策にあった。

19世紀の後半に、西アフリカからマダガスカルを経由してインドシナ（現在のベトナムやカンボジアなど）にいたるまで広大な植民地を築いたフランスは、植民地事業から最大の利益をあげようともくろんだ。その目的で案出されたのが、西アフリカの農地を落花生やワタ等の商品作物の栽培に転用するために、インドシナが産出する大量の米を西アフリカに運ぶ

マリの国営事業であるニジェール川開発公社では、見渡す限り水田が広がっている

ことであった。フランスが西アフリカにもうけた広大な植民地のうち、セネガルは落花生、マリとチャドはワタ、ギニアはバナナとパイナップル、コートジボワールはカカオとコーヒーが主要作物とさだめられて、商品作物への転換が試みられたのである。

こうした商品作物への転換は、必ずしもすべての土地で成功したわけではなかった。しかし、その副産物として各地で食習慣の変化がもたらされた。マリでも多くの人びとが米に対する嗜好を強めたために、フランスから独立した後も大量の米を輸入しつづけた。それだけでなく、ニジェール川に沿って多くの水田を開き、用水路を改良したり新設したりしたことによって、今や米の生産量はマリで生産されるすべての穀物のなかで、トウジンビエとともに第一位の座をあらそうまでになっている。

そうして開かれた水田のうちで最大のものが、マリ第三の都市セグから北にのぼったところに設けられた「ニジェール川開発公社」、現地で「オフィス・ドゥ・ニジェール」と呼ぶ開拓地である。これは1920年にフランスの一技師のプランによって開始されたものであり、ニジェール川中流のマラカラに水利ダムを建設し、そこで堰き止めた水を北部

第52章
稲　作

の原野に運ぶことで農地を開くと同時に、セグや首都バマコの電力をまかなおうとする壮大な計画であった。

フランスが当初考えていたのは、その広大な農地で、当時のフランスの基幹産業である繊維産業に不可欠なワタを栽培することであった。しかし、酸性の土壌のためにワタ栽培には適していないことが判明したために、まずサトウキビ、その後米へと作物の転換がはたされた。現在では約10万ヘクタールという広大な水田が開かれ、1960年のマリの独立以降は中国による技術指導が導入されて、50万人もの農民とその家族がここで稲作に従事している。そこではマリにおける米の約60％が生産されているだけでなく、全農民に対して水田と用水の使用料を毎年払うことを義務づけているので、そこからあがる収入はマリの国家予算の10％を占めるまでになっている。

これだけであれば、外国資本と技術の導入による農業開発という、アフリカではありふれた物語でしかなかっただろう。しかし、マリの稲作のユニークな点は、ニジェール川の流域でアフリカ独自の稲が栽培化され、それが少なくとも3000年にわたって栽培されてきたという事実である。

この稲はオリザ・グラベリマと呼ばれ、世界に2種類しか存在しない栽培稲の一種である（もうひとつはアジア稲であるオリザ・サティヴァ）。この稲の栽培化がおこなわれたのはニジェール川内陸デルタと考えられており、実際、ここでは水田の状況や栽培様式にあわせて何十種類という稲が栽培されている。また、その南東の端のジェンネ・ジェノ遺跡や南西の端のジャ・ショーマ遺跡では、紀元前8〜3世紀の地層から稲が発見されており、この地での稲の栽培が長い歴史をもっていることが証明されている。

ニジェール川の増水にあわせて稲を栽培するリマイベの人びとが収穫を行っている

この地域で稲作に従事しているのは、第一にマルカと呼ばれる人びとである。彼らは村の周囲を切り開いて大きな水田を開き、丹念な耕起と除草をくり返しながら稲を栽培している。ていねいな作業を重ねるので、単位面積当たりの収量も多く、彼らの稲作はかなりの余剰を生むことができる。彼らは6月から11月にかけての農繁期には故郷の村で稲作にはげみ、残りの時期は西アフリカ各地に出向いて商売をおこなってきた。隣国ブルキナファソではヤルシと呼ばれ、コートジボワールやギニアではジュラと呼ばれる彼らは、歴史的にはワンガラと呼ばれたイスラーム交易者であり、西アフリカの広い範囲にイスラームと製布の技術をもたらした貴重な存在であった。しかも、ニジェール川内陸デルタの自然環境に最適である稲作に古くから従事している彼らは、漁民であるボゾとともに、この地域の最古の住人と考えられている。

一方、稲作を専業とする別の集団も存在する。19世紀にこの地域に国家を築いたフルベ人の農耕奴隷であった、リマイベと呼ばれる人びとである。奴隷化される以前にはおそらく稲作技術をもたなかった彼らは、氾濫水におおわれる低地に稲を粗放にまき、それが成長するにまかせる。そしてその後に、氾濫水に胸までつかりながら収穫をおこなうのである。このような稲作では雑草が生えて収量が損なわれるのではないかと思われるが、彼らはそれにはあまり頓着しない。彼らにたずねると、グラベリマ稲は浮稲の性質をもっているので、ニジェール川の氾濫水が上昇すると雑草よりも早く成長する。したがって、除草に多くの手間をかける必要はないというのだ。

マリでは7世紀以降、ガーナ、ガオ、マリなどの古王国があいついで誕生したが、このうちニジェール川流域に成立したガオやマリなどの国家では米が主食となっていたことが確認されている。ニジェール川の氾濫が可能にした稲作は、これらの国家の成立と発展を通じて、西アフリカの歴史を動かす主要な動因のひとつになっていた。米というと、アジア、とりわけ日本を含めた東アジアの歴史的発展に寄与した穀物だと考えられがちである。しかし、それから遠く離れた西アフリカにおいても、米はおなじように重要な歴史的役割を果たしてきたのである。この事実は、人類史における稲作の位置について再考をせまるものであろう。

（竹沢尚一郎）

53

漁　業

★かつてはアフリカ一の生産力を誇った漁業★

　マリは海に面していない内陸国なので、漁業といえば河川や湖などの内水面でおこなわれる漁にかぎられている。マリにかぎらずアフリカ大陸の国々では、大陸棚が発達していないこと、海流の流れが速く外海に流される危険が大きかったことなどの理由から、海洋での漁業はほとんど発達しなかった。そのため、アフリカ大陸の主要な漁業は、チャド湖やビクトリア湖、そしてナイル川など、内陸面での漁であった。もっとも、近年では日本や韓国の漁船が西アフリカに大量に進出しており、わが国で食べられるタコの多くはモーリタニアやモロッコの沖で捕獲され、わが国まで空輸されているのだ。

　一方、マリを西から東へと貫いて流れるニジェール川は、アフリカ第三の長さを有する河川であり、多くの氾濫域をもっているので、ここでの漁は古くから盛んであった。マリの古都であるジェンネやジャは2000年以上の歴史をもつ都市だが、その近郊でおこなわれた発掘からは、紀元前の地層から多くの魚の骨が出土している。また、より北方のサハラ砂漠の中央部にある遺跡は6000年以上前のものだが、そこでも多くの魚や水生動物の骨とともに、動物の骨を削ってつくった特徴ある銛や釣り針が出土している。マリの各地に住みついた人びとは、数千年以上の昔から、資源がふんだんにあり、入手しやすい魚を追って生活の糧としていたのである。

マリの漁業をリードしてきたのは、専業漁民集団であるボゾの人びとである。しかし、そのほかの人びとも農業のあいまには漁をおこなって、たんぱく質の欠乏を補ってきた。とはいえ、専業漁民の漁と農民が片手間におこなう漁とでは、漁の仕方も異なれば、漁獲高も異なっている。

集団漁には村中の男たちが参加して魚を追う

一般に農民がおこなう漁は、自分たちでつくった小さな簗《やな》や筌《うけ》などの漁具をもちいて、村の近くの河川の支流や沼でおこなうものである。そのなかでも重要なのは、乾季に水位の減った村の近くの沼でおこなう集団漁である。漁の日が決定されると、周囲のいくつもの村から人びとがやってきて、合図とともに一斉に手網を入れて魚を追う。これは魚を得るという実利的な目的はもちろんだが、それだけでなく一年の農業の豊作を占うという宗教的な性格も有しているので、全員が熱を入れて魚を追うのだ。

これに対し、専業漁民集団ボゾのおこなう漁は、輸入される漁具をもちいた複雑かつ大規模なものであるが、それ以上に、魚を追ってダイナミックな移動をくり返す点に特徴がある。私は船外機付きの小舟を2ヶ月間借りて、まかないをしてくれる女性や船頭とともにキャンプをしながら、彼らの移動を追ったことがある。手漕ぎの小舟による彼らの移動は、約半年間、500キロメートル以上におよぶ行程であった。その間、彼らが寝泊まりするのは、葦を編んで作った簡単な小屋であり、雨が降るとたちまちずぶ濡れになるような代物でしかない。

ところが彼らに話を聞くと、魚を腹いっぱい食べることができ、隣の人間を気にすることなく生活できるこうした漁業キャンプでの生活の方が、よほど居心地が良いというのである。彼らのあいだには、「ボゾであることは、自由であることだ」ということわざがある。まさにそのことわざ通りのメンタリティであり、暮らしぶりであるのだ。

彼らはそうして捕った魚を天日で干して干物をつくり、保存に良いように燻製にする。そのようにして加工した魚をまとめて商人に売ることで、彼らは米などの穀物とともに、衣服や燃料などの必需品、そして翌年の漁のためにさまざまな漁具を買いそろえていくのである。

私は行政府の各種の統計にあたってみたが、輸出統計の数字が明確になっている1950年代から約20年のあいだ、マリの全輸出品目のうち、加工魚は牛の肉とワタにつぐ第3位か第4位、割合にして15%から20%を占めていることが確認できた。しかもその生産量は、アフリカ大陸で一番多かったのである。この時期、マリの南側に位置するコートジボワールやガーナでは、カカオやコーヒーのプランテーション農業がさかんになり、それらを栽培する農民のたんぱく源として、ニジェール川流域で捕れる魚への需要が急速に高まった。先にも述べたようにアフリカの沿岸部での漁は活発ではなかったし、魚を冷蔵してヨーロッパなどから運んでくる技術も発達していなかった。それで、身近なマリの魚が大量に求められたのだ。

ところが近年では、ニジェール川にダムがいくつも建設されたことで氾濫域が大きく減少したし、

１９７０年代と80年代にあいついで大干ばつに見舞われたことで、漁業資源にも壊滅的な影響が出ている。その結果、マリの漁民たちが毎年生産する漁獲は最盛期の約半分にまで落ち込んでいる。それでも、今なお20万を超える漁民が魚を追って暮らしているのである。

ボゾの漁師たちは、家財道具を積んだ手漕ぎの舟で500キロメートル以上移動しながら魚を追う

マリでは冷蔵技術や輸送手段が発展してこなかったため、漁民のとる魚の大半は加工されたり、地元の農民との物々交換にまわされたりしてきた。それでも、近年は大きな氷を積んだ船外機付きの船をあやつって、漁民から仕入れた魚を新鮮なまま大都市へと運ぶ商人も現れている。また、川から水を引いてつくった人工池や沼で、魚の養殖をおこなうこともしだいに盛んになっている。これは多くの場合、女性などが協同組合をつくって従事しているが、魚の値段がキロ当たり１００～２００円程度とあまり高くはないので、エサ代の方が高くつくケースもある。それで、それほど広く普及するにはいたっていないのだ。

マリは魚だけでなく、人間の数より牛の数の方が多いといわれるほど、牧畜もさかんである。そのためたんぱく源がふんだんにあるので、今後魚の値段が急激にあがって、養殖がさかんになるということは予想しがたい。わが国の国際協力機構（ＪＩＣＡ）による魚の養殖の研究と支援が試みられてはいるが、当分のあいだは、ニジェール川でおこなわれる伝統的な漁がマリの漁業の主流であるだろう。

（竹沢尚一郎）

54

商　業

★異なる生態学的ゾーンを結ぶマリの交易商人★

商業はマリの伝統的な文化の一部だといっていい。というのも過去千年にわたって、西アフリカ内陸のサヴァンナ全域から南の森林地帯にかけて交易網を張りめぐらし、各地に交易都市を作り、さまざまな商品を流通させてきたのは、マンデ系といわれるマリ起源のムスリム商人たちだからである。

もっともマリ自身は重要な交易品をもっていなかった。サヴァンナに位置するマリは、北の砂漠と南の森林という異なる生態学的ゾーンを仲介する立場にあり、さらにニジェール川という効率的な水運の手段を活用できたことで、地域間交易の中心地になった。そしてこの地域間交易が、サハラを越えて北アフリカへ、さらに地中海を越えてヨーロッパへと延びる大陸間交易に接続したことで、7世紀頃から16世紀にわたってガーナ、マリ、ソンガイなど相次ぐ広域国家の繁栄がもたらされたのである。

この交易をサハラの側で担ったのはトゥアレグ人やモール人などの砂漠の牧畜民で、サヴァンナと森林の交易を担ったのがマンデのムスリム商人だった。彼らはサハラに接する北部ではワンガラ、ニジェール川流域ではマルカ、南のサヴァンナでは

第54章
商　業

ジュラなどとよばれる専業の商業民を構成していた。マンデ商人はサヴァンナの各地に交易都市を築き、親族組織を利用したネットワークを駆使して南の森林地帯に向けてサハラの岩塩を運び、反対に森林地帯からはコーラ・ナッツを運んだ。海から遠くはなれたアフリカ内陸では岩塩は貴重品で、覚醒効果をもつコーラ・ナッツはサヴァンナで広く嗜好品として愛好された。彼らは原産地では安くても消費地では高く売れる商品を取り扱い、その差益を儲ける商売をしていたのである。この交易ネットワークの上に大陸間交易が乗っかって、遠くヨーロッパの毛織物や北アフリカの金属製品などの贅沢品が流れ込み、南の森林地帯から北アフリカやヨーロッパへ向けては、金貨を鋳造するための金が輸出されていたのである。

交易ネットワークは大まかにいって三層に階層化された構造を成していた。たとえばサハラの岩塩鉱で採掘された岩塩は1枚30キロの板に整形されて、1000頭を超えるラクダのキャラバンでトンブクトゥまで運ばれ、さらにニジェール川のカヌーに積み替えられてジェンネまで運ばれた。このように組織的な運搬手段を使って大規模な取引ができるのは、資本力のある大商人だけである。そこから先は、ばら売りの岩塩板を仕入れた行商人たちの出番である。彼らは奴隷を使って、あるいは夫婦連れで、定期市の開かれる各地の都市に商品を運んでいく。定期市で、彼らは岩塩板を適当な大きさの塊に割って小売りにした。こうして遠くサハラから運ばれた岩塩板は農民たちにも買える程度の大きさのかけらになり、最終的に生活物資を物々交換する村々のレベルに浸透していったのである。

ところでマリでは金は砂金の形で取引されていたが、金貨に鋳造されることはなかった。面白いことに、通貨として広く通用していたのは学名 *Cypraea moneta* というインド洋産の宝貝（キイロタカガライ）だった。14世紀のアラブの大旅行家イブン・バットゥータは、かつてモルジブで見たことのある宝貝が、マリで通貨として流通しているのを見て驚いている。事実、モルジブ諸島で大量に採集された宝貝がカイロに運ばれ、それをヴェネツィア商人がモロッコに運び、さらにそれがサハラ越え交易でマリに持ちこまれていたのである。海洋産の宝貝は内陸サヴァンナではそれ自体稀少であり、そもそも偽造もできないので通貨として広く信用を得ることができたのだろう。

宝貝はマリ時代から植民地時代の初期までずっと通貨として使われていたが、不思議なことに、その流通量は国家の管理を受けることなく自然の需給関係にまかされていたらしい。実は、宝貝は通貨としてだけでなく装身具としても儀礼財としても広く使われていた。だから交易によって外部から持ちこまれた宝貝は、そのままにしておくと市場から少しずつもれ出して流通量が減ってしまう。その分が、市場の要求によって随時外部から供給されてバランスが取られていたようである。

それでもやはり宝貝の流通量は不足気味だったようで、これまた面白いことに、マリでは宝貝に限って80箇をもって100箇とするという特別な数え方があった。この省略計算法については、宝貝が農民たちの手に少額ずつ、しかし大量に退蔵されてしまう結果、市場から下向きに供給された通貨が上向きに回収されてこないために通貨不足に陥るのだという経済学的な説明がある。またそれだけでなく、宝貝通貨には高額貨幣がないという事情も関係しているにちがいない。つまり宝貝による取引はすべての支払いを1円玉だけでするようなもので、1個の宝貝は約1センチ、1グラム程度としても、それで1000個、1万個の支払いとなると数えるにも運ぶにも大変な手間がかかる。そのために省略計算法が生まれるのだという説明である。おそらくどちらもそれなりに正しい説明なのだろう。

こうした宝貝通貨のあり方を見ると、マリの商業を担っていたのは専業の交易商人だけでなく、一般の農民などの村人たちも市場での商業に深く関わっていたことがわかってくる。実際農民の村では、成人した男子や結婚した女性は家長の許可によってそれぞれ自分個人の畑をもつことが許されており、そこからの収穫は自由に処分してよいことになっていた。たとえば結婚した女性は、個人の畑で唐辛子やタバコなどを栽培し、量としてはわずかでも個人で市場にもって行って売り、自分だけの収入をもつことができたのである。19世紀の探検記を見ると、街道沿いの村々では、女たちが串焼きの肉やヒエのビスケットなどのファストフードを売って商売している様子が描かれている。定期市の立つ日には、宝貝10個で手足の爪を切る少年とか、宝貝1個で飲み水一杯を売る貧しい女性も見られたという。才覚のある人間なら、そうやって少しずつ稼ぎながらひと財産築いてしまうこともあり得たのである。今日でも市場に行けば、たくさんのマーケット・マミーたちがかしましく商売をしている。そういう意味では、マリの人々はみな立派な商売人なのである。

もっとも植民地化によって資本主義経済が導入されると、フランスの商社やシリア、レバノンなどの外来商人が市場を握り、資本力の弱いマリの在来の商人は不利な立場に立たされることになった。だがその中でも、昔からのマンデの商人集団は海外移民という方法でネットワークを広げ、大手の商社が目を向けないような日用雑貨などの分野で活躍している。


（坂井信三）

55

カースト制

★手工業の発展を支えたシステム★

カースト制というと、西アフリカにもインドのようなカースト制があるのかと驚かれるかもしれない。しかし、この制度はマリを含めた西アフリカの諸社会に古くから存在してきたのである。

マリの人に、「あなたは誰ですか」、「彼は誰ですか」と尋ねてみよう。すると多くの場合、「私はバマナン人だ」、「彼はソンガイ人だ」と、民族名で答えが返ってくるだろう。しかし中には、「彼は鍛冶屋だ」と、職業名で答えが返ってくることもある（もっとも近年では、とくに大学を出た人びとのあいだでは、「バマコ人だ」などと都市の名で答えが返ってくることも増えている）。

このように職業によって自分の所属する集団を決めるやり方には、どれだけの種類があるのだろうか。そして、それはいつごろ始まったのだろうか。

マリのさまざまな民族の中でも、たとえばドゴンのように国家を築くことのなかった集団の場合には、他から区別される職業の数は少なかった。鍛冶屋と皮細工師が一般の人びとから区別されていただけで、他の民族とは違って、伝承語りや音楽を専門とするジェリないしグリオと呼ばれる集団が存在することもなかった。これらの行為は、才能のある農民が担うとさだめられていたのである。

これに対し、古くから国家を築いてきたマリンケやフルベ、バマナンなどの集団の場合には、もっと細かい職業区分が存在した。鍛冶屋や皮細工師やグリオなどの職業が明確に区別されていただけでなく、金銀加工師、木地師（木工加工）、商人、織物師、水上運搬業などに従事する人びとはそれぞれのグループに入れられて、一般人とのあいだには厳格な境界が存在したのである。

すぐれた土器を焼いて販売するのは、鍛冶師の女性たちである

このとき、彼らを区別し、その区別を維持するために、過去には厳格なタブーがいくつもうけられていた。彼らは一般の農民とは異なる村に住み（あるいは、おなじ村の異なる地区に住み）、一般人とは結婚が禁止されていた。そのため、鍛冶師の子供は鍛冶師となるのが普通であり（鍛冶師の妻は、壺や水瓶などの土器作りを専業とする）、鍛冶師に特有なカンテやファネなどの名前を親から受け継いできた。さらに、彼らは一般人とおなじ食器で食事をすることができず、おなじござに座ることもできなかった。伝統的なマリの農村では重要な話し合いはすべて人びとがござに座っておこなったので、彼らは村の話し合いに参加することができなかったのである。また、彼らは農地を所有することができなかったので、自分がつくったものを農民と交換することで生計を立てることが必要であった。

このような区別ないし差別が最初にもうけられたのは、鍛冶師に対してであったと考えられている。西アフリカにおける鉄の製造は古く、紀元前8～5世紀には鉄製造が開始されていたことが考古学の調査によって確認されている。鉄を製造するには、まず粘土でたたらをつくり、そのなかに砕いた鉄鉱石と木炭を層にして積み上げ、まわりからふいごで空気を送り込んで、2日かかって溶解させて鉄を取り出す。石を高温で溶かして鉄に加工するという特殊な技能を必要とするので、彼らは大地の秘密を知る人びととして、また農耕や戦争に不可欠な道具を製造する人びととして、一般人から恐れられると同時に忌避されてきた。

鍛冶師はこのように特別視されてきたので、森林地帯に住む人びとのあいだではしばしば鍛冶師が首長になったし、村の存続に必要な重要な儀礼をつかさどるのも彼らであった。歴史的に見ても、13世紀はじめにマリ帝国を建国した王スンジャータ・ケイタが独立のために戦ったのは、呪術をよくする鍛冶師の王スマングル・カンテであったと伝えられている。

このように、一般の人びとから隔離された職業に従事する人びとは、のちに国家が発展し、人口の大半を占める農民や牧畜民がその支配層になると、区別が維持されたまま社会階層の下位に位置づけられていったと考えられる。そして、国家がさらに発展して、経済活動が盛んになっていくと、さまざまな職業が新しくつけ加えられて、職業の分化はさらに細かくなっていった。一方、民族の枠に拘束されることのない彼らは、民族の枠を超えて技術を伝えることで、その制度も広く拡大していったのだろう。カースト制と呼ばれるこうした制度は、アフリカ大陸の西端のセネガルから東はナイジェリアまで、西アフリカのサヴァンナ地帯のほぼ全域に存在しているのである。

その後、19世紀の末になって、フランスやイギリスなどによる植民地化の波が西アフリカに押し寄せると、植民地政府は行政を円滑に機能させるために大量の役人が必要になり、各地に学校を建設した。このとき、農地を所有する農民や牛を所有する牧畜民の多くは子供を学校にやる必要を感じなかった。一方、西洋諸国から運ばれてくる鉄や織物をはじめとする商品の浸透によって生活を脅かされていた職業民の多くは、自分の子供を学校にやって新しい職業を身につけさせようとした。

やがて、学校を終えた彼らは学校の先生や下級官僚としてリクルートされて、社会の中で一定の地位を占めるようになった。その後、マリが独立すると、彼らの中から政界や経済界を牛耳る支配層が誕生して、彼らの社会的地位は大きく変わった。その結果、今日では彼らと一般人とのあいだの通婚はしばしば見られる現象となったし、それ以外のタブーも解除されていったのである。

植民地化のはじまる以前には人口1000程度の小さな村でしかなかったバマコは、今では200万近くの人口をもつ大都会になっている。各地から移り住んだ人びとが大半を占めるこの都会には、さまざまな民族が共存しているだけでなく、さまざまな職業をもつ人びとが混じりあって暮らしている。そのため、今では鍛冶師や皮細工師などはその苗字によって知られるだけで、タブーはなくなっている（とはいえ、若干の差別意識が残っているのは事実だが）。

たとえあなたが村の旧家の人間であったとしても、求婚者が政府の役人であったり、裕福な商人であったりしたなら、娘を喜んでカースト民に嫁がせるだろう。職業ごとに区別することで、それぞれの職業の技術を継承させ、交換をうながして西アフリカの経済発展に資してきたカーストと呼ばれる伝統的な制度は、マリが大きな社会経済的な変化を経験する中で役目を終えたのである。（竹沢尚一郎）

カースト制　トゥアレグ人のケース

コラム9

今村　薫

現代を生きる商人たち

トゥアレグ人の生業は、牧畜だけではない。彼らの伝統社会は階層社会であり、かつては貴族、従臣、イスラーム聖職者、職人、奴隷というカーストからなっていた。もともと牧畜よりは工芸品製作を中心に行っていた職人階級出身者は、工芸品の製作と販売を通じて商業活動をおこない、貴族や従臣階級出身者も、目端の利く者は家畜を売ったお金を元手に商売をしている。歴史的にサハラ交易に関与してきたトゥアレグ人の経験を生かし、トラックを購入して運送業に携わる人もいる。

職人出身のビジネスマン

47歳のアッサーレフは、職人階級出身で、工芸品や装飾品を扱う商人である。2005年の愛知万博で、マリの工芸品や土産物を売りに来日し、私と知り合いになった。彼は、トゥアレグの職人の代表として、フランス、ドイツ、カナダ、アメリカの物産展や会議に出席したこともある。

銀製あるいは真鍮製のペンダント（トゥアレグ・クルスといわれる独特の十字型をモチーフとする）、ネックレス、指輪、ブレスレット、皮製のバッグ、木製の箱などが彼が扱う商品だが、アッサーレフが得意とするのは、木に彫刻をほどこし金属片で装飾した扉や机、彫刻した木に皮を張って作った大型のトランクなどの家具や置物を、外国人から受注し、知りあいの職人に作らせるというコーディネートである。

彼は、携帯電話をあちこちにかけてビジネスに余念がない。彼が言うには、「フランスの自分の友人が、大型トラックの中古を譲ってくれてフランスから送ってくれた。今、そのトラックがコートジボワールの港についた」とか、「自分が買ったディーゼル・エンジンのポンプを、メナカの水道局に売りつける」などのビジネスを手掛けているということだった。

彼は、とてもブロークンなフランス語で臆することなくしゃべっていたが、フランス語の読み書きはできなかった。それでも、外国へ出かけ、外国人とも契約をどんどんおこなっている。

また彼は熱心なイスラーム教徒で、モスクに頻繁に通い自宅でも鼻にかかった声で長い長い祈りの言葉を神に捧げていた。あるとき私は、アッサーレフがアラビア語を読み書きできるのを知って驚いた。子どものころ、コーラン学校に通って覚えたらしい。私は、彼を少し馬鹿にしていたことを反省した。

家畜からトラックへ

レレ周辺に住む37歳のハッサンは、４年前に５００万セーファァー・フラン（約１００万円）で１台の中古の四輪駆動車を購入した。従臣階級出身のハッサンはウシやヤギを飼っており、ウシを30頭売って購入資金に充てたという。

彼はこの車で、さまざまな物品の仲買と運送をおこなっている。基本的には、レレやラルナブというモーリタニア国境の町と、グンダム、ニャフンケというニジェール川岸の町を往復している。

国境の町でモーリタニアから入ってくる食料品（砂糖、茶、食用油、粉ミルク）と工業製品（電池、布、衣服）を仕入れ、それを川岸の町の商店に卸す。そして、川岸の町で米を買い、国境の町へ運んで商人に売る。その他、ハッサン自身の家畜や、他人から買った家畜も売買する。彼は、レレとトンブクトゥを結ぶルート上を行き来しながら、それぞれの地域の特産品を流通させているのである。

ハッサンの携帯電話は、人工衛星を経由するものである。これは、料金が高いが必需品だそうだ。普通の携帯電話は電波が届かないような砂漠でも、彼の携帯電話は大丈夫だ。砂漠を一人で走っていれば、車が故障したり、盗賊に襲われたりするというアクシデントが発生しうる。また、砂漠にいるときも商売のための情報は集めなければならない。そのため、砂漠でも使える携帯電話は必需品なのである。

ハッサンは、自分が持っているもので売ってくれと乞われたら、儲けが出る限りは何でも売る。彼は、自分が乗っている車でさえも売るのである。それも、売ってしまった後で別の車を探して買うというやり方である。こうして、2011年だけでも、2台の車を売ったという。

そんなハッサンの商売ぶりを見て、彼のイトコは彼にこういった。「おまえは、そのうち、自分の嫁さんも売ってしまうのではないだろうな」。

井戸を掘った男

2002年のある日、当時44歳だったヤハコブは、砂漠の砂を突然掘り出した。彼は、自分の井戸を掘りたいのだという。彼はそれまで、他人の井戸で家畜に水をやっていたが、彼の優先順位が低かったので、順番がまわってくるまで待たされるのが、つくづく嫌になったのだ。

最初は誰もヤハコブが本気だとは思わなかったが、そのうち、彼が10メートル掘ったところで、親類たちが手伝ってくれるようになった。井戸の深さが30メートルに達したとき、長兄が50万セーファー・フラン（約10万円）の資金援助をしてくれた。ヤハコブは、さらに掘り進み、60メートルを超えたところで、とうとう地下水脈に到達した。ひたすら毎日スコップで砂を掘り出し、4ヶ月で完成したという。ヤハコブ自身も150万セーファー・フラン（約30万円）の私財を投じたのである。

この井戸は「ヤハコブの井戸」といわれるよ

ヤハコブの井戸に集まる男性たち

うになり、人々が集まってくるようになった。この井戸は、ウシ300頭、ヤギ500頭、ヒツジ500頭に水を供給できるという。2003年には井戸のまわりに定住集落ができ、約50家族が2007年の調査時に住んでいた。2010年には、集落の子どもたちに教育を受けさせるため、私設の小学校を建てたが、これが2011年には海外の援助団体の目にとまり、正式の小学校として建物の整備や教員派遣の話がすすんでいるという。

ヤハコブは家畜を飼っているが、それ以外に井戸のすぐそばの自宅兼店舗で、食料品や日用雑貨を売っている。ヤハコブは、イスラーム聖職階級出身で、男ばかり5人兄弟の末っ子である。兄たちと異なり、彼の母は奴隷階級に属するが、トゥアレグ社会の伝統にのっとり子どもは父親の階級に入る。ヤハコブは「両方の階級の人の心がわかる」と言って自分の出自を誇りに思っている。

ある日、私はレレからバマコに帰ろうとしていた。レレから途中のニョノまで個人の乗合タクシーに乗り、そこから公共のバスでバマコまで行くつもりだった。ヤハコブもバマコに用事があるというので、一緒に行こうと私が誘うと、いやに渋っている。

よく聞くと、私はアイシャという彼らの親類の女性とニョノまで行くことになっており、そこにヤハコブが加わると、彼は彼女の面倒を見なければならなくなるのが嫌だったようだ。「アイシャがいると、おれは車の屋根の上に乗ってでも彼女に座席を譲らなければならない。女を屋根の上に座らせる真似がおれにできるか！　それからアイシャの荷物も全部おれが持ってやらなければならない」。

結局ヤハコブは、私たちと一緒に4人でニョノまで行くことになった。レレの町では乗合タクシーが数台並び、それぞれ運転手が客を探していた。そこで、ヤハコブは一計を案じて私たちを少し離れたところに待たせておいた。一人で運転手のところへ行き、値段の交渉をはじめたのである。「おれが、あと3人客を探して来たら、おれの分をタダにしてくれ」それから、彼は何食わぬ顔をして私たち3人を車のところへ連れて行き、自分のタクシー代をタダにすることに成功したのだった。

その乗合タクシー（トヨタ・ハイラックスのツインキャブ）には、客が座席に6人、屋根の上に14人、合計20人が鈴なりにぶら下がってレレの町を出発した。ヤハコブは、「予言」したとおり、アイシャに座席を譲って自分は屋根の上に乗り、かいがいしく彼女の世話をしてやっていた。

ヤハコブは努力家、かつ女性に優しくウィットに富む男で、色々な階級、民族の人たちと臆することなくつきあっていた。

VIII

世界の中のマリ

56

出稼ぎ

★国をあげての開発プロジェクト★

マリは世界の最貧国のひとつとされている。それゆえ古くから豊かな国に出稼ぎする者も多い。国際機関の推計では、人口1600万人のうち約28％が国外に居住しているといわれる。しかし、古典的な移民理論である「プッシュ・プル理論」がいうように、経済格差があれば誰もが豊かな欧米諸国を目ざすわけではない。欧米に出稼ぎする圧倒的多数は、マリの一集団であるソニンケ人である。

セネガル川流域に居住するソニンケ人は、フランス植民地下で港湾労働や大戦期に歩兵として従軍するなど、フランスとの直接的なつながりから移民が始まった。そもそも外国に居住するマリ人のうち、ヨーロッパに住む者は3～4％にすぎないとされる。この数にはヨーロッパ生まれの2世以降のマリ人も含まれる。その他80％以上の行き先は、コートジボワール、セネガル、ニジェール、ブルキナファソなど近隣諸国か、遠くてもガボン、コンゴ共和国、アンゴラなどのアフリカ内にとどまっている。つまり、マリ人の出稼ぎ先はアフリカ諸国なのである。

ヨーロッパに出稼ぎに行く割合が小さいのは、74年以降のフランス、さらにその後のEUの移民政策の厳格化にともなって、

第56章
出稼ぎ

家族以外は在留資格を得ることが困難になったことによる。ブローカーを利用しての渡欧は、安全な空路なら6000ユーロにもなり（飛行機代の他に、パスポートやビザのわいろによる取得費を含む）、小学校教員の年収の約5年分に相当し、個人が調達できる金額ではない。アルジェリアを縦断してリビアに至る陸路なら安いが、目的地に到着する前に死亡するリスクが大きすぎる。

筆者が出会ったソニンケのひとりトゥンカラは、村の市場でサンダルを売る仕事から始めて、地方都市を経てバマコで働いてお金を貯め、それを元手にセネガルに移民して働き、さらにモーリタニアに至り、ついにスペインに入国を果たし、フランスに到着した。そのときには村を出てから3年経っていたという。ブローカーを利用せず、元手なしでフランスに移民するのはかくも時間を要して非現実的である。

どのような階層が移民するのだろうか。マリの人口の80％は農業に従事している。とくにソニンケのように乾燥化の進んだ土地では、家族の誰かひとりが出稼ぎしないと農村での生活が成り立たないこともあり、出稼ぎは「一人前の男」になる、つまり結婚の条件でもある。

農村の場合、初等教育を終えていない者が多い。バマコを活動拠点にするフランスからの強制送還者の自助組織AME（Association Malienne des Expulsés）によれば、フランスからの強制送還者の90％はまったく学校に行ったことがない。5％は学校に行ったことはあるが高校卒業資格を持っておらず、5％は高校卒業資格を持っているがマリでは失業していた層である。首都バマコで中間層の生活を送るための収入を得ることができるのは、高校以上の卒業資格をもち公務員としての職を得るか、自営業を始めるだけの元手をもっている者に限られる。そのため、低学歴の農村出身者が都市に出稼ぎに

アンゴラに出稼ぎしたお金を元手に中央市場に女性の既製服の店を構えたウスマン

来ても、荷役か建設以外の就労機会は開かれていない。建設なら1日2ユーロ程度、荷役なら1日0・5ユーロ程度にしかならないこともある。同じ仕事ならば、バマコで働くよりも、より経済水準が高いセネガルやコートジボワール、さらにはフランスで働いたほうがよい。フランスの建設あるいはレストランで働けば、非正規滞在であっても仕事さえみつかれば、1ヶ月に800ユーロ程度稼ぐことができる。

近隣のアフリカ諸国では、衣料品の輸入・販売などの商業や、荷役、ガソリンスタンドでの洗車など都市雑業に従事する者が多い。一方、フランスへの出稼ぎ組が最底辺の労働に従事することは知られており、バマコなど都市部で中間層の生活を送る者にとって、魅力的な行き先ではない。フランスでのマリ人移民が従事できる仕事は、清掃、ビル管理、建設など賃金が安い都市底辺労働に集中している。ウスマンは、フランスで最底辺の仕事に就くことはまったく考えなかったという。彼はアンゴラやコートジボワールでの中国製の衣服販売の稼ぎを元手に、バマコの市場で女性の既製服を扱う露店をもつことができた。その稼ぎで家も建てたし、家族を養うこともでき、これから2番目の妻を迎える余裕もあるという。

出稼ぎの貯えの使途は、都市の場合には家族の生活費の他に、家の建築や店を始める資金に充てられることが多い。近隣のアフリカ諸国に出稼ぎすれば、ウスマンのようにバマコに家を新築して、子どもに高等教育を受けさせることもできる。

農村の場合には、農業だけでは生存維持が難しいということもあるが、それだけではない。農村の生活水準そのものがあがっていることも、移民による送金が必要となる要因のひとつである。生活水準の上昇にあわせて家の建設費用もかさむようになる。かつては簡素なつくりの家が多かったが、今では都市部では建築基本法によりレンガ造りの恒久的な家屋の建設が義務づけられている。さらに、電気が通っていなかった家に太陽光発電パネルを設置するなど、出費はかさんでいく。

出稼ぎは自分の家族を養うためだけではない。出稼ぎ先で出身村ごとに講を組織して、村のインフラストラクチャーの整備のために出資することは一般に見られている。学校や薬局などの公的な施設や道路や橋だけでなく、モスクなどの宗教施設も送金により建設される。まさに村としての機能そのものが移民によって支えられているのである。

村の存続が移民に依存するようになると、移民はもはや個人の戦略ではない。村としての集合的なプロジェクトである。たとえば、移民の送金で村が支えられている場合、一人の若者を外国に送り出す費用を村で出資する。

移民の送金は村の開発だけではなく、国全体への経済効果も大きい。外国に出稼ぎした移民からの送金額は、西アフリカ銀行が公式に把握しているだけでも、2009年には2000億セーファー・フラン（約3億ユーロ）に達しており、2000年の500億セーファー・フランから4倍にも増えている。

しかし、すべての出稼ぎが首尾良く終わるわけではない。マサは村の人たちの出資でフランスに渡り、毎月100ユーロ程度の送金を続けていたが、元手を返す前に国外退去になってしまった。冒頭で紹介したトゥンカラも、3年かけて到着したフランスから1年ほどで国外退去になり、故郷に家を建てるという目的を果たせなかった。マサもトゥンカラも村に帰るわけにいかず、バマコで捲土重来を期している。

（稲葉奈々子）

57

パリのマリ人

★サンパピエから市民へ★

国外に居住するマリ人は約４００万人といわれ、マリ人の約4人に1人は外国に居住していることになる。マリ政府は、その2～3％にあたる約8万～12万人がフランスに住んでいると推計している。そのほぼ90％はパリ北東部の郊外サンドニ県に居住している。また、国外に居住するマリ人移民の約70％は、ソニンケ人である。フランスのマリ人移民にいたっては90％がソニンケ人であるといわれる。

「宇宙船アポロが月に着陸したとき、そこにはすでにソニンケ人がいた」。こういわれるほどに、マリのエスニック集団のひとつ、ソニンケは多数の移民を世界各地に輩出する集団として知られている。マリの首都バマコをモーリタニア方面に５００キロほど北上したセネガル国境の近くに広がるカイ地域がソニンケ人の故郷である。

セネガル川流域に居住するソニンケは、8世紀頃に興ったガーナ王国に起源を持ち、サハラ交易や大西洋に注ぐ川を利用した交易で栄えた。ソニンケの故郷カイ州は、マリ、モーリタニア、セネガルの国境地帯に位置する。バマコ、ヌアクショット、ダカールいずれの首都からも遠く、現在では内陸部で孤立した地域になってしまっている。

交易により早くから商人経由で他地域とのネットワークが形成されており、ある地域に経済機会が生じれば、それが出身地に伝達され、出稼ぎを選択するのも早かった。19世紀末に奴隷制度が廃止されると、セネガルでのピーナツ栽培やサン・ルイでの港湾労働など、奴隷が従事していた職に就いたのはソニンケ人であった。移民を選択したのは決して困窮している層ではなかった。むしろ移民によってなした財によって有力者にのし上がった者が多いという。それゆえソニンケの場合、フランスの植民地支配によって伝統的な生産様式を剥奪されたがゆえの強いられた移民という解釈は妥当ではないとする研究者もいる。

しかしフランスから独立したのちに、アフリカ諸国が経済的にはフランスに従属させられてきたことは疑いようもない。１９８０年代以降のＩＭＦと世界銀行の介入による構造調整計画が公共サービスを廃止し、基本的なインフラストラクチャーが整っていない農村地帯が取り残された。カイ州もそうした地域のひとつである。州都カイを経由してバマコとセネガルを結ぶ鉄道が事実上廃止されてからは、ソニンケの出身地はもっとも貧しい地域のひとつになった。フランスへの西アフリカからの移民が急増するのは１９８０年代末以降のことであり、植民地主義に続く新植民地主義さらには構造調整計画によって根こぎにされていった時代背景と符合する。

フランスに居住するマリ人のうち、正規の滞在資格による在留は約6万人であり、その他の者は非正規滞在つまり「サンパピエ」ということになる。移民労働者が出稼ぎ先のホスト国で底辺労働に従事し、劣悪な居住環境を経験することはよくあるが、サンパピエの場合、状況はさらに悪くなる。マリ人の多くは、男性なら建設、警備員、清掃など都市雑業、女性ならベビーシッターや高齢者介護および家事労働やホテルやオフィスの清掃など、ケアワーク中心の仕事に従事している。従事する職業は在留資格にかかわらず都市サービス業が多い。

筆者の聞き取り調査では、パリに居住するマリ人移民はいずれも1ヶ月に800ユーロから1400ユーロ稼ぎ、約100ユーロをマリの家族に送金していた。サンパピエの場合は、建設で1ヶ月働いて800ユーロ稼げる程度である。

マリ人労働者の従事する仕事は、早朝や深夜の出勤が求められる職であり、都市中心部や近郊に居住しなければ通えない。しかしパリは家賃が高い上に、人種差別ゆえに、民間アパートはもちろん、公営住宅からも事実上排除されている。そのため単身者であれば、労働者用の寮のベッドを昼勤と夜勤で譲り合って生活することもある。家族がいる場合には、居住用のホテルで生活したり、パリ市内に1万戸以上存在するといわれる空き家を占拠することもある。

フランスの移民労働者はマリ人に限らず、このような社会的権利の剥奪を経験してきたが、戦後の歴史を通じて、移民の市民的・社会的権利は当事者を担い手とする数々の社会運動によって向上されてきた。1990年代以降は、その担い手としてマリ人が大きな役割を果たしてきた。そのうちもっとも大きな成果を得たものに、政権交代と非正規滞在移民の正規化につながったサンパピエの運動がある。

これは、1996年にパリのサンベルナール教会を300人あまりのマリ人とセネガル人を中心としたサンパピエが占拠して在留資格の正規化を求める運動として始まった。占拠した移民たちのなか

ケンタッキーフライドチキンで働くマリ人が、在留資格の正規化を求めて署名運動

には乳飲み子を抱いた女性の姿が目立ち、単身の男性であることが想定されてきた非正規滞在移民のイメージを覆した。機動隊は教会の扉をハンマーで打ち破って、泣いて抵抗するサンパピエ親子たちを暴力的に排除した。その様子が報道されると、移民政策の厳格化を誇示する政府への共感よりは、非人道的な扱いに対する反感のほうが強まり、サンパピエの運動は世論に広く支持された。結果として、1997年の総選挙で非正規滞在移民の正規化を公約に掲げた社会党を筆頭とする左翼連合が圧勝し、8万人が正規化された。正規化された外国人のうちマリ人は、アルジェリア、モロッコ、中国、旧ザイールに次ぐ5・6%を占めていた。

在留資格は、社会的権利へのアクセスの入り口に過ぎない。正規化されたマリ人サンパピエのなかには、住宅への権利運動の担い手になっていった者も多い。1990年代以降、都市開発により、移民の住居である老朽化した建物は次々と取り壊されていった。１９９２年5月には、住居から追い出された移民たちのうち約50家族２３０人のマリ人が住宅を求めて、パリ東部のヴァンセンヌの森の遊歩道を占拠した。これらのマリ人の訴えに共鳴したフランス人支援者たちは、ミッテラン国立図書館建設予定地など公共性の高い空間や、公的機関が所有する空きビルを占拠して公営住宅への入居を要求する「住宅への権利運動」を立ち上げた。その主要な担い手がマリ人家族であった。この運動は、「必要に迫られての空き家占拠は刑法に違反しない」という、ホームレスによる空き家占拠に正当性を付与する歴史的な判決を得ている。２００７年には劣悪な住環境にある者への住宅保障を政府に義務づける「請求権つき住宅への権利法」も成立しており、フランスの住宅への権利を大きく向上させたのは、運動を担ったパリのマリ人であるといっても過言ではない。

（稲葉奈々子）

58

マリと日本

★日本の中のマリ人★

２０１４年現在、日本には約１５０人のマリ人が居住している。もっとも居住歴が長い人でも27年であり、他国に住むマリ出身者と比べて歴史が短く、人数の増加もゆっくりである。日本はマリの独立直後にもっとも早く新生マリを承認した国の一つであるが、外交上は、ロシア、次にインドネシア、１９９３年からは中国にあるマリ大使館が日本を兼轄し、日本国内では総合商社の兼松が兼務する領事館があるだけだった。とはいえ、この頃から在中国マリ大使館とのやりとりが増えたことにより、日本在住マリ人の状況が安定し始めた。そして２００２年6月、ようやくマリ大使館が日本に開設されることとなった。一方、日本側は在セネガル大使館が長くマリを兼轄し、主に国際援助を業務の中心としてきた。在マリ日本大使館が開設されたのは２００８年1月のことである。

文化的な交流は芸術（特に音楽・舞踊）の分野で行われていたが、これも民間レベルのもので、国の政策として実施されることは非常に少ない。マリ人が個人で日本に観光しに来ることはほとんどなく、たいていは政府関係者やＪＩＣＡの研修生であった。また、マリ人が来日して長期滞在し始めたのは80年代

第58章
マリと日本

の終わり頃であり、その場合も第三国を経由してのことが多かった。たとえば、出稼ぎや留学の目的でアフリカの他の国に行ったマリ人が、その国から日本へと渡り、定住するのである。来日の目的は多くが出稼ぎであり、日本で商売をすることであるが、日本の会社に就職する人は非常に少なかった。また、マリ人女性には、出稼ぎ目的ではなく結婚により日本に在住する者も数名いた。日本人男性がプロジェクトや研究のためにマリ北部に滞在し、そこでマリ人女性と結婚して帰国するケースが多い。

日本に留学するマリ人が増えはじめたのは1990年代のことである。私が1990年代初めに来日した当時、日本の大学に在籍するマリ人は2名にすぎず、2名とも大学院に在籍していた。しかし2000年代の初めには学部に在籍する学生も現れ、10名を数えるまでになった。少ないように思えるが、この頃の日本に在住するマリ人の総数は100名未満だったのである。2005年からは国費留学生の受け入れも始まり、毎年1～2名の大学院生がマリから来日している。また、外国企業に勤務するマリ人が日本に転勤するケースも見られるようになった。

現在、マリ人が来日する目的としては、工場や建設現場での出稼ぎ労働、研修、留学、さらに音楽活動などが挙げられ、留学後、日本の企業に就職した人や日本の大学で研究に従事している人もいる。近年、女性の割合が増加し、全体の1割を占めるまでになった。民族的にはソニンケ人とカソンケ人が多く、トゥアレグ人、フルベ人、ソンガイ人、バマナン人も見られる。日本での居住エリアは主に関東圏で、これはとくに出稼ぎの人に多い。2000年以降は留学生が増えたこともあり、関西・四国・九州エリアに全体の1割が居住している。2014年現在、男女とも日本人と婚姻関係にある人が多く、その子どもたちも増えている。しかし、日本経済の悪化に伴い、中国や他のアジア諸国に拠点を移したマリ人もいる。また、子どもたちの教育を目的に東南アジアのイスラーム社会に拠点を移しているマリ人もいる。

マリ人コミュニティには3パターンがある。規模の大きなものから挙げていくと、まず大使館管轄のマリ人ディアスポラがあり、日本マリ人会を組織している（「在外マリ人最高議会」に登録されている組織）。独自のウェブサイトを運用し、定期的に代表者がマリ人を集めて生活上の問題点などを話し合い、大使館と連携しながら生活環境の改善を図る活動を行っている。

その次は、同じ地域出身者、同じ民族の小集団であり、そこでは相互扶助と協働が見られ、日本社会で直面している問題、マリ人同士の問題もこの単位での話し合いによって解決することが多い。とくに代表が設けられることはないものの、たいていはメンバーの年長者がその役割を担う。最後に宗教集団が挙げられる。マリ人の多くはイスラーム教徒であり、モスクを拠点に情報交換や相互扶助を行っている。

これら三つのパターンのほか、マリ人と日本人の有志の会や、主にマリ出身の研究者、留学生から組織される「知的・技術的ディアスポラ」も存在し、メーリングリストを設けてコミュニティメンバー間で情報交換をしながら、マリの様々な国家プロジェクトを支援している。研究・教育等の分野では、国連開発機構のもとで設立された「海外マリ人知的移転」というものがあり、海外在住マリ人に対して積極的に参加するよう呼びかけている。アジアのフォーカルポイントは私が務めており、これまで私も含めた在日マリ人が、数回にわたりマリの教育・研究プロジェクトに参加した。

在日マリ人には日本語を理解する人間が多く、積極的に日本社会に関わろうとしている。たとえば

第58章

マリと日本

マリ人アーティストが日本でコンサートをする場合、できる限りのサポートをし、マリ文化を日本に紹介することに貢献しようとする。地方自治体の主催するイベントに参加してマリの料理を作ることも多い。日本とは歴史的軋轢などもないため、問題なく適応している人が多いように見える。地理的には遠く離れており、政府間の交流も活発とはいえない現状では、個人が両国間の相互理解に多大な役割を果たしていることはまちがいない。

日本政府のマリに対する経済協力は、外務省の政府開発援助ホームページに以下のようにある。「日本のマリに対する経済協力は、1964年11月の貿易取極から始まり、1983年の米の延べ払い輸出以降は有償資金協力も実施している。1992年にマリ新憲法が成立して民主政権へ移行したことから、我が国も国際社会と協力しつつ、本格的な支援を開始した。IMFの重債務貧困国イニシアティブに基づいて、2004年3月にマリの債務を免除した他、2009年4月には青年海外協力隊（JOCV）派遣取極が締結されている。2012年3月に発生した一部国軍兵士による騒乱以降、新規の二国間援助を見合わせていたが、2013年8月の大統領選挙及び同年12月の国民議会選挙の実施、治安状況の改善に伴い、現在は二国間援助を再開している。また、現地NGO等を対象とした草の根・人間の安全保障無償資金協力も実施している」。

しかし、マリの国民レベルで日本の協力が実感されているとはいいがたい。マリの人々にとって、日本は遠い国である。長く日本に居住し、日本の文化を理解しているマリ人を通じて、これまで以上に日本の魅力がマリに伝えられることが望ましい。

（ウスビ・サコ）

マリを知るためのブックガイド

※日本語の文献にかぎる。各項目の文献の並びはアイウエオ順

I　地　理

門村浩「ゆらぐ地球環境の中のサヘル――気候と社会の変動、緑の回復をめぐって」宮本真二・野中健一編『自然と人間の環境史』（ネイチャー・アンド・ソサエティ研究第1巻）海青社、２０１４年

門村浩「サハラ砂漠の自然生態」池谷和信・佐藤廉也・武内進一編『アフリカI』（朝倉世界地理講座――大地と人間の物語11）朝倉書店、２００７年

門村浩・勝俣誠編著『サハラのほとり――サヘルの自然と人びと』ＴＯＴＯ出版、１９９２年

II　歴　史

今村薫「内戦化トゥアレグの日常生活」『イスラーム圏アフリカ論集V』名古屋大学大学院文学研究科、２０１３年

坂井信三『イスラームと商業の歴史人類学――西アフリカの交易と知識のネットワーク』世界思想社、２００３年

嶋田義仁『砂漠と文明』岩波書店、２０１２年

嶋田義仁『黒アフリカ・イスラーム文明論』創成社、２０１０年

嶋田義仁「マーシナ帝国物語」『季刊民族学』46号、１９８８年

竹沢尚一郎『西アフリカの王国を掘る――文化人類学から考古学へ』臨川書店、２０１４年

竹沢尚一郎「サハラ砂漠をテロリズムの温床にしないために」『中央公論』5月号、２００３年

竹沢尚一郎『表象の植民地帝国――近代フランスと人文諸科学』世界思想社、２００１年

パーク、マンゴ（森本哲郎・広瀬裕子訳）『ニジェール探検行』（世界探検全集5）河出書房新社、１９７８年

平野千果子『フランス植民地主義の歴史――奴隷制廃止から植民地帝国の崩壊まで』人文書院、2002年
福井勝義・赤坂賢・大塚和夫『アフリカの民族と社会』（世界の歴史24巻）中央公論社、1999年
ヤコノ、グザヴィエ（平野千果子訳）『フランス植民地帝国の歴史』（文庫クセジュ）白水社、1998年

Ⅲ 民 族

茨木透「遊牧民の暮らしと現状（アルジェリアのトゥアレグ）」宮治一雄・宮治美江子編『マグリブへの招待――北アフリカの社会と文化』弘文堂、2008年
小倉充夫編『国際移動論――移民・移動の国際社会学』三嶺書房、2002年
カルヴェ、ルイ＝ジャン（林正寛訳）『超民族語』（文庫クセジュ）白水社、1996年
佐藤浩司編『シリーズ建築人類学　世界の住まいを読む②　住まいにつどう』学芸出版社、1999年
嶋田義仁「マリの社会福祉――イスラーム牧畜民家族の生存戦略と社会保障」和崎春日・栃本一三郎・宇佐美耕一編著『世界の社会福祉　アフリカ 中南米 スペイン』旬報社、2000年
竹沢尚一郎『サバンナの河の民――記憶と語りのエスノグラフィ』世界思想社、2008年
ニアニ、D・T／C・F・シュレンカー編（都未納訳）『マンディングとテムネの昔話』同朋舎出版、1983年
福井慶則「トンブクトゥ西部地方のタマシェク首長制社会の特徴――タマシェク社会の変容研究の序説として」『アフリカ伝統王国研究Ⅰ』名古屋大学大学院文学研究科、1999年
三島禎子「ソニンケにとってのディアスポラ――アジアへの移動と経済活動の実態」『国立民族学博物館研究報告』27巻1号、2002年

Ⅳ 四つの世界遺産と主要都市

出水慈子「フネによる「バカリジャン」（『セグ叙事詩』）をめぐって」『口承文芸研究』26号、2002年
伊東未来『ジェンネの街角で人びとの語りを聞く』風響社、2011年
川田順造『サバンナの博物誌』新潮社、1979年

グリオール、M（坂井信三・竹沢尚一郎訳）『水の神――ドゴン族の神話的世界』、せりか書房、1981年
グリオール、M／G・ディテルラン（坂井信三訳）『青い狐――ドゴンの宇宙哲学』せりか書房、1986年
嶋田義仁「ジェンネ」『季刊民族学』17巻4号、1993年
嶋田義仁「トンブクトゥ――サハラ南端の交易・イスラム都市」『地理』35巻7号、1990年
嶋田義仁・松田素二・和崎春日編『アフリカの都市的世界』世界思想社、2001年
マイナー、H（赤阪賢訳）『未開都市トンブクツ』弘文堂、1988年

V　生活と社会

赤阪賢「狩人王の伝説――マンデ社会におけるドンソの役割」嶋田義仁編『アフリカ伝統王国研究』第2号、2001年
井関和代『アフリカの布――サハラ以南の織機、その技術的考察』河出書房新社、2000年
今中亮介「マリ農村における子どもと女性による共同労働組織――その変遷と経済活動の比較」『アフリカ研究』84号、2014年
遠藤聡子『パーニュの文化誌――現代西アフリカ女性のファッションが語る独自性』昭和堂、2013年
小川了『世界の食文化11　アフリカ』農山漁村文化協会、2004年
川田順造『聲』筑摩書房、1988年
竹沢尚一郎「アフリカの米」『季刊人類学』15巻1号、1984年
中村雄祐「武勲と犯罪」『季刊民族学』19巻2号、1995年
中村雄祐「サバンナの音の主・グリオ（ニジェール川大湾曲部の総合調査）」『季刊民族学』12巻4号、1988年
バー、アマドゥ・ハンパテ（樋口裕一・山口雅敏・冨田高嗣訳）『アフリカのいのち――大地と人間の記憶／あるプール人の自叙伝』新評論、2002年
バア、アマドゥ・ハンパテ（石田和巳訳）『ワングランの不思議――生きていたアフリカの知恵』リブロポート、1984年

松本仁一『アフリカを食べる』朝日新聞社、1996年
吉阪隆正・赤阪賢ほか『住まいの原型Ⅱ』（SD選書77）鹿島出版会、1996年
和田正平編著『アフリカ女性の民族誌——伝統と近代化のはざまで』明石書店、1996年

Ⅵ　アートと文化

伊東未来『マリ共和国ジェンネにおけるイスラームと市場』総合地球環境学研究所、2014年
川口幸也『アフリカの同時代美術——複数の「かたり」の共存は可能か』明石書店、2011年
シネマクシオン編（白石顕二ほか訳）『ブラック・アフリカの映画』彩流社、1987年
白石顕二『アフリカ映画紀行』つげ書房新社、2000年
白石顕二『ポップ・アフリカ』勁草書房、1989年
鈴木裕之・川瀬慈編著『アフリカン・ポップス！——文化人類学からみる魅惑の音楽世界』明石書店、2015年
竹沢尚一郎「文化闘争としての音楽——西アフリカにおける近代国家と音楽」和田正平編著『現代アフリカの民族関係』明石書店、2001年
成沢玲子『グリオの音楽と文化——西アフリカの歴史をになう楽人たちの世界』勁草書房、1997年
リー、エレン（鈴木ひろゆき訳）『アフリカン・ロッカーズ——ワールド・ビート・ドキュメント』JICC出版局、1992年

Ⅶ　政治と経済

川田順造『サバンナの手帖』新潮社、1981年
坂井信三『イスラームと商業の歴史人類学——西アフリカの交易と知識のネットワーク』世界思想社、2003年
坂井信三「西アフリカの王権と市場」佐藤次高・岸本美緒編『市場の地域史』（地域の世界史9）山川出版社、1999年
嶋田義仁「熱帯サヴァンナ農業の貧しさ」井上忠志・祖田修・福井勝義編『文化の地平線——人類学からの挑戦』世界

思想社、１９９４年

Ⅷ　世界の中のマリ

加納弘勝・小倉充夫編『変貌する「第三世界」と国際社会』東京大学出版会、２００２年
ケイタ慎子『マリ共和国花嫁日記――日本女性、西アフリカにとついで』徳間書店、１９８０年
駒井洋・小倉充夫編著『ブラック・ディアスポラ』（叢書グローバル・ディアスポラ５）明石書店、２０１１年
竹沢尚一郎編著『移民のヨーロッパ――国際比較の視点から』明石書店、２０１１年

主なウェブサイト

外務省海外安全ホームページ
http://www2.anzen.mofa.go.jp/info/pcareahazardinfo.asp?id=14
ＦＡＯ　国連食糧農業機関（食糧、農業に関する統計など）
http://www.fao.org/countryprofiles/index/en/?iso3=MLI
UN data（経済指標、貿易統計など）
http://data.un.org/CountryProfile.aspx?crname=Mali
The World Factbook（ＣＩＡによる各国概観のマリのページ）
https://www.cia.gov/library/publications/the-world-factbook/geos/ml.html
The Mali webnet（マリで発行されている新聞の最新の記事を集めたサイト）
http:// http://www.maliweb.net/

嶋田義仁（しまだ・よしひと）［1, 6, 11, 21, 50, 51, コラム3］
中部大学中部学術高等研究所客員教授、元名古屋大学文学研究科教授
専攻：文化人類学、地域研究、宗教学
主な著書：『砂漠と文明――アフロ・ユーラシア内陸乾燥地文明論』（岩波書店、2012年）、『黒アフリカ・イスラーム文明論』（創成社、2010年）、『優雅なアフリカ――一夫多妻と超多部族のイスラーム王国を生きる』（明石書店、1998年）、『稲作文化の世界観――『古事記』神代神話を読む』（平凡社、1998年）、『牧畜イスラーム国家の人類学――サヴァンナの富と権力と救済』（世界思想社、1995年）、『異次元交換の政治人類学――人類学的思考とはなにか』（勁草書房、1993年）。

＊**竹沢尚一郎**（たけざわ・しょういちろう）［4, 5, 7, 8, 9, 16, 23, 28, 30, 37, 44, 52, 53, 55, コラム1］
編著者紹介を参照。

溝口大助（みぞぐち・だいすけ）［24, 40］
日本学術振興会ナイロビ研究連絡センター所長
専攻：社会人類学
主な著書：「モース――社会主義・労働・供犠」（市野川容孝・渋谷望編『労働と思想』堀之内出版、2015年）、「夢の受動性と他者――マリ共和国南部セヌフォ社会における夢を事例として」（河東仁編『夢と幻視の宗教史』リトン、2012年）、「一八九九年のモース――起点としての「供犠論」と「社会主義的行動」」（マルセル・モース研究会『マルセル・モースの世界』平凡社新書、2011年）。

ムーサ・コネ（Moussa Kone）［14, 48］
バマコ大学教授
専攻：歴史学

村上一枝（むらかみ・かずえ）［コラム8］
特定非営利活動法人カラ＝西アフリカ農村自立協力会代表

ウスビ・サコ（Oussouby Sacko）［19, 29, 31, 39, 58, コラム4］
京都精華大学人文学部教授
専攻：建築学（建築計画）、建築文化論、コミュニティ論
主な著書・論文：「Issues of Cultural Conservation and Tourism Development in the Process of World Heritage Preservation」（『京都精華大学紀要41』2012年）、「Influences of Trans-Saharan Trade's Cultural Exchanges on Architecture: Learning from Historical Cities and Cultural Heritages in Mali and Mauritania」（『京都精華大学紀要39』2011年）、『知のリテラシー・文化』（共編、ナカニシヤ出版、2007年）。

尾上公一（おのうえ・こういち）［38］
独立行政法人国際協力機構（JICA）長期専門家

門村　浩（かどむら・ひろし）［2, 3］
東京都立大学名誉教授
専攻：環境変動論、国際環境論
主な著書・論文：「ゆらぐ地球環境の中のサヘル――気候と社会の変動、緑の回復をめぐって」（宮本真二、野中健一編『自然と人間の環境史』ネイチャー・アンド・ソサエティ研究第1巻、海青社、2014年）、「地球変動の中の乾燥地――アフリカからの報告」（『沙漠研究』第20巻第4号、2011年）、『乾燥地の資源とその利用・保全』（共編著、古今書院、2010年）。

川口幸也（かわぐち・ゆきや）［43, コラム7］
立教大学文学部教授
専攻：アフリカ同時代美術、展示表象論
主な著書：『アフリカの同時代美術――複数の「かたり」の共存は可能か』（明石書店、2011年）、『展示の政治学』（編、水声社、2009年）。
展覧会：「彫刻家エル・アナツイのアフリカ」（国立民族学博物館ほか、2010～11年）など。

坂井信三（さかい・しんぞう）
南山大学人文学部教授
専攻：社会人類学、歴史人類学
主な著書・論文：「アフリカに拡大するイスラーム」（小杉泰編『イスラームの歴史2　イスラームの拡大と変容』山川出版社、2010年）、「西アフリカのタリーカと社会変動下の集団編成」（赤堀雅幸、東長靖、堀川徹編『イスラームの神秘主義と聖者信仰』東京大学出版会、2005年）、『イスラームと商業の歴史人類学――西アフリカ・ムスリム商業民の交易と知識のネットワーク』（世界思想社、2003年）。

◉ **執筆者紹介**（50音順、＊は編著者、［　］内は担当章）

赤阪　賢（あかさか・まさる）［13, 17, 18, 42］
京都府立大学名誉教授
専攻：文化人類学、アフリカ地域研究
主な著書・訳書：『アフリカの民族と社会』（共著、中央公論新社、2011年）、『アフリカ――人・ことば・文化』（共編著、世界思想社、1993年）、ホーレス・マイナー『未開都市トンブクツ』（翻訳、弘文堂、1988年）。

イスマエル・ファマンタ（Ismael Famanta）［47, 49］
バマコ大学教授
専攻：経済学

伊東未来（いとう・みく）［20, 25, 32, 33, 34, 41, 46, コラム5, コラム6］
日本学術振興会特別研究員
専攻：文化人類学
主な著書・論文：『マリ共和国ジェンネにおけるイスラームと市場』（総合地球環境研究所、2014年）、『ジェンネの街角で人びとの語りを聞く』（風響社、2011年）、「社会に呼応する同時代のアフリカン・アート――マリ共和国のアーティスト集団カソバネの実践を事例に」（『アフリカ研究』75、2009年）。

稲葉奈々子（いなば・ななこ）［56, 57］
上智大学総合グローバル学部教授
専攻：社会学
主な著書・論文：「社会を取り戻す人々――フランスにおける都市底辺層の反グローバリズム運動」（『社会学評論』258号、2014年）、「〈サンパピエ〉の運動と反植民地主義言説――作動しなかったポストコロニアリズム」（竹沢尚一郎編著『移民のヨーロッパ――国際比較の視点から』明石書店、2011年）。

今中亮介（いまなか・りょうすけ）［35, 36］
京都大学大学院アジア・アフリカ地域研究研究科研究員
専攻：アフリカ地域研究、人類学
主な論文：「子ども／大人であることをする――マリンケにおける教育の場の制度化について」（『文化人類学』第79-3号、2014年）、「マリ農村における子どもと女性による共同労働組織――その変遷と経済活動の比較」（『アフリカ研究』第84号、2014年）。

今村　薫（いまむら・かおる）［15, 22, コラム2, コラム9］
名古屋大学大学院現代社会学部教授
専攻：人類学
主な著書：『シャーマニズムの諸相』（共著、勉誠出版、2011年）、『砂漠に生きる女たち―カラハリ狩猟採集民の日常と儀礼』（どうぶつ社、2010年）、『ジェンダーで学ぶ文化人類学』（共著、世界思想社、2005年）。

◉ **編著者紹介**

竹沢尚一郎（たけざわ・しょういちろう）
国立民族学博物館教授、総合研究大学院大学教授
専攻：アフリカ史、アフリカ考古学、社会人類学
主な著書：『西アフリカの王国を掘る —— 文化人類学から考古学へ（フィールドワーク選書10）』（臨川書店、2014年）、『被災後を生きる —— 吉里吉里・大槌・釜石奮闘記』（中央公論新社、2013年）、『移民のヨーロッパ —— 国際比較の視点から』（編著、明石書店、2011年）、『社会とは何か —— システムからプロセスへ』（中公新書、2010年）、『サバンナの河の民 —— 記憶と語りのエスノグラフィ』（世界思想社、2008年）。

エリア・スタディーズ　138
マリを知るための58章

2015年11月15日　初版第1刷発行

編著者　竹　沢　尚一郎
発行者　石　井　昭　男
発行所　株式会社明石書店
〒101-0021 東京都千代田区外神田 6-9-5
電話 03（5818）1171
FAX 03（5818）1174
振替　00100-7-24505
http://www.akashi.co.jp/
装丁／組版　明石書店デザイン室
印刷／製本　日経印刷株式会社

（定価はカバーに表示してあります）　ISBN978-4-7503-4252-8

エリア・スタディーズ

1 現代アメリカ社会を知るための60章
明石紀雄、川島浩平編著 ◎2000円

2 イタリアを知るための62章【第2版】
村上義和編著 ◎2000円

3 イギリスを旅する35章
辻野 功編著 ◎1800円

4 モンゴルを知るための65章【第2版】
金岡秀郎 ◎2000円

5 パリ・フランスを知るための44章
梅本洋一、大里俊晴、木下長宏編著 ◎2000円

6 現代韓国を知るための60章【第2版】
石坂浩一、福島みのり編著 ◎2000円

7 オーストラリアを知るための58章【第3版】
越智道雄 ◎2000円

8 現代中国を知るための40章【第4版】
高井潔司、藤野 彰、曽根康雄編著 ◎2000円

9 ネパールを知るための60章
日本ネパール協会編 ◎2000円

10 アメリカの歴史を知るための63章【第3版】
富田虎男、鵜月裕典、佐藤 円編著 ◎2000円

11 現代フィリピンを知るための61章【第2版】
大野拓司、寺田勇文編著 ◎2000円

12 ポルトガルを知るための55章【第2版】
村上義和、池 俊介編著 ◎2000円

13 北欧を知るための43章
武田龍夫 ◎2000円

14 ブラジルを知るための56章【第2版】
アンジェロ・イシ ◎2000円

15 ドイツを知るための60章
早川東三、工藤幹巳編著 ◎2000円

16 ポーランドを知るための60章
渡辺克義編著 ◎2000円

17 シンガポールを知るための65章【第3版】
田村慶子編著 ◎2000円

18 現代ドイツを知るための62章【第2版】
浜本隆志、髙橋 憲 ◎2000円

19 ウィーン・オーストリアを知るための57章【第2版】
広瀬佳一編著 ◎2000円

20 ハンガリーを知るための47章 ドナウの宝石
羽場久美子編著 ◎2000円

21 現代ロシアを知るための60章【第2版】
下斗米伸夫、島田 博編著
◎2000円

22 21世紀アメリカ社会を知るための67章
明石紀雄監修
◎2000円

23 スペインを知るための60章
野々山真輝帆
◎2000円

24 キューバを知るための52章
後藤政子、樋口 聡編著
◎2000円

25 カナダを知るための60章
綾部恒雄、飯野正子編著
◎2000円

26 中央アジアを知るための60章【第2版】
宇山智彦編著
◎2000円

27 チェコとスロヴァキアを知るための56章【第2版】
薩摩秀登編著
◎2000円

28 現代ドイツの社会・文化を知るための48章
田村光彰、村上和光、岩淵正明編著
◎1800円

29 インドを知るための50章
重松伸司、三田昌彦編
◎1800円

30 タイを知るための72章【第2版】
綾部真雄編著
◎2000円

31 パキスタンを知るための60章
広瀬崇子、山根 聡、小田尚也編著
◎2000円

32 バングラデシュを知るための60章【第2版】
大橋正明、村山真弓編著
◎2000円

33 イギリスを知るための65章【第2版】
近藤久雄、細川祐子、阿部美春
◎2000円

34 現代台湾を知るための60章【第2版】
亜洲奈みづほ
◎2000円

35 ペルーを知るための66章【第2版】
細谷広美編著
◎2000円

36 マラウィを知るための45章【第2版】
栗田和明
◎2000円

37 コスタリカを知るための55章
国本伊代編著
◎2000円

38 チベットを知るための50章
石濱裕美子編著
◎2000円

39 現代ベトナムを知るための60章【第2版】
今井昭夫、岩井美佐紀編著
◎2000円

40 インドネシアを知るための50章
村井吉敬、佐伯奈津子編著
◎2000円

〈価格は本体価格です〉

61 グアテマラを知るための65章
桜井三枝子編著 ◎2000円

62 オランダを知るための60章
長坂寿久 ◎2000円

63 モロッコを知るための65章
私市正年、佐藤健太郎編著 ◎2000円

64 サウジアラビアを知るための63章【第2版】
中村 覚編著 ◎2000円

65 韓国の歴史を知るための66章
金 両基編著 ◎2000円

66 ルーマニアを知るための60章
六鹿茂夫編著 ◎2000円

67 現代インドを知るための60章
広瀬崇子、近藤正規、井上恭子、南埜猛編著 ◎2000円

68 エチオピアを知るための50章
岡倉登志編著 ◎2000円

69 フィンランドを知るための44章
百瀬 宏、石野裕子編著 ◎2000円

70 ニュージーランドを知るための63章
青柳まちこ編著 ◎2000円

---

71 ベルギーを知るための52章
小川秀樹編著 ◎2000円

72 ケベックを知るための54章
小畑精和、竹中 豊編著 ◎2000円

73 アルジェリアを知るための62章
私市正年編著 ◎2000円

74 アルメニアを知るための65章
中島偉晴、メラニア・バグダサリヤン編著 ◎2000円

75 スウェーデンを知るための60章
村井誠人編著 ◎2000円

76 デンマークを知るための68章
村井誠人編著 ◎2000円

77 最新ドイツ事情を知るための50章
浜本隆志、柳原初樹 ◎2000円

78 セネガルとカーボベルデを知るための60章
小川 了編著 ◎2000円

79 南アフリカを知るための60章
峯 陽一編著 ◎2000円

80 エルサルバドルを知るための55章
細野昭雄、田中 高編著 ◎2000円

〈価格は本体価格です〉

エリア・スタディーズ

81 チュニジアを知るための60章
鷹木恵子編著 ◎2000円

82 南太平洋を知るための58章 メラネシア ポリネシア
吉岡政德、石森大知編著 ◎2000円

83 現代カナダを知るための57章
飯野正子、竹中 豊編著 ◎2000円

84 現代フランス社会を知るための62章
三浦信孝、西山教行編著 ◎2000円

85 ラオスを知るための60章
菊池陽子、鈴木玲子、阿部健一編著 ◎2000円

86 パラグアイを知るための50章
田島久歳、武田和久編著 ◎2000円

87 中国の歴史を知るための60章
並木頼壽、杉山文彦編著 ◎2000円

88 スペインのガリシアを知るための50章
坂東省次、桑原真夫、浅香武和編著 ◎2000円

89 アラブ首長国連邦(UAE)を知るための60章
細井 長編著 ◎2000円

90 コロンビアを知るための60章
二村久則編著 ◎2000円

91 現代メキシコを知るための60章
国本伊代編著 ◎2000円

92 ガーナを知るための47章
高根 務、山田肖子編著 ◎2000円

93 ウガンダを知るための53章
吉田昌夫、白石壮一郎編著 ◎2000円

94 ケルトを旅する52章 イギリス・アイルランド
永田喜文 ◎2000円

95 トルコを知るための53章
大村幸弘、永田雄三、内藤正典編著 ◎2000円

96 イタリアを旅する24章
内田俊秀編著 ◎2000円

97 大統領選からアメリカを知るための57章
越智道雄 ◎2000円

98 現代バスクを知るための50章
萩尾 生、吉田浩美編著 ◎2000円

99 ボツワナを知るための52章
池谷和信編著 ◎2000円

100 ロンドンを旅する60章
川成 洋、石原孝哉編著 ◎2000円

101 ケニアを知るための55章
松田素二、津田みわ編著 ◎2000円

102 ニューヨークからアメリカを知るための76章
越智道雄 ◎2000円

103 カリフォルニアからアメリカを知るための54章
越智道雄 ◎2000円

104 イスラエルを知るための60章
立山良司編著 ◎2000円

105 グアム・サイパン・マリアナ諸島を知るための54章
中山京子編著 ◎2000円

106 中国のムスリムを知るための60章
中国ムスリム研究会編 ◎2000円

107 現代エジプトを知るための60章
鈴木恵美編著 ◎2000円

108 カーストから現代インドを知るための30章
金基淑編著 ◎2000円

109 カナダを旅する37章
飯野正子、竹中 豊編著 ◎2000円

110 アンダルシアを知るための53章
立石博高、塩見千加子編著 ◎2000円

111 エストニアを知るための59章
小森宏美編著 ◎2000円

112 韓国の暮らしと文化を知るための70章
舘野 皙編著 ◎2000円

113 現代インドネシアを知るための60章
村井吉敬、佐伯奈津子、間瀬朋子編著 ◎2000円

114 ハワイを知るための60章
山本真鳥、山田 亨編著 ◎2000円

115 現代イラクを知るための60章
酒井啓子、吉岡明子、山尾 大編著 ◎2000円

116 現代スペインを知るための60章
坂東省次編著 ◎2000円

117 スリランカを知るための58章
杉本良男、高桑史子、鈴木晋介編著 ◎2000円

118 マダガスカルを知るための62章
飯田 卓、深澤秀夫、森山 工編著 ◎2000円

119 新時代アメリカ社会を知るための60章
明石紀雄監修 落合明子、赤尾千波、大類久恵編著 ◎2000円

120 現代アラブを知るための56章
松本 弘編著 ◎2000円

〈価格は本体価格です〉

エリア・スタディーズ

121 クロアチアを知るための60章
柴 宜弘、石田信一 編著 ◎2000円

122 ドミニカ共和国を知るための60章
国本伊代 編著 ◎2000円

123 シリア・レバノンを知るための64章
黒木英充 編著 ◎2000円

124 EU(欧州連合)を知るための63章
羽場久美子 編著 ◎2000円

125 ミャンマーを知るための60章
田村克己、松田正彦 編著 ◎2000円

126 カタルーニャを知るための50章
立石博高、奥野良知 編著 ◎2000円

127 ホンジュラスを知るための60章
桜井三枝子、中原篤史 編著 ◎2000円

128 スイスを知るための60章
スイス文学研究会 編 ◎2000円

129 東南アジアを知るための50章
今井昭夫 編集代表 東京外国語大学東南アジア課程 編 ◎2000円

130 メソアメリカを知るための58章
井上幸孝 編著 ◎2000円

131 マドリードとカスティーリャを知るための60章
川成 洋、下山静香 編著 ◎2000円

132 ノルウェーを知るための60章
大島美穂、岡本健志 編著 ◎2000円

133 現代モンゴルを知るための50章
小長谷有紀、前川 愛 編著 ◎2000円

134 カザフスタンを知るための60章
宇山智彦、藤本透子 編著 ◎2000円

135 内モンゴルを知るための60章
ボルジギン・ブレンサイン 編著 赤坂恒明 編集協力 ◎2000円

136 スコットランドを知るための65章
木村正俊 編著 ◎2000円

137 セルビアを知るための60章
柴 宜弘、山崎信一 編著 ◎2000円

138 マリを知るための58章
竹沢尚一郎 編著 ◎2000円

——以下続刊

〈価格は本体価格です〉

「イスラーム国」の生態がわかる45のキーワード
中東調査会イスラーム過激派モニター班 ◉1400円

開発社会学を学ぶための60冊 援助と発展を根本から考えよう
佐藤 寛、浜本篤史、佐野麻由子、滝村卓司編著 ◉2800円

アフリカン・ポップス! 文化人類学からみる魅惑の音楽世界
鈴木裕之、川瀬 慈編著 ◉2500円

越境する障害者 アフリカ熱帯林に暮らす障害者の民族誌
戸田美佳子 ◉4000円

アフリカの生活世界と学校教育
澤村信英編著 ◉4000円

ネルソン・マンデラ 未来を変える言葉
ネルソン・マンデラ著 長田雅子訳 ◉1800円

ネルソン・マンデラ 私自身との対話
ネルソン・マンデラ著 長田雅子訳 ◉3800円

新装版 ネルソン・マンデラ伝 こぶしは希望より高く
ファティマ・ミーア著
楠瀬佳子、神野明、砂野幸稔、前田 礼、峯 陽一、元木淳子訳 ◉4800円

アフリカ学入門 ポップカルチャーから政治経済まで
舩田クラーセンさやか編 ◉2500円

セネガル・漁民レブーの宗教民族誌 スーフィー教団ライエンの千年王国運動
盛 恵子 ◉8800円

現代アフリカの紛争と国家 ポストコロニアル家産制国家とルワンダ・ジェノサイド
武内進一 ◉6500円

フランスの西アフリカ出身移住女性の日常的実践 「社会・文化的仲介」による「自立」と「連携」の位相
園部裕子 ◉7200円

移民のヨーロッパ 国際比較の視点から
竹沢尚一郎編著 ◉3800円

人類学の再構築 人間社会とはなにか
モーリス・ゴドリエ著 竹沢尚一郎、桑原知子訳 ◉3200円

叢書グローバル・ディアスポラ5 ブラック・ディアスポラ
駒井 洋監修 駒井 洋、小倉充夫編著 ◉5000円

帰還移民の人類学 アフリカ系オマーン人のエスニック・アイデンティティ
大川真由子 ◉6800円

〈価格は本体価格です〉